Lippisches Judenrecht und der Schutz der Juden in den Zivilprozessen der lippischen Obergerichte im 19. Jahrhundert

Europäische Hochschulschriften
Publications Universitaires Européennes
European University Studies

Reihe II
Rechtswissenschaft

Série II Series II
Droit
Law

Bd./Vol. 4351

PETER LANG
Frankfurt am Main · Berlin · Bern · Bruxelles · New York · Oxford · Wien

Ursula Niedermeier

Lippisches Judenrecht und der Schutz der Juden in den Zivilprozessen der lippischen Obergerichte im 19. Jahrhundert

PETER LANG
Europäischer Verlag der Wissenschaften

Bibliografische Information Der Deutschen Bibliothek
Die Deutsche Bibliothek verzeichnet diese Publikation in der Deutschen Nationalbibliografie; detaillierte bibliografische Daten sind im Internet über <http://dnb.ddb.de> abrufbar.

Zugl.: Bielefeld, Univ., Diss., 2001

D 361
ISSN 0531-7312
ISBN 3-631-38641-9

www.peterlang.de

Meinen Eltern

INHALTSVERZEICHNIS

A. Zielsetzung

Es gibt nur eine vergleichsweise geringe Anzahl detaillierter Publikationen über die rechtlichen Verhältnisse der Juden in Deutschland in den Jahrhunderten vor dem Nationalsozialismus; noch weniger Studien beleuchten die tatsächliche Rechtspraxis in den deutschen Territorien zu dieser Zeit.

Diese Arbeit soll mit dazu beitragen, diese Lücke zu schließen. Untersucht wurden exemplarisch das in dem Kleinstaat Lippe geltende Judenrecht von 1648 bis zur Gleichstellung der Juden 1869 sowie Prozesse mit jüdischer Beteiligung aus den Jahrzehnten vor der Gleichberechtigung.

Das neunzehnte Jahrhundert ist gekennzeichnet durch einen europaweiten Emanzipationsprozess der Juden, dessen Auftakt im letzten Drittel des achtzehnten Jahrhunderts liegt. 1782 dehnte der österreichische Kaiser Joseph II. das sog. Toleranzpatent auf die Juden aus;[1] 1783 und 1789 wurden in zwei ergänzenden Toleranzpatenten weitere Benachteiligungen der Juden abgebaut. 1791 folgte die volle staatsbürgerliche Gleichstellung der Juden in Frankreich quasi über Nacht durch die französische Assemblée Nationale.[2] Gleichzeitig ist das neunzehnte Jahrhundert das Jahrhundert der Ideen von Nationalismus, Antisemitismus und Rassenhass sowie von Pseudowissenschaften wie Physiognomik und Phrenologie.

In dem Beitrag werden anhand der Judengesetzgebung der Grafschaft (seit 1789: Fürstentum) Lippe sowie diverser Akten der lippischen Obergerichte, Justizkanzlei[3] und Hofgericht[4] die rechtliche Stellung der Juden in Lippe insbesondere im neunzehnten Jahrhundert sowie die Rolle der Rechtsprechung in der Sozialgeschichte der Juden zu dieser Zeit untersucht. Prozessrechtlich wird un-

---

[1] Das Toleranzpatent wurde 1781 unterzeichnet und gewährte den Lutheranern, Calvinisten und Orthodoxen freie Religionsausübung und bürgerliche Rechte; es hob die schwerwiegendsten Beschränkungen auf, wenngleich es noch keine Emanzipation im modernen Sinne bedeutete, Grübel, Judentum, S. 144.

[2] Diese Rechtsverhältnisse wurden 1798 auch im französischen Rheinland eingeführt, allerdings am 17.3.1808 durch die „schändlichen Dekrete“ wieder eingeschränkt. In den Rheinbundstaaten wurde in unterschiedlichem Ausmaß die Stellung der Juden der französischen Regelung angepasst.

[3] Ältestes für Zivilsachen zuständiges Obergericht, zugleich Apppellationsinstanz für die niederen Gerichte auf dem Lande und in den Städten.

[4] 1593 von Graf Simon VI. als Obergericht für Lippe eingerichtet; vorgesehen als Ersatz für die Justizkanzlei, die jedoch als zweites Obergericht fortbestand; durch das Gerichtsverfassungsgesetz von 1877 aufgehoben.

tersucht, wieweit der deutsche Zivilprozess einen wirksamen Schutz der jüdischen Minderheit sicherte.

Diese Arbeit soll ein Beitrag zur bisher kaum untersuchten Rechtsgeschichte der Juden sein, die während ihrer gesamten wechselvollen Geschichte stets mehr als eine bloße Religionsgemeinschaft gewesen sind.[5] Auch wenn die jüdische Bevölkerung zahlenmäßig unbedeutend erscheint, sind die Wirkungen, die die Juden in den einzelnen deutschen Staaten gehabt haben, unbestreitbar und Teil der deutschen Geschichte. Die Darstellung soll zeigen, mit welchen rechtlichen Problemen die Juden zu kämpfen hatten und wie Rechtsstreitigkeiten der Juden vor den lippischen Gerichten abliefen. Die tatsächliche Gestaltung der Rechtsbeziehungen zwischen Juden und Christen und Juden untereinander lässt sich in den mitunter jahrelang geführten Prozessen mitverfolgen.

Zunächst werden die einzelnen in Lippe für Juden geltenden Sonderbestimmungen bis zum Ende des 18. Jahrhunderts dargestellt. Es folgt eine Übersicht über Emanzipationsgegner und -befürworter. Anschließend wird die Verwirklichung der Judenemanzipation in Lippe, die schrittweise rechtliche Gleichstellung der hier ansässigen Juden im Verlauf des 19. Jahrhunderts bis zur endgültigen Gleichstellung durch das Gleichstellungsgesetz des Norddeutschen Bundes untersucht. Schließlich werden nach einer Übersicht über die in Lippe existierenden Obergerichte einzelne vor Hofgericht und Justizkanzlei durchgeführte Gerichtsverfahren mit jüdischer Beteiligung analysiert.

Die Arbeit beschränkt sich auf die Darstellung einzelner Teile des untersuchten Aktenmaterials. Dies war bedingt durch die praktische Unmöglichkeit, sämtliche Rechtsstreitigkeiten von Juden vor den Obergerichten garantiert lückenlos darzustellen. Ferner konnte in einigen Prozessen trotz jüdisch klingenden Namens die Konfession nicht mit Sicherheit geklärt werden, weshalb diese Akten unberücksichtigt blieben. Die lippischen Verhältnisse können sicherlich nicht unbesehen auf andere Teilstaaten des Reiches übertragen werden; sie doku-

---

[5] In der Spätantike bestimmte der in dem Justinianischen Corpus Iuris enthaltene Codex „De Iudaeis et Coelicolis", dass Juden wie alle anderen Untertanen des Heiligen Römischen Reiches zu behandeln seien und dass das römische Recht auch auf Juden Anwendung finde, vgl. Güde, Die rechtliche Stellung der Juden in den Schriften deutscher Juristen des 16. und 17. Jahrhunderts, S. 48. Dies wird zwar nicht unmittelbar gesagt, aber als selbstverständlich vorausgesetzt in C.1.9.8., wo es zu Beginn heißt *„Judaei communi Romano iure viventes...“*, Güde, a.a.O. Es gebührten ihnen gleiche Rechte und Pflichten wie allen anderen, und wie diesen wurde auch ihnen Rechtsschutz gewährt. Seit dem Frühmittelalter jedoch entwickelten sich zunehmend Sonderregeln für Juden, das sog. Judenrecht. – George Bernard Shaw soll einst zum Thema Juden und Normalität geäußert haben „Jews are like everyone else, just a bit more so".

mentieren jedoch einige typische Entwicklungen im Laufe des langsamen Eintritts der jüdischen Bevölkerung in die bürgerliche Gesellschaft in einem deutschen Kleinstaat.

B. Die rechtliche Stellung der Juden in Lippe von 1648 bis zur staatsbürgerlichen Gleichstellung im Norddeutschen Bund 1869

I. Die rechtliche Stellung der Juden in Deutschland seit dem Frühmittelalter

Im fränkischen Reich waren die Juden frei und im Wesentlichen mit anderen Einwohnern des fränkischen Reiches gleichberechtigt. Aufgrund ihrer Verbindung mit anderen Glaubensgenossen in der Diaspora, ihrer Sprachkenntnisse und ihrer Geschäftstüchtigkeit widmeten sie sich vor allem dem Handel. Da sich die Reisetätigkeit als besonders gefahrvoll erwies, stellten sich die jüdischen Kaufleute gegen bestimmte Dienste und Abgaben unter den besonderen Schutz des Königs.[6] Der königliche Schutzbrief stellte die Juden unter den besonderen Frieden des Königs. Die Verletzung dieses Friedens bedeutete eine Verletzung des Königs selbst. Ursprünglich wurden die Schutzbriefe *individuell* zugunsten einzelner Juden und deren Familien bzw. Hausangehörigen ausgestellt.[7] Im Mainzer Reichslandfrieden von 1103 stellte Heinrich IV. erstmalig die *gesamte* Judenschaft des Reiches unter seinen besonderen Schutz. Als Gegenleistung für Schutz und Duldung mussten die Juden erhebliche Abgaben und Steuern entrichten.

Im Mittelalter galt der Jude als *rechtsunfähig*, da er weder als Volks- noch als Glaubensgenosse angesehen wurde.[8] Staat und Kirche entwickelten deshalb für die Juden ein ausdifferenziertes Sonderrecht, das sog. *Judenrecht*, das die Rechtsstellung der Juden in den christlichen Ländern Europas bis zur Judenemanzipation bestimmte.[9]

1236 erhob Friedrich II. das Wormser Judenprivileg Friedrichs I. von 1157 zum allgemeinen deutschen Judenschutzgesetz. In diesem Privileg spricht Friedrich II. erstmals von den Juden als *servi camerae nostre*, d.h. kaiserlichen Kammerknechten. Dieser Begriff lehnte sich an die auf Augustinus zurückgehende kirchliche Auffassung von der *perpetua servitus iudaeorum* an. Die besondere

---

[6] Güde, a.a.O., S. 43.

[7] Planitz, Germanische Rechtsgeschichte, S. 205. Die übrigen Juden unterstanden einfach den örtlichen Obrigkeiten, Schröder, Deutsche Rechtsgeschichte, S. 507.

[8] Planitz, a.a.O., S. 205.

[9] Kisch, Forschungen zur Rechts- und Sozialgeschichte der Juden in Deutschland während des Mittelalters, S. 52. – Das Judenrecht ist zu unterscheiden vom jüdischen Recht.

Schutzbedürftigkeit der Juden wird erstmals in Beziehung gesetzt zu einer Vorstellung der sozialen Minderwertigkeit der Juden.[10] Von den öffentlichen Gerichten waren die Juden eximiert. Ihren ordentlichen Gerichtsstand sollten sie vor ihrem Bischof haben, für alle wichtigeren Angelegenheiten stand ihnen ein Evokationsrecht an den König zu.[11]

Durch das Schutzgesetz war der Kaiser den Juden gegenüber zu besonderem Schutz verpflichtet, zwischen Kaiser und Juden bestand damit im Vergleich zu den übrigen Untertanen ein besonderes Rechtsverhältnis. Das Gewicht in diesem Rechtsverhältnis verlagerte sich im Laufe der Zeit von dem Aspekt des Schutzes und der Fürsorge allerdings immer mehr auf die finanzielle Komponente. Die Judensteuern wurden neben den Reichsstadtsteuern die wichtigste Einnahmequelle der kaiserlichen Kammer.[12] Die staatlichen Schutzpflichten wurden oftmals nur unzureichend wahrgenommen, und der Kaiser schützte „seine“ Kammerknechte vor Übergriffen der Bevölkerung nicht. In der Goldenen Bulle von 1356 verlieh Kaiser Karl IV. das „Judenregal“ an die Kurfürsten[13]; durch Reichsgesetz vom Jahre 1548 wurde es später auch den übrigen Reichsständen verliehen. Das Judenregal wurde mit den übrigen Regalien in einem Atemzug genannt; es wurde nunmehr nur noch – wie die übrigen Regalien – als lukrative Einnahmequelle angesehen.[14] Der Kurfürst konnte das Regal entweder selbst nutzen oder seinerseits weiterverpachten, was in der Praxis auch oftmals geschah. Die Juden unterstanden nunmehr der Herrschaft des jeweiligen Landesherrn, auf den auch die Schutzpflichten übergingen.[15]

In der nachstaufischen Reichsgeschichte gab es kein einheitliches Judenrecht mehr. Mit der Zersplitterung des deutschen Rechts seit dem späten Mittelalter zersplitterte auch das deutsche Judenrecht.[16] Judenrechtliche Bestimmungen waren enthalten in Reichsrecht, Landrecht und Stadtrecht.

---

[10] Auch der Schwabenspiegel von 1275 bezeichnet die Juden nicht als Freie, sondern als des Reiches Knechte, c. 146. § 4 *„Die Juden gab der Kung Titus zu eigen in des Kungs Kammer, davor sollen sy noch des Riches Knecht sin und er soll sy auch schirmen.“*

[11] *„Si de magna causa inculpati fuerint“*, Schröder, Deutsche Rechtsgeschichte, S. 507 f.

[12] Scholl, Juden und Judenrecht im Herzogtum Pfalz-Zweibrücken, S. 7.

[13] Dohm nennt bereits für 965 den ersten Fall, in dem Kaiser das Recht verliehen, „Juden zu halten“: in diesem Jahr habe Kaiser Otto I. seine Rechte über die Juden der Kirche zu Magdeburg geschenkt, unter Berufung auf Meidoms script. Rer. Germ. T. I. S. 749; Dohm, Über die bürgerliche Verbesserung der Juden, Bd. I, S. 68.

[14] Battenberg, Das europäische Zeitalter der Juden, Teilbd. I., S. 137.

[15] Scholl, a.a.O., S. 8.

[16] Battenberg, Zur Rechtsstellung der Juden am Mittelrhein in Spätmittelalter und früher Neuzeit, Zeitschrift für historische Forschung, S. 129 ff., 130.

Vom vierzehnten bis zum siebzehnten Jahrhundert wechselten sich Vertreibungen – angeblich wegen Hostienfrevels, Brunnenvergiftung oder Ritualmordes, de facto oft zur Schuldentilgung, – ab mit der Wiederzulassung von Juden, die als Darlehensgeber und Steuerzahler zur wirtschaftlichen Entwicklung beitrugen. Es erfolgten jedoch keine systematischen, staatlich angeordneten Judenvertreibungen wie in Frankreich, England, Portugal oder Spanien.[17]
Zeitgleich vollzog sich seit dem Ende des fünfzehnten Jahrhunderts der Ausbau des partikularen *Schutzbriefwesens*.[18] Durch den vom Landesherrn ausgestellten, teuer erkauften Schutzbrief erlangte der Jude für eine befristete Zeit Schutz und Aufenthaltsrecht sowie das Recht, in gewissem Umfang Handel zu treiben. Der Schutzbrief gab dem Juden dabei den Status eines Schutzverwandten.[19] Die Verlängerung des Schutzbriefs stand im Ermessen des Landesherrn, es bestand kein Rechtsanspruch auf eine solche Verlängerung. Die Juden erlangten somit nur eine zeitlich begrenzte Sicherheit. Die zunehmend formalisierten Schutzbriefe dienten dann als Aufenthaltsgenehmigung bzw. als Vollstreckungstitel für die Verwaltung zur Durchsetzung von Schutzgeldern. Die Rechte und Pflichten der Juden wurden daneben seit dem sechzehnten Jahrhundert immer stärker durch Verordnungen (sog. *Judenordnungen*) geregelt. Die Judenordnungen beschränkten die Juden auf einzelne Handelstätigkeiten, bestimmten die Steuerpflichten, die Religionsausübung und besondere Genehmigungsvorschriften über Wohnortwechsel, Heirat etc. Das Recht der Freizügigkeit wurde ihnen vielerorts genommen, indem man einen Judenleibzoll auferlegte.[20]

Auf Reichsebene ergingen im sechzehnten Jahrhundert verschiedene reichseinheitliche Regelungen über den jüdischen Handels- und Geschäftsverkehr, so in den Augsburger Reichspolizeiordnungen von 1530 und von 1548, der Frankfurter Reichspolizeiordnung von 1577 und dem Augsburger Reichsabschied von 1551.[21] Die Reichspolizeiordnungen von 1548/1577 erkannten das Recht, Juden zu haben, als Teil der Landeshoheit sämtlicher Reichstände an. Das Judenregal wurde fortan auch den Reichsständen verliehen. In materieller Hinsicht enthielten die reichsrechtlichen Regelungen zum Teil einschneidende Maßnahmen, die mit dem Schutzbedürfnis der Bevölkerung begründet wurden, die aber im Ergebnis darauf hinausliefen, die wirtschaftliche Betätigung der Ju-

---

[17] Bader/Dilcher, Deutsche Rechtsgeschichte, S. 471 f.

[18] Battenberg, a.a.O., Teilbd. I, S. 140; Bader/Dilcher, a.a.O., S. 283.

[19] Scholl, a.a.O., S. 10.

[20] Schröder, a.a.O., S. 508.

[21] Vgl. Augsburger Reichspolizeiordnung von 1530 (Tit. XXII und XXVII), Augsburger Reichspolizeiordnung von 1548 (Tit. XX), Frankfurter Reichspolizeiordnung von 1577 (Tit. XX), Augsburger Reichsabschied von 1551 (§§ 78-80). Die Ordnungen enthielten umfassende Bestimmungen über die Rechtsverhältnisse der Juden, insbesondere über Handels- und Gewerbebeschränkungen, vgl. Battenberg, a.a.O., Teilbd. I, S. 178 f.

den zu erschweren.[22] Schuldscheine durften nur in deutscher Sprache abgefasst werden. Erneut wurde geregelt, dass Juden zu ihrer Kennzeichnung einen gelben Ring deutlich sichtbar tragen sollten.[23]

Die reichsrechtlichen Bestimmungen galten hinter territorialen Regelungen jedoch nur subsidiär. Enthielten die landesrechtlichen Bestimmungen abweichende Regelungen – wie dies in der Praxis oftmals der Fall war –, so waren diese für die Juden verbindlich. Der jüdische Glaube wurde weder vom Nürnberger Religionsfrieden von 1532 noch von dem Augsburger Religionsfrieden von 1555 oder von dem Osnabrücker Friedensvertrag zwischen Schweden und dem Heiligen Römischen Reich Deutscher Nation von 1648, dem sog. Westfälischen Frieden, geschützt.[24] Bis zu ihrer staatsbürgerlichen Gleichstellung im Jahr 1869 wurden die Rechtsverhältnisse der Juden somit hauptsächlich durch landesherrliche Schutzbriefe und Judenordnungen geregelt.

---

[22] Die Reichspolizeiordnung von 1530 versuchte, den Wucher durch Beschränkung des Kreditzinses zu verhindern, RPO 1530, Tit. XXVII. Darlehens- und Pfandgeschäfte mussten vor der zuständigen öffentlichen Behörde am Wohnsitz des christlichen Vertragspartners abgeschlossen werden. Gem. RPO 1577, Tit. XX § 2, konnten Forderungen gegen Christen nicht an einen Christen abgetreten werden, damit die Schuldner nicht übervorteilt werden konnten. Dieses Verbot war dem römisch-rechtlichen Verbot der *cessio in potentiorem* nachgebildet; Battenberg, a.a.O., Teilbd. I, S. 204. Ein Verfallspfand, d.h. eine Vereinbarung, nach der bei Nichteinlösung ein Pfand verfallen sollte, war nichtig, RPO 1577, Tit. XX § 5.

[23] RPO 1530, Tit. XXII § 1; vorgeschrieben seit dem Lateranischen Konzil von 1215, HRG II Sp. 458.

[24] Der Nürnberger Religionsfriede vom 23.7.1532 bestimmte als erstes verfassungsrechtliches Dokument, dass die Protestanten im „Gemeinen Frieden" stehen sollten. Im Augsburger Religionsfrieden vom 25.11.1555 wurde das Prinzip „*cuius regio, eius religio*" verankert. Gleichzeitig garantierte er das Recht der freien, unbehelligten Auswanderung aus Glaubensgründen. Der Augsburger Religionsfriede beschränkte sich auf den katholischen und den evangelisch-lutherischen Glauben. In Art. 5 des ersten, völkerrechtlich bedeutsamen Vertrags auf dem Gebiet des Minderheitenschutzes, dem Osnabrücker Friedensvertrag zwischen Schweden und dem Heiligen Römischen Reich Deutscher Nation vom 14. Oktober 1648, dem sog. Westfälischen Frieden, wurde der protestantische Glaube dem katholischen Glauben gleichgestellt und Angehörigen beider Religionsgruppen Glaubens- und Gewissensfreiheit gegenüber einem andersgläubigen Landesherrn garantiert. Andere religiöse Bekenntnisse als der jüdische Glaube wurden vom Westfälischen Frieden nicht geschützt; Blumenwitz, Minderheiten- und Volksgruppenrecht, S. 36.

II. Das Fürstentum Lippe im 19. Jahrhundert

1. Historische Entwicklung des Landes Lippe

Das Territorium Lippe teilte sich nach dem Tod *Simons VI.* (1563 - 1613) in die Grafschaft Lippe-Detmold (von der sich 1627 die Nebenlinie Lippe-Biesterfeld abzweigte), Lippe-Brake (1709 erloschen) und Lippe-Alverdissen (seit 1643 Schaumburg-Lippe).[25] Die Fürstlich-Lippische und Gräfliche Linie bestand im 19. Jahrhundert aus drei Teilen, (1) der regierenden Linie zu Detmold, (2) der Erbherrlichen Linie Lippe-Biesterfeld und Weissenfeldschen Linie und (3) der Erbherrlichen Schaumburg-Lippischen Linie.[26] Die Grafen von Lippe-Detmold, 1789 in den Reichsfürstenstand erhoben, traten 1807 dem Rheinbund[27] und 1815 dem Deutschen Bund bei[28]. 1841 wurde Lippe Mitglied des deutschen Zollvereins,[29] 1867 schloss sich Lippe-Detmold dem Norddeutschen Bund an.[30]

In der 2. Hälfte des 18. Jahrhunderts stärkte Graf *Simon August* (1747-1782) durch weitreichende wirtschaftliche und politische Reformmaßnahmen die finanzielle und politische Stabilität des Landes, so dass sich Lippe im neunzehnten Jahrhundert in einem staatspolitisch geordneten Zustand befand. 1782 übernahm Graf *Ludwig Henrich Adolf* (1782-1789; 1802) die Vormundschafts-

---

[25] Die Zersplitterung der Grafschaft Lippe durch das Testament des Grafen Simon VI. von 1597 ließ neben der regierenden Linie Lippe-Detmold die Nebenlinie Brake bis 1709 und Alverdissen in der Herrschaft Sternberg mit dem Amt Lipperode entstehen. Diese Linie trat 1644 die Regierung in Schaumburg-Lippe an und erbte von der Braker Linie Blomberg und Schieder. Erst nach langen Streitigkeiten konnte die Detmolder Linie, von der sich 1671 die Linien Biesterfeld mit Schwalenberg und Weißenfeld abgespaltet hatten, im 18./19. Jh die entfremdeten Ämter zurückgewinnen. 1789 entschied der Reichshofrat, dass das Amt Schieder an Detmold herausgegeben werden müsse. 1838 entschied das Oberhofgericht in Mannheim endgültig zugunsten der Detmolder Linie, die 1839 das Amt Blomberg wieder in Besitz nahm; Guenter, Juden in Lippe, S. 16 f.

[26] V. Cölln, Historisch-geographisches Handbuch des Fürstenthums Lippe, S. 235.

[27] Bekanntmachung der Aufnahme des Fürstenthums Lippe in den Rheinischen Bund, vom 25. Mai 1807, LVO IV, S. 197 ff.; Die Mitgliedschaft endete mit Auflösung des Rheinbundes 1813, vgl. Verordnung in Beziehung auf die Aufhebung des Rheinbundes, vom 5. November 1813, LVO VI, S. 152 f.

[28] Im Deutschen Bund in der engeren Versammlung war Lippe Teil der 16. Gesamtstimme gemeinsam für Hollenzollern (2), Liechtenstein, Reuß (2) , Schaumburg-Lippe, Lippe und Waldeck.

[29] Publications-Patent, die Zollanschluss-Verträge betreffend, vom 17. Dezember 1841, LVO VIII, S. 597 ff.

[30] Die Linie Lippe-Detmold starb 1905 aus. Es folgte nach dem Lippischen Thronfolgestreit seit 1895 die Linie Lippe-Biesterfeld, die 1918/19 von einem Volks- und Soldatenrat und seit 1919 von einer Landesregierung abgelöst wurde. 1946 wurde Lippe-Detmold dem Land Nordrhein-Westfalen angeschlossen.

regierung für seinen Neffen, den bei Tod seines Vaters unmündigen Erbgrafen Leopold. Unter seiner Regentschaft wurden im Rahmen einer umfassenderen Zielsetzung einer gesellschaftlichen Umwandlung die ersten Schritte einer neuen Politik den Juden gegenüber unternommen.

Der untersuchte Zeitraum ist geprägt vor allem durch die Regierung der aufklärerischen Fürstin *Pauline* (1802 – 1820), geborene Prinzessin von Anhalt-Bernburg, der Witwe von *Leopold I.* Sie führte die Regentschaft bis zur Volljährigkeit ihres ältesten Sohnes, *Leopold II.* zur Lippe. Sie gehörte zu den aufgeklärten und erfolgreichsten Regenten Lippes. Als zu Beginn des 19. Jahrhunderts Lippe infolge der napoleonischen Neuordnung wegen seiner Kleinheit bzgl. Territorium und Bevölkerungszahl seine Selbständigkeit zu verlieren drohte, bewahrte die diplomatische Regierungspolitik Paulines Lippe die Unabhängigkeit. Vor diesem außenpolitischen Hintergrund erfolgten intern gesetzgeberische Reformprojekte wie u.a. Agrarreform, Gewerbefreiheit und die Vorbereitung der Judenemanzipation. Pauline folgte dabei insbesondere den Reformideen des gebürtigen Lemgoers *Christian Wilhelm von Dohm (1751 – 1820).* Von den in weiten Teilen Deutschlands ausbrechenden Hep-Hep-Ausschreitungen, durch die in diversen Staaten Juden 1819 ihr Leben verloren, oder ähnlich gewalttätigen antijüdischen Aktionen blieb Lippe verschont.[31]

Der Sohn Paulines, *Leopold II.* (1820 – 1851), galt als „Mann von beschränkten Gaben, von mäßiger Bildung, von engem Horizont, von geringer Energie."[32] In seiner wirtschaftlichen Entwicklung und der Entwicklung des politischen Engagements der Bevölkerung war das Territorium in diesem Zeitraum rückständig.[33] Pietistisch-reaktionäre Strömungen und eine strenge Zensur verhinderten, dass das Fürstentum sich weiter entwickelte.[34] Trotz seiner von der Umwelt als

---

[31] Die Ausschreitungen wurden benannt nach dem Kampfruf Hep Hep, der als aus den Anfangsbuchstaben des Kreuzfahrerrufs „Hierosolyma est perdita" (Jerusalem ist verloren) gebildet galt. Im Verlaufe der Hep-Hep-Krawalle wurden zahlreiche Häuser und Geschäfte von Juden gestürmt und Synagogen in Brand gesteckt, Grübel, Judentum, S. 146.

[32] Volkhausen, Zur Geschichte eines kleinen Staates, S. 8.

[33] Volkhausen, a.a.O., S. 7.

[34] Vgl. Beschluss der hohen deutschen Bundesversammlung, die Maßregeln zur Aufrechterhaltung der gesetzlichen Ordnung und Ruhe in den Bundesstaaten betreffend, vom 7. August 1832, LVO VII, S. 670 ff.; Beschluss der hohen deutschen Bundesversammlung, das Verbot einiger Zeitschriften betreffend, vom 7. August 1832, LVO VII, S. 676 f.; Beschluss der hohen deutschen Bundesversammlung, das Verbot der von V. von Rotteck herausgegebenen Zeitschrift: „Allgemeine politische Annalen" betreffend, vom 11. September 1832, LVO VII, S. 682 f.; Beschluss der hohen deutschen Bundesversammlung, das Verbot einiger Zeitschriften betreffend, LVO VII, S. 685 ff.; Bekanntmachung des Bundesbeschlusses vom 10. Dezember 1835, die Schriften der unter dem Namen „das junge Deutschland" bekannten literarischen Schule betreffend, vom 12. Januar 1836, LVO VIII, S. 136 ff.

nur mäßig eingeschätzten Begabung führte Leopold II. Lippe von einem feudalen Obrigkeitsstaat zu einem Verfassungsstaat.[35] In seine Regierungszeit fiel eine umfassende Gemeindereform durch Erlass einer Heimatverordnung, Gemeindeordnung und einer Städteordnung. In diesen Gesetzen wurde auch erstmals die Rechtsstellung der Juden gesetzlich umfassend geregelt.

Leopold III. (1851 – 1875) ließ 1851 die Aufhebung der Grundrechte des deutschen Volkes von 1848/49 bekanntgeben. Nach vorübergehender Außerkraftsetzung durch die Revolution 1848/49 wurde die Verfassung 1853 wiederhergestellt.[36] Trotz des reaktionären Charakters seiner Regierungszeit und trotz des Scheiterns der Revolution wurden von ihm wesentliche Errungenschaften der Revolution für die Juden wie Abschaffung der Judenschutzgelder de facto beibehalten. 1858 erließ er für die Juden ein Emanzipationsgesetz, in dem den Juden das Bürgerrecht verliehen wurde und sie in weiten Bereichen den christlichen Untertanen gleichgestellt wurden. In seiner Regierungszeit wurde die Gleichberechtigung der Juden durch das Gleichstellungsgesetz des Norddeutschen Bundes endgültig verwirklicht.

2. Territorium und Verwaltung

Im 19. Jahrhundert war Lippe-Detmold nach der Beschreibung eines Zeitgenossen eine „freundliche Landschaft, ein wohlangebautes, mit Gehöften und einzeln stehenden kleinen Häusern besäetes, von lebendigen Hecken und anmuthigen Hainen durchschnittenes, von wellenförmigen Erhebungen durchbrochenes Niederland, das rings am Horizonte von Bergen umrahmt scheint."[37]

Lippe-Detmold grenzte im Norden und Westen an preußisches Staatsgebiet, nämlich an den Regierungsbezirk Minden und die Grafschaft Ravensberg, im Osten an Schaumburg, das Königreich Hannover und die Grafschaft Pyrmont und im Süden an das ehemalige Bistum Paderborn und die ehemalige Abtei Corvey.[38] In dem Hoheitsgebiet gab es sieben Städte und auf dem platten Lande elf sog. Ämter mit dreiundvierzig Kirchspielsgemeinden und fünfundvierzig

[35] Verordnung, die landständische Verfassungs-Urkunde betreffend, vom 6. Juli 1836; LVO XV, S. 179 ff.
[36] Verordnung, die landständische Verfassung betr., vom 15. März 1853; LVO XI, S. 10 ff. – Die Revolution im Jahr 1848/49 traf Lippe unvorbereitet; Lippe gehörte nicht zu den Territorien im Alten Reich, die sich durch eine Revoltentradition auszeichneten. Arndt, Das Fürstentum Lippe im Zeitalter der Französischen Revolution 1770 –1820, S. 190.
[37] Volkhausen, Zur Geschichte eines kleinen Staates, S. 5.
[38] V. Cölln, Historisch-geographisches Handbuch des Fürstenthums Lippe, S. VII.

Bauerschaften.[39] Die Gesamtzahl der Einwohner in Lippe stieg von rd. 60.000 im Jahre 1788 auf fast 100.000 im Jahre 1835[40].
Das Territorium war zu dieser Zeit ein absolutistischer Kleinstaat unter der Leitung eines regierenden souveränen Fürsten und verschiedenen Collegien zur Verwaltung und Rechtsprechung.[41] Die Regierung bestand aus einem Präsidenten, vier Räten und dem übrigen Personal. Sie tagte einmal wöchentlich und war insbesondere zuständig für die inneren und auswärtigen Angelegenheiten, die Beziehung zum Bundestag, alle weltlichen landeshoheitlichen Rechte, die Landespolizei und die Militärangelegenheiten.

Die Verwaltung in den Städten erfolgte durch den aus einem Bürgermeister und aus drei bis sechs Mitgliedern bestehenden Magistrat, dem die Vertreter der Bürgerschaft, die sog. Stadtverordneten, als Kontrollorgan zur Seite standen.[42] Die Stadtverordneten wurden von der gesamten Bürgerschaft gewählt. Die Einführung neuer sowie die Aufhebung oder Abänderung schon bestehender Einrichtungen erforderte ihre Mitwirkung und Zustimmung, mit Ausnahme landesherrlicher Gesetze oder Verfügungen oder Maßnahmen der Polizeiverwaltung.[43] Die Oberaufsicht über das städtische Gemeinwesen lag bei der Regierung. Diese entschied in Verfassungs- und Verwaltungsangelegenheiten über etwaige Meinungsverschiedenheiten.

---

[39] Ämter waren (1) Detmold mit der Vogtei Falkenberg, Stadt und fürstliche Residenz, (2) Lage mit der Vogtei Heyden, (3) Oerlinghausen, (4) Varenholz mit den Vogteien Langenholzhausen und Hohenhausen, (5) Schötmar, (6) Sternberg mit Barntrup, (7) Brake, (8) Schieder, (9) Schwalenberg, (10) Horn mit der Vogtei Schlangen und (11) das von Preußen enclavirte Amt Lipperode. Das Fürstentum zählte insgesamt sieben Städte, nämlich (1) Detmold, (2) Lemgo, im Bezirk des Amtes Brake gelegen, die größte Stadt im Fürstentum, (3) (Salz) Uflen, (4) Blomberg, (5) Horn, (6) Barntrup und (7) Lippstadt. Die Stadt Lippstadt gehörte zwar zum Fürstentum, jedoch hatte das Fürstentum die Stadt in der Art ganz an Preußen abgetreten, dass von dem Fürsten von der Lippe die Hälfte aller Einkünfte bezogen wurde und in Lippstadt ein Sammtherrliches Fürstliches Lippesches und Königlich Preußisches Gericht bestand.

[40] Die Bevölkerungszahl stieg in Lippe zwischen 1776 und 1807 stark an, stagnierte dann, ging kriegsbedingt zurück und wuchs in den darauffolgenden Jahren wieder erheblich. Dieter Potente nennt zum lippischen Bevölkerungswachstum folgende Zahlen: 58.324 Einwohner (1776), 61.762 (1788), 70.620 (1807), 70.540 (1812), 69.962 (1816), 98.428 (1835), Potente, Ländliche Gesellschaft, S. 310.

[41] (a) Regierung, (b) Justizkanzlei, (c) Hofgericht, (d) Criminalgericht, (e) Forstgericht, (f) Consistorium, (g) Collegium medicum, (h) Rent-Kammer, (i) beständige Kommissionen, wie Prägravations-Kommission, Landes-Unterstützungs-Kommission, Leihe-Kasse-Kommission, Armen-Kommission, v. Cölln, a.a.O., S. 237-248.

[42] Vgl. § 5 Städteordnung 1843, LVO IX, S. 57 ff.; Der Magistrat hatte eine Doppelfunktion inne, indem er einmal als Verwalter der städtischen Gemeindeangelegenheiten, zum andern als Organ der Staatsgewalt fungierte.

[43] § 53 Satz 1, 2 Städteordnung 1843, LVO IX, S. 57 ff.

Die Verwaltung auf dem platten Lande erfolgte durch die Ämter. Die Amtsgemeinde wurde vertreten durch den Gemeinderat, bestehend aus je einem der Vorsteher sämtlicher Bauerschaften, aus den Besitzern der im Amtsbezirke gelegenen landtagsfähigen Rittergüter sowie aus den Verwaltern der herrschaftlichen Meiereien.[44] Der Gemeinderat war zuständig für die Aufnahme neuer Gemeindemitglieder, die Verwaltung der örtlichen Polizei, Kirchen- und Schulsachen, das Armenwesen sowie den Gemeindehaushalt.

3. Die Juden in Lippe

Jüdische Niederlassungen sind in Lippe nachgewiesen seit der ersten Hälfte des 13. Jahrhunderts.[45] Die Aufnahme der Juden erfolgte dabei oft gegen den Willen der Bevölkerung. Wie in anderen Staaten stand der finanzielle Vorteil, den die Landesherren von den Juden hatten, im Vordergrund und nicht das Schutzverhältnis zu den Juden. Eine Glanzzeit hatten die Juden unter *Simon VI.* (1563 - 1613), in dessen Regierungszeit eine Vielzahl von Geleiten vergeben wurde. Aber auch er verband hauptsächlich eigennützige Interessen mit der Ansiedlung der Juden.[46] Systematische Judenverfolgungen hat es in Lippe nicht gegeben, jedoch wird von einzelnen Mißhandlungen, Plünderungen und Vertreibungen an verschiedenen Orten in der Grafschaft berichtet.[47] Das ausschließliche Recht, den Juden den Aufenthaltsort innerhalb der Grafschaft zuzuweisen, lag bei den absolutistischen Landesherrn, dem Grafen, auch wenn einige Städte erfolglos versuchten, ihr eigenes Privileg an den Juden geltend zu machen.[48] Der Graf

---

[44] § 22 Gemeindeverordnung 1841, LVO VIII, S. 541 ff.

[45] Vgl. Pohlmann, Juden in Lippe, S. 4, 16; Guenter, Juden in Lippe, S. 12. Über die Juden in Lippe gibt es bis zur Mitte des 16. Jh. nur spärliche Zeugnisse; in den Regesten sind 20 Belege aufgeführt. Dies dürfte zurückzuführen zu sein auf die Randlage Lippes und die geringe Bedeutung, die dem Territorium zu diesem Zeitpunkt zukam, vgl. Pohlmann, a.a.O., S. 4.

[46] So war die Aufnahme der Juden durch Simon VI. weniger aus religiöser Toleranz oder Geleitsabgaben motiviert, sondern weil er die Juden für seine vielfachen Geldnegotien, für Silberlieferungen zur Münze, den Salzverkauf und dergleichen Verkehr nötig hatte, Falkmann, Graf Simon VI. zur Lippe und seine Zeit, S. 365.

[47] So wurde im Jahre 1511 entschieden, dass die Juden bis zu dem darauf folgenden Weihnachtsfest die Stadt Horn verlassen sollten. Bis dahin mussten sie noch bleiben, damit die Bürger ihre Pfänder einlösen konnten; Guenter, a.a.O., S. 10; Aus einer Anmerkung zur Vertreibung 1614 „Dieses war der zweite Ausbiethung der Juden", StA Dt, L 71 Nr. 67, Knoch, S. 64 ad 30, zieht Guenter den Schluss, dass die lippischen Städte von sich aus Vertreibungen einzeln nach eigenem Gutdünken in einem längeren Zeitraum vorgenommen haben.

[48] Z.B. berief sich Salzuflen auf das Recht, Judengeleite zu erteilen und aufzukündigen, vgl. Erklärung von Bürgermeister und Rat der Stadt Salzuflen, warum sie die beiden Juden nicht aufnehmen wollen und ihrer Rechtsauffassung auch nicht aufzunehmen brauchen, 30.4.1647, StA Dt, L 37 XIX Sect. III Nr. 6i, Pohlmann, Quellensammlung, Nr. 5, S. 7 ff.; Protest von Bürgermeister und Rat der Stadt Salzuflen gegen die gräfliche Verfügung, den beiden Juden

gestattete den Juden auch gegen den Willen mancher Städte/Flecken den Aufenthalt.

Eine endgültige Ausweisung der Juden erfolgte im Jahr 1614. In diesem Jahr wurden die Juden nach einem Prozess vor dem Peinlichen Halsgericht in Salzuflen „zu ewigen Zeiten“ des Landes verwiesen.[49] Jedoch muss es auch während des 30jährigen Krieges in Lippe einige Juden gegeben haben, da in dieser Zeit teilweise Geleite durch fremde Kriegskommandanten ausgesprochen wurden, die das landesherrliche Judenregal unterliefen. Die reicheren Juden fanden nach dem Westfälischen Frieden wiederum in der Grafschaft Lippe Aufnahme, da sie für den Wiederaufbau des verwüsteten und entvölkerten Landes sowie für die absolutistisch und merkantilistisch ausgerichtete Politik des Landesherrn unentbehrlich waren.

Allmählich siedelten sich wieder Juden in Lippe an.[50] In einer Aufstellung der Regierung von 1789[51] werden 163 jüdische Familien genannt, die als Schutzjuden im Rahmen des Geleitsystems lebten. Zu Beginn des 19. Jahrhunderts betrug die Anzahl der Juden in Lippe ca. 900.[52] Die Zahl der in Lippe ansässigen Juden veränderte sich in der ersten Hälfte des 19. Jahrhunderts kaum. Für das Jahr 1840 wird eine Anzahl von 1% der Gesamtbevölkerung genannt.[53] Eine Volkszählung im Jahr 1864 ergab 1193 jüdische Einwohner.[54] In der 2. Hälfte des 19. Jahrhunderts sank die Zahl – bedingt durch die dann einsetzende große

in ihrer Stadt die Niederlassung zu gestatten, 25.5.1647, StA Dt, L 37 XIX Sect. III Nr. 6i, Pohlmann, Quellensammlung, Nr. 6, S. 9 ff.

[49] StA Dt, L 37 XIX V Nr. 3a.

[50] 1655 wohnten in Lippe bereits wieder 10 jüdische Familien, 1697 lebten dort 198 jüdische Personen.

[51] Personensteuer Tabelle, ausgenommen Lippstadt und Lipperode, StA Detmold L 77 A Nr. 5379 fol. 30, Pohlmann, Die bürgerliche Verbesserung der Juden, in: Arndt/Nitschke (Hg.), Kontinuität und Umbruch in Lippe, S. 273.

[52] V. Cölln, a.a.O., S. VIII. V. Cölln präzisiert die Zahl der Israeliten nicht, er sagt nur, dass es in den Städten und Flecken außerdem eine ansehnliche Anzahl Juden gibt, a.a.O. Für das Jahr 1759 wird an anderer Stelle die Anzahl der Juden mit Ausschluss der im Amt Blomberg Ansässigen mit 115 ganzen Familien und 3 Witwen angegeben, für das Jahr 1769 mit 107 Familien und 6 Witwen, ebenfalls ohne im Amt Blomberg ansässige Juden, für das Jahr 1779 mit 107 ganzen Familien und 14 Witwen ohne im Amt Blomberg ansässige Juden; StA Dt L 92 A Tit. 152 Nr. 1 fol. 35; Aufstellung der Regierungskanzlei über bisher gezahlte Gelder bei Geleitrenovationen und Zahl der Juden in Lippe in den zurückliegenden Jahren, v. 18.11.1779, Pohlmann, Quellensammlung, Nr. 21, S. 27 f.

[53] Herford, Emancipations-Gesuch der Israeliten des Fürstenthums Lippe, S. 47.

[54] Rülf, Die Geschichte der Juden in Lippe, S. 25.

Auswanderungswelle – kontinuierlich bis in die 20er Jahre des 20. Jahrhunderts.[55]

Durch die ausschweifende Lebensführung der absolut regierenden lippischen Grafen geriet die Grafschaft Lippe im 18. Jahrhundert an den Rand des Ruins. Die exzessive Lebensführung der Landesherrn, die kostspieligen Bauten, unwirtschaftliche Vorzeigeprojekte sowie prestigereiche außenpolitische Betätigung überstiegen die finanziellen Mittel der Grafschaft bei weitem. Die Landesherren versuchten nun, sich die erforderlichen Geldmittel durch überhöhte Abgaben bei den Juden zu beschaffen und trieben die Judenschaft hierdurch selbst in hohe Schulden.[56]

Bei den Juden, die in Lippe am Ende des achtzehnten Jahrhunderts anzutreffen waren, unterschied man zwischen den *Schutzjuden*, d.h. einheimischen, in Lippe ansässigen Juden, die durch einen obrigkeitlichen Schutzbrief abgesichert waren, sowie den verarmten Juden, den sog. *Betteljuden*. Letztere verfügten über kein dauerhaftes Aufenthaltsrecht, z.B. wenn sie als Schutzjuden ihr Geleit verloren, weil sie die damit verbundenen Abgaben nicht mehr bezahlen konnten;[57] sie waren gezwungen, dauerhaft rastlos umherzuziehen. Obwohl absolute Zahlen nicht existieren, dürfte die Anzahl der in Lippe umherstreifenden Betteljuden doch beachtlich gewesen sein.[58] Angesichts der regen Verordnungstätigkeit des lippischen Gesetzgebers zur Eindämmung des Betteljudentums müssen die Betteljuden in Lippe Ende des 18. Jahrhunderts ein enormes öffentliches Problem dargestellt haben.

Eine ausgesprochene Elite wirtschaftlicher oder kultureller Art unter den einheimischen „vergleiteten" Juden existierte nicht. Die Bedeutung der jüdischen Hoffaktoren, Hofagenten, Hofbankiers und anderen von Herrschern und Re-

---

[55] Kittel, Geschichte des Landes Lippe, S. 131 f., 190. 1925 betrug die Zahl der Juden in Lippe nur noch 607, vgl. Rülf, a.a.O., S. 25.

[56] So stieg der Ertrag des Generalgeleits der lippischen Juden zwischen 1760 und 1770 von 862 auf 2.400 Rtl. an. Dies dürfte die Verarmung der Juden beschleunigt haben, vgl. Arndt, Das Fürstentum Lippe im Zeitalter der französischen Revolution 1770-1820, S. 310. – Lippe war ein armes Land und bot seinen Einwohnern keine besonderen Erwerbsmöglichkeiten, Guenter, a.a.O., S. 146.

[57] Die Betteljuden stammten aus den verschiedenen Teilen des deutschen Reiches und auch aus dem Ausland; Näheres über sie wurde häufig nur im Zusammenhang mit Aufgriffen durch die örtlichen Polizeibehörden, wegen des seit dem 16. Jahrhunderts verbotenen Bettelns, aber auch wegen diverser Kleinkriminalität, bekannt; Partington, Betteljuden in Lippe, in: Arndt/Nitschke, Kontinuität und Umbruch in Lippe 1750-1820, S. 254, 256.

[58] Im Jahr 1789 wurden von den Wachhabenden aufgrund eines Regierungsbefehls 940 Betteljuden an den Detmolder Stadttoren gezählt, diese Menge wuchs in den folgenden Jahren kontinuierlich, Partington, a.a.O., S. 255.

genten bevorzugten Untertanen zur Staatsfinanzierung in Lippe entsprach im Wesentlichen der Situation in anderen deutschen Mittel- und Kleinstaaten, wobei es in Lippe nur einzelne Hoffaktoren gegeben hat.[59] Unter *Friedrich Adolf* dienten einzelne bestallte Hoffaktoren aus Lemgo, daneben wurden auch auswärtige Juden für den Landesherrn tätig. Die Regierung bediente sich der Juden bei ihrer eigenen Schuldentilgung. Allerdings konnte sie dabei überwiegend nicht auf landesansässige Juden zurückgreifen, da diese vermutlich nicht über ausreichende finanzielle Möglichkeiten verfügten; immerhin konnten sie aber deren Kontakte nutzen. Um sich Geld unter Umgehung der ständischen Rechte zu beschaffen, hatten sich die lippischen Grafen 1676 jüdische Anleihen bei David Goldschmidt in Frankfurt und 1680 bei Leffman Behrens in Hannover besorgt.[60] 1771 vermittelte der Schutzjude Raphael Levi dem Grafen *Simon August* einen Kredit in Höhe von 500.000 Rtl. beim Hoffaktor Michael Meyer Breslauer in Münster, um verpfändete Domänen und Regalien zurückkaufen zu können. 1781 vermittelte Levi den Kredit von Hessen-Kassel zum Rückkauf des verpfändeten Amtes Sternberg.[61] Die lippische Gemeinde verfügte damit über für die Landesherrn wertvolle Verbindungen zu anderen jüdischen Gemeinden. Die Unterstützung durch die Juden milderte finanzielle Engpässe der Grafschaft, konnte jedoch die maroden Staatsfinanzen nicht völlig sanieren.

Vergleichbar der Judenpolitik anderer deutscher Staaten wurde die lippische Regierung bis zum Ende des achtzehnten Jahrhunderts in ihrer Zulassungsquote für die Ansiedlung von Juden von ökonomischen Staatsinteressen steuerlicher und wirtschaftlicher Art und dem Zweck langfristiger Wirtschaftsförderung bestimmt. Eine ausblutende Regierungspolitik wie in Preußen unter Friedrich Wilhelm I., d.h. zahlenmäßige Reduzierung der Juden bei gleichzeitiger maximaler finanzieller Ausbeutung, hat es in Lippe jedoch nicht gegeben. Eine Einteilung der Juden in verschiedene Klassen je nach ihrer Vermögenslage und ihrem wirtschaftlichem Nutzen, wie sie etwa in Preußen erfolgt ist[62], gab es in Lippe – wohl auch wegen der geringen Anzahl der Juden – nicht.

Wegen ihrer einseitigen beruflichen Ausrichtung und ihrer religiösen Absonderung nahmen die Juden auch in Lippe eine Sonderstellung ein. Dies führte oft-

---

[59] Wichtigster Hoffaktor in Lippe war der Hoffaktor Joseph Isaak unter Simon Henrich Adolf (1718-1734); 1733 ließ der mittellose Landesherr seinen Geldgeber verhaften und überzog ihn mit einem Prozess wegen Untreue. Für den Landesherrn war dies eine bequeme Art der Schuldentilgung; Kittel, a.a.O., S. 131.

[60] Arndt, Das Fürstentum Lippe im Zeitalter der französischen Revolution 1770-1820, S. 126.

[61] Arndt, a.a.O., S. 309.

[62] Vgl. Revidiertes General-Privilegium und Regelement für die Judenschaft im Königreich Preußen, v. 17.4.1750; Trepp, Geschichte der deutschen Juden, S. 78.

mals dazu, dass sie in eigenen Vierteln oder Straßen zusammenwohnten.[63] Eine entsprechende landesherrliche Vorgabe, die eine solche Ghettoisierung vorschrieb, gab es in Lippe nicht. Allerdings existierten in einigen lippischen Orten Beschränkungen, nach denen Juden an bestimmten Straßen nicht wohnen durften.[64]

III. Die rechtliche Stellung der Juden in Lippe von 1648 bis zu der 2. Hälfte des 18. Jahrhunderts im Einzelnen

1. Rechtsquellen

Die Rechtsstellung der jüdischen Einwohner in Lippe bestimmte sich seit dem 17. Jahrhundert zuallererst nach dem Schutzbrief, aus dem sie ihr Aufenthaltsrecht ableiteten. Die Schutzbriefe wurden seit Mitte des 17. Jahrhunderts ausgestellt und umfassten ursprünglich vierzehn Punkte; einzelne Modifizierungen wurden Anfang des 19. Jahrhunderts vorgenommen. Das Schutzbrieferfordernis wurde erst im Jahr 1858 aufgehoben.

Eine landesherrliche Judenordnung gab es daneben in Lippe nicht. Dadurch hatten die lippischen Juden größere Freiräume; gleichzeitig jedoch auch eine geringere Sicherheit, da die Rechte, die ihnen nach Inhalt des Schutzbriefes zustanden, jederzeit beliebig wieder reduziert werden konnten.[65] In Ermangelung einer speziellen Judenordnung wurde die Rechtsstellung der Juden im Ergebnis neben den Geleitbriefen durch einzelne landesrechtliche Bestimmungen sowie durch die reichsrechtlichen Regelungen der Reichspolizeiordnungen von 1530, 1548 und 1577 und des Reichsabschieds 1551 geregelt. Ergänzt und konkretisiert wurden diese Vorschriften durch verschiedene lokale Vorschriften. Viele lippische Städte und Ämter hatten unterschiedliche judenrechtliche Regelungen, etwa bzgl. der Möglichkeit, Grundeigentum zu erwerben, oder bzgl. der den Juden erlaubten Handelstätigkeiten.

a. Aufenthaltsrecht

Der wichtigste Unterschied zwischen jüdischen und christlichen Einwohnern in Lippe bestand im Aufenthaltsrecht. Die Juden hatten kein Aufenthaltsrecht kraft Geburt, sondern mussten sich erst ein sog. Geleit vom Landesherrn teuer erkaufen. Ein bereits vorhandener Wohlstand war damit Voraussetzung, dass einem

---

[63] Guenter, a.a.O., S. 143.

[64] So durften die Juden in Detmold kein Haus an der Langen Straße oder am Markt besitzen und auch nicht dort wohnen; Rülf, Die Geschichte der Juden in Lippe, S. 23.

[65] Pohlmann, Juden in Lippe, S. 15.

Juden für Lippe überhaupt ein Aufenthaltsrecht erteilt wurde.[66] Auch die Heirat eines Juden war nur zulässig, wenn dieser ein Geleit besaß. Das Geleit wurde durch den Schutzbrief ursprünglich für einen befristeten Zeitraum von der gräflichen bzw. später fürstlichen Herrschaft erteilt. Mit Erteilung des Geleits wurden die Juden jedoch keine lippischen Bürger, sondern sie blieben nur sog. Schutzverwandte, sog. *Schutzjuden*.

Das Aufenthaltsrecht wurde den Juden durch ein doppeltes Geleit vermittelt, durch das Generalgeleit für die Judenschaft des Landes sowie durch das persönliche Geleit für den einzelnen Schutzjuden. Der persönliche Schutzbrief regelte die Dauer des Aufenthaltsrechts sowie die erlaubten wirtschaftlichen Betätigungsformen. Für den persönlichen Geleitbrief musste der Schutzjude ein hohes Entgelt, regelmäßig 8 Rtl. im Jahr, entrichten; das ihm verliehene Aufenthaltsrecht war also nicht von Dauer, sondern musste jährlich neu erkauft werden. In der Praxis sah dies so aus, dass ein Jude erst jahrelang umherziehen und versuchen musste, Geld anzusparen, um sich hiervon einen entsprechenden Schutz erkaufen zu können, der ihm ein zumindest befristetes Bleiberecht verlieh. Daneben musste die Judenschaft insgesamt für die Erneuerung des Generalgeleits in bestimmten Abständen hohe Summen bezahlen. Die von den einzelnen Juden und der Judenschaft geforderten Summen gingen bis an die Grenze von deren Leistungsfähigkeit und führten immer wieder zu einer erheblichen Verschuldung der Judenschaft.[67] Generalgeleit und persönlicher Schutzbrief deckten sich teilweise inhaltlich. Seit dem 16. Jahrhundert bis zu der Aufhebung der Geleitbriefe durch das Gesetz von 1858[68] änderte sich der Wortlaut der Schutzbriefe nur unwesentlich.[69]

Besaß ein Schutzjude mehrere Söhne, konnte er seine Aufenthaltsberechtigung grundsätzlich nur auf einen seiner Söhne weiter reichen; die übrigen mussten das Land verlassen und in fremden Gegenden versuchen, ein Geleit zu erhalten. Das spätere Zerreißen der Familie an die verschiedensten Orte und die Trennung von Kindern und Enkelkindern waren damit vorgezeichnet. Ebenso führte

---

[66] Als Mindestvermögen musste eine Summe in Höhe von 200 Rtl. nachgewiesen werden, für die Geleiterteilung fielen 50 Rtl. an, Guenter, a.a.O., S. 22, vgl. unten B.III.2.

[67] Vgl. Bitte der lippischen Juden an Graf Hermann Adolf, die Geleitbriefe nach Brandenburgischem Muster auszustellen und auf die Forderung einer Sonderzahlung zu verzichten, v. 13.7.1655, StA Dt, L 37 XIX Sect. III Nr. 1a; abgedruckt bei Pohlmann, Quellensammlung, Nr. 10, S. 15; Antrag der Juden auf Unterstützung ihres Plans, durch Erhebung monatlicher Umlagegelder die Schuldenlast der Landesjudenschaft zu mildern, v. 18.6.1771, StA Dt, L 37 XIX Sect. V Nr. 3 h., abgedruckt bei Pohlmann, a.a.O., Nr. 20, S. 25.

[68] Aufgehoben durch § 3 S. 1 des Gesetzes, die Feststellung der bürgerlichen und staatsbürgerlichen Verhältnisse, der gottesdienstlichen Einrichtungen und des Schulwesens der Juden betreffend, v. 30.6.1858; LVO XII, S. 47 ff.; zu diesem Gesetz s.u. B.V.2.q.

[69] Guenter, a.a.O., S. 20.

das Hauspersonal eine unsichere Existenz im Schatten und in Abhängigkeit von dem Schutzbriefinhaber.

b. Schutzumfang

Mit der Erteilung des Schutzbriefes kam ein Vertrag zwischen vergeleitetem Juden und Landesherrn zustande, durch den der Jude Anspruch auf Schutz erhielt. Der Schutz des Geleites erstreckte sich i.d.R. auf den jüdischen Antragsteller sowie auf seine Angehörigen und Hausgesinde.[70] Er legte genau fest, wer in den Schutz mit aufgenommen war und welchen Beruf der Antragsteller wählen durfte. *„Befehlen demnegst Unseren Drosten, Beambten, wie auch Magistraten in den Städten, [...] obgemeldeten Juden, sambt Weib, Kindern und Hausgesinde, aller Ohrten und besonders in Unser Stadt Detmold gleidlich zu halten, keinerlei Weise wider diese Unsere Concession zu molestiren, sondern vielmehr sie zu beschützen und gegen jedermänniglich, auf Begehren, unpartheiliche Justiz ohne Weitläufigkeit zu administriren, alles bei Vermeidung Unser schaften Straff".* [71] Bei der Eintreibung von Schulden versprach die Regierung, den Juden behilflich zu sein: *„Wann er auch Geld auf bloße obligationes ausgeliehen, soll ihm von unsern Bedienten zur Zahlung gebuhrlich verholfen werden."*[72]
In dem Schutzbrief versprach der Landesherr die unparteiische Ausübung der Justiz über die Juden *„und gegen jedermänniglich, auf Begehren, unpartheiliche Justiz ohne Weitläufigkeit zu administrieren."*[73] Dass die Zusicherung unparteiischer Handhabung der Justiz bis weit ins 19. Jahrhundert hinein gegeben wurde, zeigt, dass dieses Recht selbst in einem gediegenen und kultivierten Staat wie Lippe für Juden nicht selbstverständlich war, sondern ebenfalls käuflich erworben werden musste.
Der Umfang des gewährten Schutzes war sehr weit gefasst. In einem Geleit an die lippischen Juden durch Graf Hermann Adolf 1652, das auf 10 Jahre ausgestellt wurde[74] heißt es: *„ Wir Herman Adolf, Grafe und Edler Herr zur Lippe etc., [...] wir geruheten gnädigst, ihnen ihre Gnade zu erweisen und [...] in unser sicher Geleit, Schutz und Schirm gnädigst auf- und anzunehmen und ihnen weiter ihre Nahrung treiben zu lassen."* In einem persönlichen Geleitbrief Graf Friedrich

---

[70] *„und dieselbe nebenst ihren Kindern und Brotgesinde [...] gnädigst auf- und anzunehmen".*
[71] StA Dt, L 37 XIX Sect. III Nr. 1 l, Geleitbrief Graf Friedrich Adolfs für Levin Meyer in Detmold, v. 14.1.1698; abgedruckt bei: Pohlmann, Quellensammlung, Nr. 16, S. 21 ff.
[72] StA Dt, L 37 XIX Sect. III Nr. 6 h a, Erteilung des Geleits an die lippischen Juden durch Graf Hermann Adolf auf 10 Jahre, v. 2.1.1663; abgedruckt bei: Pohlmann, Quellensammlung, Nr. 11, S. 16 f.
[73] StA Dt, L 37 XIX Sect. III Nr. 1 l, Geleitbrief Graf Friedrich Adolfs für Levin Meyer in Detmold, v. 14.1.1698; abgedruckt bei: Pohlmann, Quellensammlung, Nr. 16, S. 21, 23.
[74] Vgl. StA Dt. L 37 XIX Sect.III Nr. 1b, Erteilung des Geleits an die lippischen Juden durch Graf Hermann Adolf auf 10 Jahre; abgedruckt bei: Pohlmann, Quellensammlung, Nr. 11, S. 16 f.

Adolfs aus dem Jahre 1698 heißt es[75] *„[...] dass Wir solchem nechst Levin Meyer, Juden, sein Eheweib, Kinder und jüdisches Brotgesinde, hiemit in Unser sicher Geleit, Schutz und Schirm gnädig auf- und annehmen."*

Die weite Formulierung der Schutzbriefe *Geleit, Schutz und Schirm* war für die Juden jedoch auch ein Unsicherheitsfaktor. Da diese Formulierung undeutlich war, war der den Juden hierdurch gewährte Status unklar. Die Auslegung der Schutzbriefe und damit die Bestimmung des Umfangs der den Juden zukommenden Rechte oblag dem jeweiligen Landesherrn.

Durch konkretere Fassung der Schutzbriefe gegen Ende des 17. Jahrhunderts verbesserte sich der rechtliche Schutz der Juden.[76] Die ursprünglich befristeten Geleitbriefe wurden nunmehr auf Lebenszeit ausgestellt. Die Juden erhielten damit grundsätzlich ein lebenslanges Aufenthaltsrecht und waren hierdurch vor Ausweisung geschützt. Jedoch konnte die Nichterfüllung der diversen Zahlungsverpflichtungen eine Entziehung oder einen Verlust des Aufenthaltsrechts zur Folge haben. Aus diesem Grunde mussten nach landesherrlicher Verfügung während der gesamten Dauer des Geleitsystems die Juden alle zehn Jahre eine Renovation des Generalgeleits einholen.[77] Der Wohnort der Juden wurde in dem Schutzbrief meist endgültig festgelegt und auf bestimmte Städte oder Flecken beschränkt *„solchergestalt, dass er und die Seinige solche Zeit über in unser Stadt Lemgo gleidlich wohnen."*[78]

Die Juden zahlten für die Schutzbriefe erhebliche Gebühren, dafür wurde ihnen hinsichtlich ihres jüdischen Kultus eine weitgehende Autonomie belassen, auf die sich ebenfalls der landesherrliche Schutz erstreckte. Eine Angleichung der Juden an die Christen oder gar eine Aufgabe des Judentums im Hinblick auf eine etwaige spätere soziale und kulturelle Integration wurde in den Geleitbriefen nicht gefordert, ein derartiger Gedanke lag den Landesherrn zu dieser Zeit offensichtlich auch fern. Die Formulierung der Schutzbriefe lässt eher den Rückschluss zu, dass die Regierung grundsätzlich keinerlei Interesse an den Juden hatte. Die Juden sollten sich grundsätzlich nach jüdischen Gesetzen verhalten *„und nach jüdischer Ordnung, wie solches in dieser unser Grafschaft und dem*

---

[75] StA Dt, L 37 XIX Sect. III Nr. 1 l, Geleitbrief Graf Friedrich Adolfs für Levin Meyer in Detmold, v. 14.1.1698.

[76] Pohlmann, Juden in Lippe, S. 12. In der 2. Hälfte des 17. Jahrhunderts wurden die Geleitbriefe nach Brandenburgischem Muster vereinheitlicht.

[77] *Zehendens soll er dieses Geleides, wann er sich demselben gemäß verhält, zwaren lebenszeit zu genießen haben, aber alle zehen Jahre die Renovation zu suchen schuldig sein;* 1792 änderte man die zu erbringenden Renovationsleistungen in jährliche Zahlungen um, die zusätzlich zu den für das Geleit zu erbringenden Abgaben zu erbringen waren, Pohlmann, Juden in Lippe, S. 11.

[78] StA Dt, L 37 XIX Sect. III Nr. 6 h a, Erteilung des Geleits an die lippischen Juden durch Graf Hermann Adolf auf 10 Jahre, abgedruckt bei: Pohlmann, Quellensammlung, Nr. 11, S. 16 f.

Heiligen Romischen Reich hin- und wieder vergönnet und zugelassen, sich verhalten solle".[79]
Der Schutzbrief verschaffte den Juden in Lippe keine Alterssicherung durch den Landesherrn wie beispielsweise das bäuerliche Leibzuchtsrecht nach dem Ende der Arbeitstätigkeit[80]; die Altersvorsorge blieb ihnen vielmehr allein überlassen. Eine soziale Absicherung der Juden, etwa als Korrelat für die gezahlten Geleitgelder, existierte nicht.

c. Handel
Nach den Geleitbriefen war den Juden im Grundsatz zunächst ein uneingeschränkter Handel erlaubt, und zwar in dem Gebiet des gesamten Territoriums der Grafschaft Lippe. Theoretisch wurde den Juden damit sowohl Niederlassungsfreiheit als auch Freizügigkeit zugebilligt: *„auch sein Gewerb, Handel und Wandel mit Kaufen und Verkaufen, sowoll in unsern Städten, wie auch in unser Grafschaft treiben"*[81], – ein Versprechen, das jedoch sofort durch zahlreiche lokale Bestimmungen zur Ansiedlung und zum Handel eingeschränkt wurde, da das Merkmal *„Gewerb, Handel und Wandel"* durch voneinander abweichende Ortsgewohnheiten und unterschiedliche städtische Regelungen konkretisiert wurde. Durch die Gebote und Verbote wurde die Handelstätigkeit der Juden teilweise erheblich reglementiert. Verschiedene Vorschriften legten detailliert fest, welche Berufe die Juden an dem betreffenden Ort ausüben durften und mit welchen Waren sie handeln durften. Sie waren für die Juden unterschiedlich günstig. Teilweise wurde die grundsätzliche Handelsfreiheit in so hohem Grade eingeengt, dass den Juden fast nur noch der sog. Schacherhandel (als Hausierer, fliegende Händler) als legale handelsrechtliche Tätigkeit verblieb. So durften z.B. die Juden in Lemgo keinen offenen Laden haben und ihre Ware nicht in der Stadt anbieten. Der Handel mit Kolonialwaren war ihnen vollständig untersagt.[82] In Horn war ebenfalls untersagt, einen offenen Laden zu führen, daneben

---

[79] StA Dt, L 37 XIX Sect. III Nr. 6 h a, Erteilung des Geleits an die lippischen Juden durch Graf Hermann Adolf auf 10 Jahre, abgedruckt bei: Pohlmann, Quellensammlung, Nr. 11, S. 16 f.
[80] Dies ist auch ein wesentlicher Unterschied zu den lippischen Bauern, die sich gegen Ende des 18. Jahrhunderts in einer milden Grund- und Leibherrschaft befanden. Die Bauern konnten nach Ende ihrer Arbeitstätigkeit im Alter eine kleine Wohnstelle auf dem Hof beziehen, wobei ihnen nicht nur Unterkunft, sondern vollständige Versorgung aus den Ressourcen des Hofes geboten wurde, vgl. Arndt, Das Fürstentum Lippe im Zeitalter der französischen Revolution 1770-1820, S. 245.
[81] StA Dt, L 37 XIX Sect. III Nr. 6 h a, Erteilung des Geleits an die lippischen Juden durch Graf Hermann Adolf auf 10 Jahre, abgedruckt bei: Pohlmann, Quellensammlung, Nr. 11, S. 16 f.
[82] Spanjer Herford, Emancipations-Gesuch der Israeliten des Fürstentums Lippe, Lemgo 1840, S. 24 f.

der Handel mit solchen Waren, die durch Kramer, Schmiede, Höcker, Schlächter und Wandmacher angeboten wurden; Ähnliches galt in Blomberg und in Lage.[83] Landesweit üblicherweise nicht erlaubt war der Handel mit Kolonialwaren wie Kaffee, Tee, Schokolade.

Oftmals war für einzelne Produkte auf Ortsebene auch nicht explizit geregelt, ob Juden damit Handel treiben durften oder nicht, was zu Streitigkeiten zwischen den zuständigen Behörden und den ortsansässigen Juden über die Zulässigkeit des Handels damit führte. Obwohl die weite Fassung des Schutzbriefs vom Wortlaut her zunächst einmal eine Vermutung für die Zulässigkeit eines Handels enthielt (*„Handel und Wandel, mit Kaufen und Verkaufen hieselbst und im ganzen Lande“)*, wurde die Beweislast für die Zulässigkeit des Handels mit einem bestimmten Produkt den Juden auferlegt.[84] Die in dem landesherrlichen Schutzbrief enthaltene Handelserlaubnis wurde damit in ihrer Bedeutung gemindert, da der Jude im Zweifelsfall, um seine Berechtigung für den Handel mit bestimmten Waren geltend zu machen, konkrete lokale Bestimmungen anführen musste.

Bei dem Handel im Kleinen, auf den die Juden regelmäßig verwiesen waren, war nur durch immerwährende stete Anstrengung ein kleiner Gewinn zu erzielen, der ausreichte, um die Existenz zu sichern. Typische ausgeübte Gewerbe waren zum Beispiel Gewerbe im Schlachten[85], Handel mit Häuten, Garn, Han-

[83] Rülf, Die Geschichte der Juden in Lippe, S. 23.

[84] In einer Auseinandersetzung mit dem zuständigen Amt, ob der Handel mit Leinsamen gestattet sei, brachte die Judenschaft vor *„Wenn bei jedem einzelnen Erwerbszweig, der durch Schutzbrief und Landesgesetze nicht ausdrücklich untersagt, darin vielmehr sowohl explicite als implicite gestattet ist, immer erst der äußerst schwierige und kostspielige Beweis geführt werden soll, daß auch keine Oberservanz entgegenstehe, so würden die Schutzjuden sich keiner ruhigen Stunde zu erfreuen haben [...] – Der landesherrliche Schutzbrief würde alsdann fast ohne alle Bedeutung sein, indem auf diese Weise mit der andern Hand indirect wieder genommen würde, was mit der einen gegeben ist, nämlich die Erlaubnis, Handel und Wandel zu treiben.“* Vgl. Antrag der landjudenschaftlichen Deputierten auf Aufhebung der bestehenden Handelshemmnisse (16.1.1839), 16.1.1839-StA Dt, L 77 A Nr. 5341 fol. 80-92, Pohlmann, a.a.O., Nr. 152, S. 233 ff. Nichtsdestoweniger führte die Regierung gegenüber diesem Gesuch aus: *„Da die jüdischen Geleitsbriefe des Leinsamenhandels nicht erwähnen und den Schutzjuden darin nur gestattet ist, Handel und Wandel nach den Landesgesetzen und Observanzen zu treiben, so vermag die Regierung, die beantragte Erklärung, daß ihnen demnach der Handel mit Leinsamen im ganzen Lande und namentlich zu Lemgo zustehe, nicht zu erteilen.“*, Pohlmann, a.a.O.

[85] In dem Schutzbrief war den Juden das Schlachten erlaubt. Das was sie zu ihrem eigenen persönlichen Gebrauch nicht benötigten, durften sie an christliche Einwohner weiterverkaufen *„Nachdem wir ihm auch das Schlachten vergönnet, so soll er sich dabei aufrichtig erzeigen, er mag auch, so viel er zu seiner Haushaltung bedurftig, schlachten, was er aber nach jüdischer Ordnung selbsten nicht zu gebrauchen hat, mag er an andere verkaufen“*.

del mit Ellenwaren, Weberei.[86] Mitbestimmend für den genauen Inhalt der lokalen Vorschriften waren oftmals die Wettbewerbsängste der heimischen Kaufmannschaft und der Versuch, lästige jüdische Konkurrenz auszuschalten. In einem Bericht von 1787 werden die folgenden jüdischen Beschäftigungen aufgezählt: Handel mit Silber, Wolle und Korn, mit Wechseln, mit Samt und Leinen, mit Leder, mit Pferden, mit alten Kleidern, mit Lumpen als Berufe sind angegeben Schlachter, Petschierstecher, Pfeifenmacher, Glaser- und Lackfabrikanten.[87] In einer Regierungsaufstellung von 1789[88] werden als Berufe der Juden genannt: Handel mit Häuten, Wolle, Fellen 2, Wechseln 1, Victualien 34, Negotiiren 2, Lackfabrikanten 2, Schlachten 36, Petschierstechen 1, Putzwaren 1, Arm 57, Garn 7, Leder 2, Pferden 8, alten Kleidern 6, Lumpensammeln 1, Pfeifen 2, Glaser 1. Die armen Juden waren dabei ein eigenständiger Bevölkerungsteil; ihre Anzahl ist vermutlich höher zu schätzen als in der Aufzählung genannt. Die Ausübung zünftiger Gewerbe und das zünftige Handwerk waren den Juden verschlossen. Den Juden wurden jedoch einige handwerkliche Berufe außerhalb der Zünfte entweder durch ausdrückliche Genehmigung des Grafen oder stillschweigend gestattet. In der Gewerbetabelle von 1788 werden folgende jüdischen Handwerke genannt: (1) Bereiter von Blasebälgen, (2) Bürstenbinder, (3) Darmsaitenbereiter, (4) Fisch- und Fliegennetzstricker, (5) Fußtapeten- und Fußsockelbereiter aus Tuchecken und Saalleisten, (6) Glasschleifer, (7) Haarsiebweber, (8) Hechelmacher, (9) Holz-, Horn- und Knochenfärber, (10) Kammmacher, (11) Korkschneider, (12) Leimkocher, (13) Lichtzieher, (14) Mattenflechter, (15) Nudelnbereiter, (16) Oblatenbäcker, (17) Pergamentbereiter, (18) Pinselmacher, (19) Steinschleifer, (20) Strohhutmacher.[89] Dabei handelte es sich um Tätigkeiten von allgemeiner Bedeutung und Nachfrage, die jedoch von lippischen Untertanen nicht ausgeübt wurden. Zumindest punktuell waren Juden auch in dem für Lippe so bedeutsamen Leinenhandel tätig.[90] Von den Handwerkern ergibt sich aus anderen Quellen, dass diese berufliche Tätigkeit die Lebenshaltungskosten nicht deckte. Wohl deshalb wurde von vielen die Geldleihe noch zusätzlich als Nebenerwerb ausgeübt.[91]

---

[86] Guenter, a.a.O., S. 58, 60.

[87] Rülf, Die Geschichte der Juden in Lippe, S. 20.

[88] Personensteuer Tabelle, ausgenommen Lippstadt und Lipperode, StA Detmold L 77 A Nr. 5379 fol. 30, Pohlmann, Die bürgerliche Verbesserung der Juden, in: Arndt/Nitschke (Hg.), Kontinuität und Umbruch in Lippe, S. 273.

[89] StA Detmold, D 72 Nachlass Clausing, Nr. 3; Arndt, Das Fürstentum Lippe im Zeitalter der Französischen Revolution 1770-1820, S. 310.

[90] 1816 berichtet Fürstin Pauline in einem Schreiben an ihren Bruder, dass ein reicher Jude in Detmold plane, eine Leinenbleiche anzulegen, Schierenberg, Leinenindustrie, S. 97, vgl. Arndt, Das Fürstentum Lippe im Zeitalter der Französischen Revolution 1770-1820, S. 331.

[91] Nach Pohlmann, a.a.O., S. 273, zählte ca. die Hälfte der lippischen Judenschaft zu verarmten Existenzen, die sich nur mühsam ernähren konnten. Ferner wird in späteren Erhebungen

1777 wurde von der lippischen Regierung verordnet, dass die Handlungsbücher der lippischen Kaufleute Beweiskraft vor Gericht erhielten, was zu einer Verbesserung ihrer Position bei Streitigkeiten in Zivilrechtsstreitigkeiten führte.[92] Gleichzeitig bedeutete dies eine Benachteiligung der Juden, da für diese keine vergleichbare Regelung existierte.[93]

d. Hausierhandel

Nach den ihnen erteilten Geleitsbriefen hatten die Schutzjuden ursprünglich das Recht, uneingeschränkt Hausierhandel zu betreiben. Die lippische Regierung versuchte jedoch im 18. Jahrhundert wiederholt, den Hausierhandel zurückzudrängen und erließ 1751 ein allgemeines, für Juden und Christen geltendes Verbot des Hausierhandels.[94] Offenbar wurde das Verbot in der Folgezeit kaum eingehalten. Es muss auch nach wie vor sehr viele jüdische Hausierer gegeben haben, denn auf diversen Landtagen wurden Beschwerden gegen die Handelstätigkeit der Juden laut.[95]

1785 entschloss sich die Regierung deshalb, gegenüber den Juden ein komplettes Verbot des Hausierhandels zu verhängen, das über das für umherziehende christliche Wanderkaufleute (sog. „Messerkerls) und „fremde Commercianten" geltende, eingeschränkte Verbot hinausging.[96] Gegen dieses Totalverbot wandte sich die Judenschaft, da sie ohne das Hausieren nicht überleben könne. Die Regierung holte daraufhin von den einzelnen Ämtern Gutachten ein und bewilligte das Hausieren auf dem Lande den inländischen Schutzjuden schließlich mit bestimmten Einschränkungen.[97] Kostbare Waren, wie etwa Batist, Kammertuch, Spitzen, feines Leinen oder Seide durften nicht vertrieben werden. Die Juden durften sich beim Verkauf höchstens zweier Begleitpersonen („*eines von ihren Kindern und eines Knechts*") bedienen. Die Landesherrschaft wollte damit verhindern, dass den Bauersfrauen kostbare unnütze Waren aufgedrängt würden.

---

der Regierung eine Vielzahl von Schlachtern als arm bezeichnet. In einer Aufstellung der Regierung aus dem Jahre 1779 werden 2/3 der lippischen Judenschaft als arm bezeichnet, L 92 Tit. 152 Nr. 1 fol. 35-36.

92 Verordnung wegen der Handlungsbücher, v. 24.4.1777, LVO II, S. 608 f.

93 Allerdings existierte auch für die Handwerker keine entsprechende Regelung, Arndt, Das Fürstentum Lippe im Zeitalter der Französischen Revolution 1770-1820, S. 305.

94 Verordnung wegen des Hausirens v. 2.2.1751, LVO II, S. 26.

95 Pohlmann, Die bürgerliche Verbesserung der Juden, in: Arndt/Nitschke (Hg.), Kontinuität und Umbruch in Lippe, S. 279, spricht von Beschwerden auf zehn Landtagen zwischen 1750 und 1781.

96 Verordnung wegen verbothenen Hausirens der Juden auf dem Lande v. 7.11.1785, LVO III, S. 137.

97 Verordnung wegen des Hausierens der inländischen Schutzjuden, 30.1.1786, LVO III, S. 145 f.

Die nunmehr bewilligte Beschränkung des Hausierhandels auf bestimmte Produkte entsprach dem für die christlichen Wanderkaufleute geltenden Verbot des Vertriebs überflüssiger Produkte und barg die gleichen Konditionen.[98] Die Regierung bemühte sich, den Hausierhandel insgesamt auf das unbedingt Erforderliche zu beschränken. Eine weitere Ausbreitung sollte verhindert, gleichzeitig die Juden auf andere Erwerbszweige gelenkt werden.[99]

e. Kredithandel und Pfandleihe

In den lippischen Schutzbriefen wurde den Juden ferner die Tätigkeit des Geldverleihs und der Pfandleihe erlaubt, wobei der Zinsfuß beschränkt wurde. Der Kredithandel in Lippe wurde zu einem großen Teil durch Juden abgewickelt; in Folge des kirchlichen Wucherverbots waren sie gegen Konkurrenz bei den Kreditgeschäften weitgehend geschützt.[100] Verbreitet war die Leihe auf Pfänder; angesichts des geringen Kredits des Einzelnen wurden in diesem Fall diverse Sicherungsmittel für eine Forderung gewährt.

Das Geleit an die lippischen Juden durch Graf *Hermann Adolf* aus dem Jahr 1663 bestimmte, dass kein Jude mehr als zwei Goßler wöchentlich von einem Reichstaler nehmen sollte *„jedoch von unsern Unterthanen und männiglich, die seines Geldes zu entlehnen begehren werden, von einem Reichsthaler wochentlich nicht mehr als zwei Goßler, bei Vermeidung unserer Strafe, nehmen und genießen.“*[101] Ein Goßler war ½ Pfennig, der Reichstaler (Rtl.) bestand aus 144 Pfennigen.[102] Bei Darlehen wurden damit von 144 Pfennigen 52 Pfennig jährlich als Zinsen bezahlt, d.h. 36,1 %. Interessant ist in diesem Zusammenhang, dass der Höchstzinssatz nur gegenüber den eigenen Untertanen galt, die Juden danach also Fremden gegenüber durchaus höhere Zinsen nehmen konnten.

---

[98] Die Regierung verbot mehrfach den Verkauf von als überflüssig eingestuften Gütern, wie z.B. Batist, Kammertuch, Spitzen, feines Linnen oder Schnupftücher, ein Verbot, das jedoch weitgehend unbeachtet blieb; Verordnung wegen der Messerkerls, v. 6.10.1767, LVO II, S. 251; Verordnung wegen der Messerkerls, 16.1.1769, S. 320. Daneben wehrten sich die lippischen Kaufmannvereinigungen aus wirtschaftlichen Gründen gegen diese Konkurrenz, vgl. Arndt, Das Fürstentum Lippe im Zeitalter der Französischen Revolution 1770-1820, S. 302.

[99] Pohlmann, Die bürgerliche Verbesserung der Juden, in: Arndt/Nitschke (Hg.), Kontinuität und Umbruch in Lippe, S. 279.

[100] Nur Juden, Kawerzen und den lombardischen Kaufleuten war das Darlehen gestattet. Seit dem 13. Jahrhundert erlangte das Darlehen allerdings trotz der kirchlichen Strafandrohung eine gewisse Verbreitung.

[101] *Erteilung des Geleits and die lippischen Juden durch Graf Hermann Adolf auf 10 Jahre,* 2.1.1663, StA Dt, L 37 XIX Sect. III Nr. 6 ha, Pohlmann, Quellensammlung, Nr. 11, S. 16 f.

[102] Ein Reichstaler (Rtl.) = 36 Mariengroschen (Mgr.) = 144 Pfennig (Pf.); Angaben nach Verdenhalven, Alte Maße, Münze und Gewichte aus dem deutschen Sprachgebiet, abgedruckt in Arnt/Nitschke (Hg.), a.a.O, S. 523. Ein Goßler = 1 Heller = ½ Pfennig, Pohlmann, Quellensammlung, S. 442.

Von Seiten der lippischen Regierung mag die für unsere Verhältnisse enorme Höhe der gesetzlich erlaubten Zinsen auch auf das Eigeninteresse zurückzuführen gewesen sein, dass die Juden andernfalls wohl nicht in der Lage gewesen wären, die von staatlicher Seite an sie gestellten hohen Abgabenbelastungen zu erfüllen. Gleichzeitig versuchte die Regierung, die christliche Bevölkerung durch ein Zinseszinsverbot zu schützen.

In einem Geleitbrief aus dem Jahr 1698 wurden Höchstzinssätze gestaffelt danach, ob es sich um kleinere oder um größere Darlehen handelt. „*Gestalt dann [...] solcher Wucher und Zins also moderiret wird, daß derselbe in kleinen Summen, und welche nicht über 10, 15 oder höchstens 20 Thaler kommen und gegen Pfande geschehen, nach Gelegenheit der Schüldner, wochentlich in den bemeldeten größeren Summen nicht über einen, anderthalb, in den geringeren aber höchstens zwei Goßler laufe, und zwar mit Vorbehalt der Verordnung, wie vorher gedacht.*"

Der gesetzliche Zinssatz schwankte für Kredite bis 20 Reichstaler damit zwischen 18,1% und 36,1%. Für Kleinkredite mit kürzerer Laufzeit, wie sie oftmals die Kleingewerbetreibenden benötigten, waren die Zinsen damit höher und niederdrückender als für größere Beträge, für die jährliche Zinsen anfielen. Für größere Kredite wurde dabei eine Obergrenze an Zinsen von 10 Rtl. pro Woche sowie eine zeitliche Befristung auf ein Jahr festgelegt „*Falls aber [...] das Anlehn, es sei ohne oder auf Pfande, sich über 20 Thaler belaufet, die Zinse, nachdem der Schüldner damit seinen Vortheil machet, auf 6, 8 oder höchstens 10 Thaler, und zwar in diesem letzteren Fall mit dem Beding verhandelt werden möge, daß nach Ablauf eines Jahres die Wiederlösung des Pfandes oder Verschreibung geschehen müsse.*"[103]

War das Darlehen durch Obligationen gesichert, sollten bei größeren Summen je nach Laufzeit noch niedrigere Zinssätze, 6% oder 8%, gelten. „*Wann aber [...] das Anlehn auf obligationes [...] verglichen, ordinarie nur sechs, oder wann der Schuldner mit dem mutuo seinen Profit machet, ad acht von Hundert passiret werden sollen, es wäre dann, daß die Juden beweislich die Gelder zur Hand von andern leihen und sich dafür auf gewisse Zinsen verbinden müßten, oder das Anlehn nur auf einige Monat geschehe, welchenfalls dieselben für ihre Mühe und daß sie für die Schuld einstehen, über die, dem Hauptgläubiger, von welchem die Gelder negotiirt, versprochenen Zinsen für sich von denen Debitoren ein mehreres, jedoch daß die Billigkeit nicht überschritten werde, prätendi-*

[103] *Geleitbrief Graf Friedrich Adolfs für Levin Meyer in Detmold, Beispiel für die Gestalt der lippischen Geleitbriefe*, 14.1.1698, StA Dt, L 37 XIX Sect. III Nr 1 1, Pohlmann, Quellensammlung, Nr. 15, S. 19 f..

ren können.“ [104] Die Juden sollten keinen übermäßigen Zins nehmen *„ihm auch freistehe, sein Geld, gegen und ohne Pfande, auf Wochen, Monate- und Jahr-Rente auszutun, gleichwol, daß er den Notdürftigen und, welcher damit kein Gewinn machet, darin nicht übersetze“.*

1769 wurde festgelegt, dass sämtliche Schuldverschreibungen von Christen an Juden im Wert von mehr als 25 Rtl. nur gültig waren, wenn die Juden sie obrigkeitlich bestätigen ließen.[105] Nach Protest der Juden und der lippischen Kaufleute wurden die kaufmännischen Gewerbe nach sechs Monaten von der Regelung ausgenommen.[106] Die Verordnung galt aber weiterhin für die Bürger und Bauern und wurde 1781 bekräftigt.[107] Später wurden von der Verordnung auch Edelleute, Schriftsässige, herrschaftliche Bediente und Pächter adeliger und schriftsässiger Güter ausgenommen.[108] Die Formvorschrift wurde als Behinderung der jüdischen Kreditvergabetätigkeit und der Handelstätigkeit der Juden angesehen, da sie christliche Schuldner zwang, ihren Liquiditätsbedarf publik zu machen und damit abschreckende Wirkung entfaltete.[109] Die Juden bemühten

---

[104] *Geleitbrief Graf Friedrich Adolfs für Levin Meyer in Detmold, Beispiel für die Gestalt der lippischen Geleitbriefe*, 14.1.1698, StA Dt, L 37 XIX Sect. III Nr 1 1, Pohlmann, Quellensammlung, Nr. 15, S. ff.

[105] Verordnung wegen der von den Juden zu verleihenden Gelder v. 18.4..1769, LVO II, S. 323. – Dies entsprach der Regelung im Augsburger Reichsabschied von 1551, § 79, nach der alle jüdischen Schuldurkunden vor der christlichen Obrigkeit aufgenommen werden sollten.

[106] Verordnung wegen der von den Juden zu verleihenden Gelder v. 24.10.1769, LVO II, S. 341.

[107] Bekräftigung, dass Schuldverschreibungen von Christen an Juden nur Gültigkeit haben, wenn sie obrigkeitlich bestätigt sind, v. 30.6.1781, LVO II, S. 766: *„als ein Jude einem Christen, er sey Bürger oder Bauer, künftig mehr als fünf und zwanzig Rtl. vorzuschießen gesonnen sey, er darüber die Schuldverschreibung gerichtlich bei dem Magistrat und respectiven Amte, worunter der Empfänger des Geldes stehe, in dessen Gegenwart errichten lassen oder im Contraventionsfalle gewärtigen solle, dass nicht nur das Anlehn für unerforderlich erkläret, sondern der Contravenient auch dem Befinden nach mit der auf die wucherlich Contracte gesezten Strafe beleget werde“.*

[108] Änderung der Verordnung vom 30.6.1781: Möglichkeit der direkten Darlehensvergabe an Edelleute, Schriftsässige, herrschaftliche Bediente und Pächter adeliger und schriftsässiger Güter, v. 4.5.1790, LVO IV, S. 18.

[109] Interessanterweise entstand die erste lippische Bank aus der Feststellung der Regierung, es sei erforderlich, das jüdische Geldgeschäftswesen einzuschränken, Arndt, Das Fürstentum Lippe im Zeitalter der Französischen Revolution 1770-1820, S. 303 f. 1801/02 entstand die erste lippische „Leihebank“, bei der Pfänder gegen Geld hinterlegt werden konnten. Der Zweck, die Juden aus den Geldgeschäften zu verdrängen, wurde allerdings nicht erreicht, da die jüdischen Händler, die oftmals mehr Geld verleihen konnten als sie besaßen und sich diesen Mehrbedarf wegen des religiösen Zinsverbots auch nicht bei Glaubensbrüdern beschaffen konnten, sich zu den besten Kunden der Leihebank entwickelten, Arndt, a.a.O., S. 304.

sich ergebnislos, durch entsprechende Stellungnahmen der Vorsteher der lippischen Judenschaft eine Änderung der Regelung herbeizuführen.[110]

Eine wesentliche Benachteiligung jüdischer gegenüber christlichen Gläubigern lag darin, dass ein jüdischer Gläubiger nicht berechtigt war, seine rechtmäßigen Forderungen gegen einen christlichen Schuldner an andere Christen abzutreten.[111] Als Grund hierfür wurde angegeben, dass der Christ mehr Mittel hatte, die Forderung geltend zu machen;[112] die Juden sollten somit so wenig Forderungen wie möglich realisieren können. Durch das Abtretungsverbot wurden die Realisierungschancen erheblich reduziert. Die Absatzmöglichkeit der Forderung und damit auch ihr betriebswirtschaftlicher Wert für die Juden wurden durch das Verbot erheblich eingeschränkt.

Hinsichtlich der Pfandleihe erfolgte eine – zweischneidige – Angleichung an die reichsrechtlichen Regelungen, durch die, wie in anderen Staaten, Juden beim Ankauf gestohlener Sachen begünstigt wurden.[113] Während der Christ angekaufte gestohlene Sachen ohne Entschädigung zurückzugeben hatte, hatte der Jude Anspruch auf Erstattung des Kaufpreises (sog. jüdisches Lösungsrecht).[114] Eine einem Dritten gestohlene Sache musste der Jude dem Eigentümer nur gegen Ersatz des Kaufpreises herausgeben, soweit er bei dem Erwerb bzw. bei der Übernahme als Pfand gutgläubig gewesen war und soweit es sich nicht um Kirchengüter handelte, *„wann er [...] ohnwissend – ausbedungen solche Sachen, so die Christen in ihren Kirchen gebrauchen, als welche von ihnen keineswegs zu kaufen, sondern nebenst denen Verkäufern anzuhalten und der Obrigkeit anzuzeigen sein – gestohlene Sachen kaufen und dieselben von dem Eigentumbsherrn ausgekundschaftet und vindicirt werden, dieselben auf Erkenntnis der*

---

[110] Stellungnahme der Vorsteher der lippischen Judenschaft zu den Verordnungen von 1769, 1781 und 1790 über die Darlehensvergabe, v. 16.4.1804; Stadtarchiv Lemgo, A 3682; abgedruckt bei Pohlmann, Quellensammlung, Nr. 76, S. 81.

[111] Es handelt sich hier um das reichsrechtliche Verbot der *cessio in potentiorem*, das auch in Lippe gegolten hat; Spanjer Herford, a.a.O., S. 27.

[112] Dohm, Über die bürgerliche Verbesserung der Juden, Bd. I, S. 78.

[113] Reichspolizeiordnungen von 1530, 1548 und 1577 sowie der Reichsabschied von 1551, s.o. B. I.

[114] Die Ausnahmestellung der Juden (und Lombarden) bzgl. verpfändeten Diebesguts wurde ursprünglich als sog. „Hehlerrecht" bezeichnet. Die heutige Forschung geht von einer Übernahme der betreffenden Verfügungen in den Privilegien Heinrichs IV. aus dem jüdischen Recht aus; vgl. Lotter, Talmudisches Recht in den Judenprivilegien Heinrichs IV. ?, in: AKG 72 (1990) S. 23 ff.; Toch, Die Juden im mittelalterlichen Reich, S. 109. Angesichts der antisemitischen Ausschlachtung des Begriffs wird in neuerer Zeit für diese Besonderheit der Begriff „Marktschutzrecht" vorgeschlagen, Toch, a.a.O.

Obrigkeit gegen oder ohne recognition wieder ausfolgen zu lassen, mit Vorbehalt des regressus an den Verkäufer, sollen schüldig sein."[115]
Diese Bestimmung wirkte sich nachteilig auf das Ansehen der Juden in Lippe aus und wurde später von dem Sprecher der lippischen Judenschaft, Herford, ausdrücklich zurückgewiesen.[116]
Pfänder durften höchstens ein Jahr behalten werden. Nach einem Jahr sollten die Pfänder eingelöst oder durch den Richter oder Magistrat geschätzt und veräußert werden: *„die Pfande auch, über ein Jahr, bei sich nicht unabgelöset stehen lasse, sondern bei Ablauf desselben die Einlösung oder distraction bei dem Schuldner treibe, und wann dieser sich dazu nicht verstehen will, solche Pfande für des Orts Richter oder Magistrat, nach vorläufiger Ästimation, veräußere, oder für das ästimatum sich zuschlagen lasse, und den etwa befindlichen Überschuß, nach Abzug seinens Anlehns und versprochenem Wucher, dem Schuldner herausgebe, und dieses bei Verlust ihres Wuchers, und daß ihr Anlehn ins Künftige ohne Zinsens stehen sollen".*[117]

f. Konkursverwaltung

Beim Verhandeln der Aufhebung eines gerichtlichen Konkurses und der Vergleichsverhandlungen mit den Gläubigern waren Juden oftmals beteiligt. Offensichtlich in der Befürchtung, dass der Einfluss der Juden zu groß würde, erließ der Landesherr 1793 die *Verordnung wegen Einmischung der Juden in gerichtliche Concurssachen von 1793.*[118] *„Diese, dem gemeinen Wesen so äußerst schädliche und selbst der Ehre der Gerichte sehr nachtheilige, Einmischung der Juden in gerichtliche Concurssachen verbieten wir also; [...] sondern untersagen auch allen Advocaten und Curatoren der Masse jede Einlassung mit ihnen darüber, mit der Warnung, daß der, welcher sich dennoch derselben schuldig macht, nicht nur seines Amtes entsetzt, sondern auch noch überdem, nach Beschaffenheit des Falls, nachdrücklich bestraft werden soll."*

Hierdurch wurde im Grunde eine Selbstverständlichkeit normiert, da auch Christen etwaige Unterverhandlungen mit den Konkursverwaltern untersagt waren. Offenbar hielt es der Landesherr für erforderlich, mit einer entsprechenden Verordnung gegenzusteuern.

---

[115] *Geleitbrief Graf Friedrich Adolfs für Levin Meyer in Detmold,* 14.1.1698, StA Dt, L 37 XIX Sect. III Nr. 11, Pohlmann, Quellensammlung, Nr. 15, S. 19 ff., 20.
[116] Herford, a.a.O., S. 11.
[117] *Geleitbrief Graf Friedrich Adolfs für Levin Meyer in Detmold,* 14.1.1698, StA Dt, L 37 XIX Sect. III Nr. 11, Pohlmann, Quellensammlung, Nr. 15, S. 19 ff., 20.
[118] Verordnung wegen Einmischung der Juden in gerichtliche Concurssachen v. 2. Januar 1793, LVO IV, S. 72 f.

g. Religionsausübung

Der Religionsausübung wurde in den Geleitbriefen Schutz gewährt. Der Landgraf erteilte den Juden dabei zunächst stets befristet, später dauerhaft, die Bewilligung, eine eigene Gemeinde zu bilden. Die Ausübung ihrer religiösen Bräuche und Riten war den Juden im privaten und häuslichen Bereich uneingeschränkt, in der Öffentlichkeit jedoch nur eingeschränkt gestattet.

An den Sabbaten und Feiertagen durften die Juden die jüdischen Kultushandlungen vornehmen, sofern dies ohne Aufsehen und öffentliche Versammlung auf der Straße erfolgte. Für Gottesdienste der Juden war teilweise eine zusätzliche landesherrliche Erlaubnis erforderlich, was finanzielle Vorteile für den Landesherrn mit sich brachte, da eine solche Erlaubnis wiederum an eine Geldzahlung geknüpft werden konnte.[119] Der Gottesdienst sollte in abgelegenen, von Kirchen, Schulen und Pfarrhäusern entfernten Gebäuden stattfinden.[120] Die jüdische Religion sollte damit von der übrigen Bevölkerung möglichst ferngehalten werden. Die für die Juden geltenden Bestimmungen waren insoweit vergleichbar mit den für die zahlenmäßig noch geringere katholische Minderheit geltenden Regelungen, denen ihre Religionsausübung ebenfalls nur im unauffälligen Bereich gestattet wurde.[121]

Die christliche Religion sollte durch die Juden in keiner Weise gestört werden. Die Einhaltung der sonn- und feiertäglichen Ruhe wurde deshalb auch von den Juden gefordert. An diesen Tagen waren den Juden Handel und Schacherei bei Strafandrohung untersagt.[122] Während der Gottesdienstzeiten sollten sie zu

---

[119] Für die Erlaubnis an die Juden in Horn, Salzuflen und Detmold regelmäßig Gottesdienste abhalten zu dürfen, verlangte Simon Henrich 1670 einen Goldgulden, einen Ducaten oder 2 Rtl jährlich, StA Dt, L 37 XIX Sect. I Nr. 1, Pohlmann, Quellensammlung, Nr. 27, S. 32 f.; Den Juden in Lemgo wurde für diese Erlaubnis die Zahlung von einem Goldgulden jährlich auferlegt, StA Dt, L 37 XIX Sect. I Nr. 1, Pohlmann, a.a.O., Nr. 29, S. 34; Die Konzessionen werden darin erteilt unter der Voraussetzung, dass der Gottesdienst *„heimblich und ohne jenige Ärgernüs"* abgehalten werde.

[120] Um 1720 wurde den Juden in Lemgo der Bau einer Synagoge gestattet, 1742 wurde in Detmold eine Synagoge errichtet, Rülf, Die Geschichte der Juden in Lippe, S. 19.

[121] So waren in Lemgo katholische Prozessionen und das öffentliche Tragen von Monstranzen verboten. 1774 scheiterte der Versuch, die privat abgehaltene Messe der Freiin v. Westphalen auch für ca. 30 in der Umgebung wohnenden Katholiken zu öffnen, ein entsprechender Prozess blieb ohne Erfolg. Erst 1786 wurde der Bau eines offiziellen katholischen Gotteshauses gestattet, allerdings ohne Turm und Glocken; Arndt, Das Fürstentum Lippe im Zeitalter der Französischen Revolution 1770-1820, S. 375 unter Verweis auf Reineke, Katholische Kirche, S. 134 ff.

[122] Vgl. Verordnung wegen des Handels der Juden an Sonn- und Festtagen, von 1731, LVO I, S. 842 *„[...] so ordnen und wollen Wir, daß sowol an denen Sonn- als andern Festtagen die Juden sich daheim und in ihren Häusern still halten, aller Handlung und Anreizung der Un-*

Hause bleiben und sich ruhig verhalten.[123] Auch war bei hoher Strafe verboten, abfällig über die christliche Religion zu sprechen.[124] Durch die Regelungen wurde die Bedeutung der christlichen Religion unterstrichen.

Die lippischen Juden erhielten ein eigenes Rabbinat dauerhaft ab 1735.[125] Die Juden als Religionsgemeinschaft unterstanden dem Konsistorium in Detmold als Aufsichtsbehörde. Der religiöse Führer der lippischen Juden, der Landrabbiner (*„Rabine und Schiedesmann“)*, wurde von der Landesherrschaft berufen, die Landjudenschaft konnte hierbei lediglich Anregungen geben.[126] Teilweise wurde der Landrabbiner auch gegen den Widerstand der Judenschaft ernannt.[127] Da der Landrabbiner seinen Sitz nicht in Lippe hatte, wurde ihm ein Vizerabbiner zur Seite gestellt.[128] Die Kosten des Rabbiners sowie des Vizerabbiners waren von der Gemeinde zu tragen.

---

terthanen zu dergleichen Handlungen sich äußern und nicht ehender als des Nachmittags nach geendigtem Gottesdienst auf den Gassen betreten lassen sollten, und zwar bei 5 gfl. Strafe, so oft sie dawider handeln.“

[123] Dass die Religionsausübung der Juden ihre Grenze in der Religionsausübung der Christen fand, entsprach der uneingeschränkten Priorität der christlichen Religionsausübung. Auch für Christen war die Mißachtung des Sonntags unter strenge Strafe gestellt. So sollte nach der Polizeiordnung von 1620 I. Titul, § 6, derjenige der während des Gottesdienstes auf den Kirchhöfen spazieren ging, 8 Groschen Strafe zahlen. Unter Strafe gestellt war jegliche wirtschaftliche Betätigung sowie der Alkoholkonsum. Die Verordnung wegen Eintheiligung der Feiertage von 1624, LVO I, S. 396 ff., verbot *„unmäßig Fressen und Saufen jederzeit und sonderlich vor und unter dem Gottesdienst“, „leichtfertiges, frevent- und bösliches Schweren, Fluchen und Anwünschens“*. Ein Zuwiderhandeln wurde mit Abschneidung oder Abreißung der Zungen und anderen vergleichbaren Leibesstrafen geahndet.

[124] *„[...] an ihren Sabbaten und Feiertagen ihr Gebet und Gottesdienst, ohne Aufsehen und Versammlung auf den Gassen, in abgelegenen, besonders denen Kirchen und Schulen, auch Predigern entfernten Häusern halten, auf die Christen, derselben Seligmacher und Religion für sich und ihre Mitbeschriebenen nichts Unehrbietiges und Lästerliches reden solllten, bei Vermeidung Unsrer Höchsten Strafe und Verlust dieses unseres Geleides“*, StA Dt, L 37 XIX Sect. III Nr. 1 l, Geleitbrief Graf Friedrich Adolfs für Levin Meyer in Detmold, v. 14.1.1698; abgedruckt bei: Pohlmann, Quellensammlung, Nr. 16, S.21; vgl. StA Dt. L 37 XIX Sect. III Nr. 1b, Erteilung des Geleits an die lippischen Juden durch Graf Hermann Adolf auf 10 Jahre; Quellensammlung, Nr. 11, S. 16 f.

[125] Pohlmann, Quellensammlung, S. 12.

[126] StA Dt, L 37 XIX Sect. I Nr. 3, Bitte der lippischen Juden an Simon Henrich, Joseph Abraham aus Obermarsberg, Rabbiner im Stift Paderborn, als Landrabbiner für Lippe zu berufen, v. 4.2.1684; Pohlmann, Quellensammlung, Nr. 30, S. 36.

[127] StA Dt, L 37 XIX Sect. V Nr. 3 h, Protest der Juden an den Grafen Friedrich Adolf dagegen, dass auf Betreiben des Moses Jacob in Detmold dessen Vetter zum Landrabbiner bestellt worden ist, v. 16.4.1709; Pohlmann, Quellensammlung, Nr. 32, S. 37 f.

[128] Rülf, Die Geschichte der Juden in Lippe, S. 19. Der erste, der dieses Amt bekleidete, war der Hoffaktor Moses Jacob aus Detmold, Rülf, a.a.O.

Im Ergebnis wurde den Juden damit durch die lippischen Landesherrn eine dahingehend eingeschränkte Religionsausübungsfreiheit zuteil, dass die unauffällige Ausübung des jüdischen Glaubens geduldet, eine aktive Glaubenswerbung jedoch nicht gestattet wurde. Um ihrem Bekenntnis ordentlich nachgehen zu können, mussten die Juden noch zusätzliche Geldbeträge entrichten.

h. Grunderwerb

Die Freiheit des Grunderwerbs war innerhalb der Grafschaft unterschiedlich geregelt. So durften Juden in Detmold Haus- und Grundbesitz erwerben, während dies in Lage und Horn nicht möglich war.[129] Teilweise war das Recht zum Grunderwerb auch an das städtische Bürgerrecht gekoppelt.[130]

Die jüdischen Grundbesitzer waren zur Leistung der auf ihrem Grundstück haftenden kommunalen Abgaben verpflichtet. Ständische Rechte konnten jedoch von den Juden nicht ausgeübt werden. Soweit diese Rechte mit dem Besitz eines Grundstücks verbunden waren, ruhten die Rechte solange, wie Eigentümer des Grundstücks ein Jude war.[131] Ein Recht für Schutzjuden zum Erwerb bürgerlichen Grundeigentums in den Städten wurde erst 1843 gesetzlich verankert.[132]

i. Betteljuden

Ein großes soziales Problem, das eine Vielzahl von Verordnungen des lippischen Gesetzgebers hervorrief, stellten die Betteljuden dar.[133] Die Betteljuden konnten sich ein Geleit nicht leisten; sie zogen ohne Aufenthaltsrecht auf dem Lande umher und ernährten sich vom Betteln und Stehlen.

Diese verarmten Juden sollten an den Grenzorten ab- und zurückgewiesen werden. Den in der Grafschaft vergleiteten Juden war es verboten, Bettel- oder Pa-

---

[129] Eine Ausnahme galt in Detmold für die Langenstraße und den Markt; an diesen Orten durften Juden weder Häuser kaufen, noch diese bewohnen, Herford, a.a.O., S. 25.

[130] So war in Salzuflen mit dem Bürgerrecht das Recht auf Grunderwerb verbunden, vgl. Arndt, Das Fürstentum Lippe im Zeitalter der Französischen Revolution 1770-1820, S. 276.

[131] Vgl. zu einer ähnlichen Regelung in Preußen: Ritter Michaelis, in: Dohm, Über die bürgerliche Verbesserung der Juden, Bd. II, S. 111.

[132] Städteordnung von 1843, 16.5.1843, LVO IX, S. 63 ff., § 35 S. 3.

[133] Der Begriff „Betteljude" wird erstmals im Jahre 1710 in einer Regierungsverordnung genannt, die ein Aufenthaltsverbot für Juden aus Gründen des Seuchenschutzes normiert, Verordnung v. 18.10.1710, L 77 A Nr. 3669, S. 71. Zuvor untersagten bereits Verordnungen aus dem 17. Jh. fremden Juden, umherstreifenden Juden und Packenträgern den Aufenthalt in Lippe ohne gültigen Pass, ebenfalls aus seuchenschutzrechtlichen Gründen, Verordnung v. 1.8.1666, L 37 II Nr. 2, S. 3-5; Verordnung v. 22.7.1680, D 71 Nr. 92, 73; Verordnungen v. 12.7.1682 und v. 16.9.1709, D 72 Wasserfall Nr. 26 u. L 77 A Nr. 3669, S. 70, vgl. Partington, Juden in Lippe, in: Kontinuität und Umbruch in Lippe, hg. Arndt/ Nitschke, S. 257.

ckenjuden zu beherbergen. In den Schutzbriefen und in diversen Verordnungen wurde den Schutzjuden ausdrücklich der Umgang mit verdächtigen Personen verboten.[134] Diese Kontakt- und Beherbergungsverbote wurden im Laufe des 18. Jahrhunderts unter Androhung einer Geldstrafe oder teilweise unter Strafe des Geleitentzugs in diversen Regierungsverordnungen wiederholt.[135]

Wurde ein bereits ausgewiesener Betteljude erneut in der Grafschaft angetroffen, so sollte er *„empfindlich an Leib und Leben"* gestraft werden. Für zu Fuß reisende inländische Schutzjuden wurde eine Attestpflicht erlassen, damit diese sich jederzeit bei Reisen innerhalb der Grafschaft legitimieren und von den Betteljuden abheben konnten.[136]

1794 wurden zahlreiche Maßnahmen zur Verringerung der Anzahl der Betteljuden in einer Verordnung zusammen gefasst.[137] Darin wurden aufgeführt ein absolutes Bettelverbot, Passvorschriften, Beherbergungsverbote und die Verpflichtung für Gastwirte zur Anlage von Kontrollbüchern, die regelmäßig überprüft wurden. Falls die Betteljuden innerhalb des Landes aufgegriffen wurden, sollten sie für 8 Tage ins Gefängnis gesteckt und sodann des Landes verwiesen werden. Fremde Juden mussten bei Eintritt ins Land 5 Rtl. vorzeigen oder sie wurden als Betteljuden zurückgewiesen.[138] Um den Zuzug von Betteljuden zu verhindern,

---

[134] *„[...] keine der Dieberei und anderer laster verdächtige Juden und Christen beherbergen, noch mit dergleichen Leuten gefährlichen Umbgang und Correspondenz halten"*, vgl. Geleitbrief Graf Friedrich Adolfs für Levin Meyer in Detmold, 14.1.1698, StA Dt, L 37 XIX Sect. III Nr. 1 l, Pohlmann, Quellensammlung, Nr. 15, S. 19 ff., 20. Vgl. auch Verordnung wegen der Bettler, von 1712, LVO I, S. 747 ff.; Verordnung wegen der Zigeuner, Betteljuden und Landstreicher, von 1719, LVO I, S. 763 ff.; Verordnung wegen der Landstreicher, Bettel- und Packenjuden, von 1722, LVO I, S. 779 f.; Verordnung wegen der fremden Bettel- und Packen-Juden von 1728, LVO I, S. 819 ff.; Die Strafandrohung wandelte sich später in Zuchthausstrafe, Verordnung wegen der Betteljuden, von 1784, LVO III, S. 101 f.

[135] Verordnung v. 16.9.1709, Verordnung v. 28.8.1728; LVO I, S. 819 ff.; Verordnung vom 24.7.1753, LVO II, S. 68 (Beherbergung bei Strafe des Geleitverlustes höchstens drei Tage erlaubt); Verordnung v. 12.6.1794, LVO IV, S. 102 f. (vollständiges Aufnahmeverbot bei 5 Gfl. Strafe), Verordnung v. 2.10.1799, LVO IV, S. 202 f. (*wer einen Betteljuden aufnimmt, speist oder mit einem Almosen versieht, wird als „ein Beförderer der Betteley und öffentlichen Unsicherheit exemplarisch gestraft werden"*), vgl. Partington, Juden in Lippe, in: Kontinuität und Umbruch in Lippe, hg. Arndt/Nitschke, S. 259 Fn. 32.

[136] Vgl. Verordnung wegen der Betteljuden, von 1794, LVO IV, S. 100 ff. Nr. 6.; Verordnung wegen der Betteljuden, von 1794, LVO IV, S. 116.

[137] Verordnung wegen der Betteljuden, von 1794, v. 12.6.1794, LVO IV, S. 100 ff.

[138] Verordnung die Betteljuden betreffend, von 12.6.1794; LVO IV, S. 100 ff. Der Zweck dieses Erfordernisses wurde nicht erreicht, da die Betteljuden sich sowohl die Pässe als auch die 5 Rtl. Geld zu beschaffen wußten. 1799 wurde deshalb den inländischen Juden die Aufnahme und Verpflegung fremder reisender Juden bei Strafe untersagt, Verordnung wegen der Bettel-

bedurften alle jüdischen Knechte, Rabbiner, Schulmeister und Vorsänger einer besonderen Aufenthaltsgenehmigung. In der Praxis haben diese Vorschriften offensichtlich nur mäßigen Erfolg gehabt, da ständig neue, veränderte Verordnungen erlassen wurden.[139]

Anders als die christlichen Landarmen, die, mit einer Blechplakette versehen, in ihrer Kirchgemeinde betteln konnten,[140] waren jüdische Arme, die sich ein Geleit nicht leisten konnten, so stets mit Ausweisung und Gefängnisstrafe bedroht und damit tatsächlich zu einer ewigen unheilvollen Wanderschaft verurteilt;[141] karitative Hilfe oder obrigkeitliche Gnade wurde ihnen nicht zuteil.

Als Gründe für die immer wieder erneuerten Aufenthaltsverbote und das harte Durchgreifen wurden Schutz vor gefährlichen Seuchen wie auch die Gefährdung der öffentlichen Sicherheit genannt, da die Betteljuden den Räuberbanden zuarbeiten würden.[142] Nach Quellen zeitgenössischer Schutzjuden stellten die Betteljuden auch ein erhebliches soziales Problem für die jeweilige jüdische Gemeinde dar.

j. Staatsbürgerliche Stellung

Die Juden gehörten keinem der drei Stände an. Sie besaßen kein aktives und passives Wahlrecht, waren auf dem lippischen Landtag nicht vertreten und waren auch von den staatlichen Ämtern ausgeschlossen. Von der mittelbaren und unmittelbaren Verwaltung des Staates waren sie ausgeschlossen. Die Juden wurden weder Oberschicht, Mittelschicht noch Unterschicht zugerechnet, sondern der Sondergruppe der Zigeuner, Musiker, fahrenden Spielleute, Bettler und Gaukler zugeteilt und damit außerhalb der lippischen ländlichen oder städtischen Gesellschaft angesiedelt.[143]

---

juden, vom 2. Oktober 1799, LVO IV, S. 202 f., Verordnung, die ausländischen Betteljuden betreffend, vom 30. November 1802, S. 76.

[139] Vgl. Verordnung wegen der Betteljuden, von 1796, LVO IV, S. 155; Verordnung wegen der Betteljuden, von 1797, LVO IV, S. 163 f.; Verordnung wegen der Betteljuden, von 1799, LVO IV, S. 202 f. – Die Fülle der sich aneinanderreihenden Verordnungen zeigt jedoch auch, dass die Regierung nur punktuell die Symptome des Problems bekämpfte, es jedoch nicht strukturell zu lösen vermochte.

[140] Arndt, Das Fürstentum Lippe im Zeitalter der Französischen Revolution 1770-1820, S. 350. 1770 wurde eine Armenordnung erlassen, nach der überall regelmäßig Armenverzeichnisse geführt und alle Kommunen einen Bettelvogt bestimmten sollten.

[141] Das Bild vom „*wandering jew*" durchzieht die jüdische Mythologie über die Jahrhunderte hindurch.

[142] Vgl. z.B. Verordnung v. 11.9.1712, LVO I, S. 747 ff.; Verordnung v. 12.6.1794, LVO IV, S. 100 ff.

[143] Steinbach, Lippe, S. 209 ff.

Die Juden in den lippischen Städten waren keine Bürger, sondern lediglich Schutzverwandte (Beiwohner). Die Schutzverwandten mussten sich zwar an den öffentlichen Arbeiten beteiligen, besaßen aber keine politischen Rechte und hatten keinen Anspruch auf städtische Armenversorgung.[144] Schutzverwandte waren nicht nur die Juden, sondern auch die ärmeren Bevölkerungskreise sowie die eximierten landesherrlichen Beamten, sofern sie nicht das Bürgerrecht erworben hatten.[145] Der Schutzverwandtenstatus und die damit verbundene Verweigerung des Bürgerrechts und politischer Partizipation galt zu dieser Zeit damit nicht nur für die Juden, sondern generell für alle ärmeren Bevölkerungsschichten.

Das Bürgerrecht in den lippischen Städten stand nur einem Teil der Bewohner, insbesondere Mitgliedern der Zünfte oder Ämter zu und wurde vererbt.[146] Auswärtige Personen, sowie Personen, die einen neuen Hausstand gründen oder ein Gewerbe eröffnen bzw. übernehmen wollten, mussten das Bürgerrecht neu beantragen, wobei je nach Vermögenslage Kosten bis zu 50 Rtl. für einen Antragsteller zzgl. diverser Gebühren anfielen, teilweise wurden Vermögensnachweise gefordert. Vereinzelt wurde das Bürgerrecht an Juden verliehen; so wurde 1810 an den Juden Meier Manchen Goldstein das Bürgerrecht von Salzuflen gegen Zahlung von 15 Rtl. verliehen. Dieses Bürgerrecht war ausdrücklich nicht erblich.[147] Seinem Sohn gelang es nicht mehr, das Bürgerrecht zu erwerben. Der Hofkommissarius Salomon Joel Herford wurde 1810 von Fürstin Pauline mit einem Adelsgut belehnt und leistete den Lehnseid genauso wie ein nichtjüdischer Lehnsmann. Zwar wurde ihm kein offizielles Adelsprädikat erteilt, doch durfte er sich durchaus als auf der höchsten Stufe der Adelsbürger angelangt empfinden.[148] Bei diesen Fällen handelte es sich jedoch um einzelne Ausnahmefälle; für die Mehrheit der lippischen Juden blieb dieser Status im Hinblick auf Vermögen, Beruf oder Bildung unerreichbar.

---

[144] Arndt, Das Fürstentum Lippe im Zeitalter der Französischen Revolution 1770-1820, S. 276.

[145] Arndt, a.a.O., S. 276.

[146] Die genaue Ausgestaltung des Bürgerrechts war dabei in den Statuten der jeweiligen Stadt festgelegt. Z.B. war in Salzuflen mit dem Bürgerrecht das aktive und passive Wahlrecht, das Recht auf Grunderwerb und Gewerbeausübung, die Teilhabe an der Hude und diverse Nutzrechte verbunden. Von diesen Rechten waren die Nichtbürger, und damit auch die Juden, ausgeschlossen.

[147] Verleihung des Bürgerrechts an Goldstein am 4.10.1810 gegen Zahlung eines Bürgergeldes von 15 Rtl. Das Bürgerrecht war nicht erblich. Stadtarchiv Bad Salzuflen, Stadt Salzuflen A 103, S. 215; zitiert nach Arndt, Das Fürstentum Lippe im Zeitalter der Französischen Revolution 1770-1820, S. 313.

[148] Toury, Der Eintritt der Juden ins deutsche Bürgertum, S. 19 f., 27 f.

Die in den Städten wohnenden Juden mussten neben den 1-2 Rtl. Beiwohnergeld, einer Art Stadtbenutzungsgebühr, die jährlich von den Beiwohnern erhoben wurde, zusätzlich die Judenschutzgelder an die städtische Kämmereikasse entrichten.[149] Anders als die anderen Beiwohner hatten sie sich ihren Schutz und Aufenthalt so zusätzlich zu erkaufen.

2. Die Abgabenbelastung der lippischen Juden

Die verschwenderische und gedankenlose Hofführung der lippischen Landesherrn im 17. und 18. Jahrhundert, die im Kleinen ihren absolutistischen Vorbildern nacheiferten, erzeugte einen erheblichen Finanzbedarf.[150] Während der Reformpolitik des Grafen *Simon August* (1747 – 1802) und seinem Bemühen um die finanzielle Gesundung des Landes waren die von der Judenschaft erhobenen Abgaben ein willkommenes Mittel, die völlig zerrütteten Staatsfinanzen der Grafschaft zu konsolidieren. Die Gelder der Juden wurden zur Finanzierung bzw. Sanierung des Haushalts benötigt und machten den Landesherren zudem von dem Steuerbewilligungsrecht seiner Stände unabhängig.[151] Zusätzlich zahlten die Juden an den Landesherrn Aufnahme- und Schutzgelder, Leibzoll, Heirats- und Sterbegelder u.a.m.

Für die Bewilligung eines zum Aufenthalt berechtigenden individuellen Schutzbriefes war zunächst der Nachweis eines Mindestvermögens von 200 Rtl. sowie von ausreichenden Rücklagen erforderlich.[152] Die Gebühr für eine originäre Schutzerteilung in Lippe betrug 50 Rtl.; ggf. konnte sie nach dem Vermögen des betreffenden Juden reduziert werden.[153]

In dem Stadthagener Vergleich von 1748[154] wurde normiert, dass ein Schutzjude jährlich ein Judenschutzgeld von je 8 Rtl. sowohl an den Regierenden Herrn als auch an den Erbherrn zu leisten hatte. Diese doppelte Schutzgeldzahlung wurde jedoch in der Praxis offenbar nicht eingehalten.[155] Für die Übertragung eines Geleites, das vom Vater auf einen seiner Söhne transcribiert werden konnte, musste ebenfalls eine nicht unerhebliche Summe gezahlt werden. Das Schutzgeld für eine Witwe betrug 4 Rtl. und konnte auf 2 Rtl. ermäßigt werden.[156] Die Schutzgelder mussten bis vier Wochen nach Jahresablauf beglichen

---

149 Arndt, a.a.O., S. 277.
150 Kittel, Geschichte des Landes Lippe, S. 51.
151 Guenter, a.a.O., S. 140 ff.
152 Guenter, a.a.O., S. 22.
153 Abgeleitete Schutzumschreibungen waren günstiger, Guenter, a.a.O., S. 22.
154 StA Detmold L 95 Abt. J Nr. 22.
155 Guenter, a.a.O., S. 18.
156 Guenter, a.a.O., S. 21.

werden unter Androhung willkürlicher Strafe und möglichen Geleitverlustes. Daneben wurde auch für die Erneuerung des Generalgeleits nach Zeitablauf oder nach einem Regierungswechsel durch die gesamte Judenschaft eine erneute Gebühr fällig.[157] Dabei wurden die Kosten für das Generalgeleit sukzessive bis 1770 auf 3000 Rtl. erhöht.[158] Ferner musste eine jährliche Synagogensteuer entrichtet werden.

Die Heirat war den Juden nur mit Erlaubnis der Regierung gestattet, für den Kopulationsschein wurde eine Gebühr von 2 (seit 1774: 4) Rtl. erhoben ohne Progression. Die von den übrigen Untertanen erhobene Kopulationsgebühr reichte dagegen nur von 6 MGr. bis 1 Rtl.[159] Ebenso fielen im Todesfall Sterbefallgebühren in Höhe von 2 (seit 1774: 1) Rtl., an.[160] Heirats- und Sterbefallgebühren, die auch für andere Unfreie galten und die erst Mitte des 19. Jahrhunderts aufgehoben wurden, verdeutlichen, wie lange die Juden als Leibeigene/Kammerknechte angesehen wurden.

Sog. Pferdegelder mussten entrichtet werden als Ablösegeld von der Pflicht, ältere abgerittene Pferde zu kaufen. Seit 1721 wurde von den Juden eine jährliche Summe entrichtet zum Ersatz für diese den jüdischen Pferdehändlern auferlegte Verpflichtung, die abgängigen Pferde des gräflichen Marstalles zu übernehmen. Die Zahlung bestand zunächst in 500 Rtl. (250 Goldgulden). Nachdem die Abgabe über mehrere Jahrzehnte in Vergessenheit geraten war, forderte Graf *Simon August* 1769 Nachzahlungen von fast 40 Jahren, die die inzwischen zunehmend verschuldete Judenschaft in große Bedrängnis brachte. 1772 wurde bestimmt, dass die Judenschaft eine Einmalzahlung von 3000 Rtl. und künftig alle zehn Jahre sog. Weinkaufsgelder in Höhe von 300 Rtl. zu leisten habe.

Eine weitere nur die Juden treffende Abgabenverpflichtung bestand in der Ablieferung der Zungen des geschlachteten Viehs bzw. in der Abgeltung dieser

---

[157] Mit steigender Anzahl der Schutzjuden stieg die hierfür berechnete Summe kontinuierlich an. So wurden 1727 unter Graf Simon Henrich Adolph 800 Rtl für die Generalgeleitsrenovation verlangt. 1735 forderte die Witwe Simon Henrich Adolphs 2000 Rtl, die erst auf inständiges Bitten der finanziell völlig überforderten Judenschaft auf 1500 Rtl reduziert wurde, Guenter, a.a.O., S. 25.

[158] Von diesen wurden allerdings nur 2.400 Rtl. gezahlt. 1718 und 1727 hatte das Geleitgeld noch 800 Rtl. betragen, vgl. Guenter, a.a.O., S. 24.

[159] Arndt, Das Fürstentum Lippe im Zeitalter der Französischen Revolution 1770-1820, S. 359.

[160] Für arme Juden und für jüdische Kinder unter einem Jahr musste kein Sterbefallgeld gezahlt werden, StA Detmold L 92/A Tit. 150 Nr. 11. Die Zahlen weichen geringfügig voneinander ab. Laut Guenter mussten bei Heirat und Sterbefall jeweils 2 Rtl. (= 1 Goldgulden) gezahlt werden.

Verpflichtung durch Sonderzahlungen. Die Abgabe wurde im Laufe der Zeit an die einzelnen Ämter geleistet und in einigen Ämtern verpachtet, wobei der Pachtbetrag sich nach der Anzahl der ansässigen Juden richtete. Durchschnittlich betrug die Pacht pro Jahr zwischen 3 Rtl. 12 MGr. und 7 Rtl. Diese Abgabe wurde den Juden erst 1843 erlassen.[161]

Von fremden, durch Lippe reisenden Juden wurde ein Leibzoll erhoben ursprünglich in Form einer Grenzübertrittsgebühr in Höhe von 24 Gr. pro Tag.[162] Der Judenleibzoll war ein Leibeszoll, der beim Grenzübertritt von Juden wie auf Vieh erhoben wurde. Als Gegenleistung wurde ihnen während ihres Aufenthalts in Lippe Schutz gewährt.[163] Durch Verordnung v. 12.6.1794 wurde die Einreise fremder Juden ferner dadurch erschwert, dass sie bei ihrer Einreise ein Vermögen von 5 Rtl. nachweisen mussten, wobei zusätzlich 2 MGr. für einen Sichtvermerk im Visum zu zahlen waren. Der Leibzoll wurde später, wie auch die anderen entehrenden Verpflichtungen des Pferdegelds und der Zungenabgabe, durch eine jährlich aufzubringende Summe abgelöst.[164]

Zusätzlich waren von den Juden einmalige Sonderzahlungen für besondere Zwecke, wie eine „extraordinäre Kollekte" der Fürstin Johannette Wilhelmine, eine erpresserische Zahlung ohne jede Rechtsgrundlage,[165] oder ein Beitrag zu der Heereshaltung des Landes Lippe[166], zu entrichten. Zu den Abgaben an die Regierung kamen für die Juden die Beiträge an die judenschaftliche Centralkasse und an die besondere Gemeindekasse hinzu. Gleichzeitig wuchsen beständig ihre Ausgaben für Unterstützungen, Arzneien armer Kranker, Schulgeld etc.[167]

---

[161] Verordnung, die Handelsbefugnisse der Schutzjuden und die Erleichterung derselben in ihren Abgaben betreffend, vom 14.3.1843, LVO IX S. 35 ff. § 5d).

[162] Vgl. Verordnung v. 18.10.1710.

[163] Der Judenleibzoll wurde 1808 aufgehoben für die Orte in Lippe, an denen er noch bestand. Danach brauchten die Juden nur noch den sog. Packenzoll auf die beigeführte Ware zu entrichten.

[164] Der Leibzoll wurde 1714 durch eine Pauschalgebühr von 20 Rtl., die jährlich durch die gesamte lippische Judenschaft zu entrichten war, abgelöst; Verordnung v. 12.2.1714, L 37 XIX II Nr. 6.

[165] So erhob die Vormünderin Johannette Wilhelmine 1737 unter Androhung des Entzugs der Geleite von der völlig verarmten Judenschaft eine extraordinäre Kollekte in Höhe von erst 6000 Rtl., dann 5000 Rtl. Um die Summe zusammenbringen zu können, veräußerten die Juden in Horn ihre persönliche Habe, Guenter, a.a.O., S. 35. Während des siebenjährigen Krieges erhob Graf Simon August von der Judenschaft eine außerordentliche Zahlung zur Sicherung des Landes, StA Dt L 37 Abt. XIX Sect. V, Nr. 3 h.

[166] Pohlmann, a.a.O., S. 11, Guenter, a.a.O, S. 28 ff.

[167] Vgl. Regierungsempfehlung an die Rentkammer, die Zahlungsverpflichtung der Juden für die Geleitrenovation zu ermäßigen und die Synagogenabgaben aufzuheben v. 11.9.1832, StA

Die Zahlung der Renovations- und Schutzgelder erfolgte durch die landjudenschaftliche Kasse, die durch einen von der Regierung bestellten Rechnungsführer verwaltet wurde; erst 1859 wurde die Kasse durch einen judenschaftlichen Vertreter betreut. Ursprünglich waren nur vergleitete Juden zur Zahlung an die landjudenschaftliche Kasse verpflichtet. Seit 1845 mussten auch nichtvergleitete Juden Beiträge zur landjudenschaftlichen Kasse leisten.[168] Die Judenschaft musste wegen der schweren und starken Ausgaben ihrerseits Kredite aufnehmen, was in der zweiten Hälfte des 17. Jahrhunderts zu einer erheblichen Verschuldung führte. Die Landesjudenschaft stellte bei der Regierung einen Antrag dahingehend, durch Erhebung monatlicher Umlagegelder die Schuldenlast der Landesjudenschaft zu mildern.[169]

Neben den oben aufgeführten Abgaben trafen die jüdische Gemeinschaft zusätzlich auch Steuern und Gebühren, die von der sonstigen Bevölkerung zu entrichten waren. Hierzu gehörten zunächst die sog. Stolgebühren, die den lippischen Pfarrern zugute kamen und die zu zahlen waren an die lippischen Geistlichen bei Sterbefällen, Trauungen, Kindtaufen und anderen Ereignissen.[170] Die Juden baten mehrfach vergeblich darum, die Abgabe zu erlassen, da sie keinen Bezug zu dem Pfarrer hätten.[171] Bzgl. dieser Gebühr teilten die Juden das Schicksal der katholischen Minderheit in Lippe, die die Stolgebühren ebenfalls zu zahlen hatten. Für den Schutz in den Städten wurde das Beiwohnergeld (1-2 Rtl.) erhoben. Es war auch von denjenigen Juden zu entrichten, die eigene Häuser besaßen. Für den Abzug von Vermögen in das Ausland wurde ein sog. Abzugsgeld erhoben. Für das 1771 eingerichtete Landhebammeninstitut wurden Landhebammengelder erhoben in Höhe von 1 Rtl, seit 1820 2 Rtl.[172]

Zwischen 1788 und 1799 wurde die sog. Personensteuer erhoben, bei der alle Untertanen, auch die Juden, ungeachtet ihres Standes gemäß ihrer Vermögenslage in eine der Klassen zwischen 8 Rtl. und 12 MGr. Steuersumme eingeteilt

---

Dt, L 92 A Tit. 152 Nr. 1 fol. 126-128, abgedruckt bei Pohlmann, Quellensammlung, Nr. 151, S. 232 f.

168 Verordnung v. 18.11.1845, LVO Bd. VIII S. 468.

169 StA Dt, L 37 XIX Sect. V Nr. 3 h, Antrag der Juden auf Unterstützung ihres Plans, durch Erhebung monatlicher Umlagegelder die Schuldenlast der Landesjudenschaft zu mildern; abgedruckt bei: Pohlmann, Quellensammlung, Nr. 20, S. 25 ff.

170 1774 wurde bestimmt, dass jüdische Hausbesitzer 24 MGr. zu zahlen hatten und dass jüdische Einlieger 12 MGr. zu zahlen hatten. MGr. = Mariengroschen, 1 MGr. = 6 Pf. = 1/36 Rtl.

171 Guenter, a.a.O., S. 33.

172 Überraschenderweise sind die Landhebammen von der jüdischen Bevölkerung auch angenommen worden.; Guenter, a.a.O., S. 35.

wurde, und die auch von den Juden zu entrichten war.[173] Ausgenommen von der Steuerpflicht waren lediglich die Juden, denen das Schutzgeld erlassen war.[174] 1811 wurde in Lippe die progressive Einkommensteuer eingeführt, bei der die lippischen Untertanen in 61 Klassen erfasst wurden, und zu der auch die Juden herangezogen wurden.[175] In der höchsten Klasse (über 3.000 Rtl.) betrug der Steuersatz 2,5%, in der niedrigsten Klasse (50 Rtl.) 0,18%.

Die Aufenthaltsabgaben blieben bis zur Mitte des 19. Jahrhunderts bestehen. In einer Aufstellung von 1842/1843 wird der Ausfall, der durch eine Verringerung der Abgaben entstehen würden, mit 501 Rtl. 28 MGr. 3 Pfg./jährlich angegeben.[176] Auch als auf dem außerordentlichen Landtag 1857 im Vorfeld des Erlasses des Emanzipationsgesetzes von 1858 die rechtliche Gleichstellung diskutiert wurde, ging es bezeichnenderweise weniger um die grundsätzliche Berechtigung der jüdischen Forderungen nach rechtlicher Gleichstellung, sondern im Wesentlichen um die vom Landesherrn geforderte Entschädigungsregelung für den Ausfall der von den Juden bis dahin geleisteten besonderen Abgaben.

Es hat allerdings auch in Lippe Ausnahmefälle sehr reicher Juden gegeben. So erwarb 1796 der Schutzjude und Hofagent Jacob Leeser das Gut Schötmar.[177]

---

[173] „Verordnung, die Personensteuer betreffend", v. 3.3.1788, LVO Bd. III, S. 274 ff., aufgehoben durch die „Verordnung die Aufhebung der Personen- und Erhöhung der Kriegssteuer betreffend", v. 8.10.1799, LVO IV, S. 204 ff. – Ausgenommen von der Steuer waren nur (1) aktive Soldaten, (2) ausländische Schüler, (3) junge Lipper, die außer Landes auf Schulen oder in Diensten standen, (4) Fremde, die in Wirtshäusern wohnten, (5) Neubauern, die noch Freijahre genossen, (6) alle Geldempfänger aus Armenkassen sowie die Insassen von Armen – und Waisenhäusern sowie Spitälern, (7) alle Juden, denen das Schutzgeld erlassen war, (8) alle Kinder unter 14 Jahren.

[174] Die Steuererhebung wurde aufgrund einer Schätzung des Vermögens durch die Amtsverwalter, Vögte und Dorfvorstehern durchgeführt. Die von den Juden durch diese Steuer eingetriebenen Jahreserträge betrugen 285 Rtl. 31 MGr. 3 Pf., bei den Juden in Sternberg 16 Rtl. 21 MGr. (zum Vergleich: Hofmarschallamt: 116 Rtl., 12 MGr., 3 Pf.; Ritterschaft: 559 Rtl. 33 MGr. 2 Pf., Eximierte: 154 Rtl. 23 MGr. 3 Pf., Meiereien, Ämter und Vogteien, Städte und Flecken: 12.047 Rtl., 20 MGr.), vgl. Arndt, Das Fürstentum Lippe im Zeitalter der Französischen Revolution 1770-1820, S. 149, Fn. 100.

[175] Verordnung, die Einführung einer neuen Kriegssteuer betreffend, v. 4.2.1812. LVO VI, S. 77 f. – Ausgenommen von der neuen Steuer waren allein aktive Soldaten, der Adel wurde dagegen herangezogen; Arndt, Das Fürstentum Lippe im Zeitalter der Französischen Revolution 1770-1820, S. 151, Fn. 108.

[176] Vgl. Landesherrliche Proposition für den Landtag 1842/43: Versprechen einer gesetzlichen Neuregelung der Verhältnisse der Juden für die Zukunft; Vorschlag, die Abgaben der Juden zu reduzieren, ihren Handel zu erleichtern und den Hausierhandel ganz zu verbieten; Pohlmann, Quellensammlung, Nr. 158, S. 258.

[177] Allerdings bot Leeser auf mittelbaren Druck der Ritterschaft das Gut später zum Wiederverkauf an; als er dafür einen überhöhten Kaufpreis verlangte, forderte der Landadel vom

Als 1805 das Loßbergsche Gut in Blomberg verkauft wurde, vermutete die Ritterschaft, dass hinter dem Käufer der Jude Salomon Joel Herford stehe.[178]

3. Organisation der Juden in Lippe

Die Minderheitensituation der lippischen Juden erforderte eine Vertretung gegenüber dem Landesherren. Sprecher der lippischen Juden waren zunächst angesehene und einflussreiche Juden der Gemeinde. Allmählich wurden in regelmäßigem (dreijährigem) Turnus Landtage der Landjudenschaft abgehalten, an denen alle vergleiteten Juden teilnahmen, die drei bis fünf Vorsteher wählten. Auf den Landtagen wurden Beschlüsse zu Themen im politischen, karitativen und administrativen Bereich getroffen.

Es kam auch vor, dass Vorsteher gegen den Willen der Judenschaft von der Regierung ernannt wurden.[179] Der Judenlandtag war also zwar, anders als etwa die lippische Ständevertretung, eine demokratische Institution, das Vorsteheramt wurde jedoch durchaus auch ohne Einverständnis der Judenschaft durch den Landesherrn besetzt. Seit dem Ende des 18. Jahrhunderts nahm ein Regierungsbeobachter an den Judenlandtagen teil. 1720 trat eine Vereinbarung über die Wahl eines aus 6 Deputierten bestehenden Deputiertenboards in Kraft, dem eine Gesamtausgabenbefugnis bis zu 6 Rtl. zum Besten der Gemeinde zugestanden wurde.[180]

Die Vorsteher und das Deputiertenboard fungierten als kollektive Vertretung für die Gesamtheit der lippischen Juden. Sie wurde durch die lippischen Herrscher als legitime Vertretung der Juden anerkannt und hatte eine Mittlerfunktion zwischen den Juden und den staatlichen Behörden.

Fürsten, Leeser zu enteignen und ihm nur die Summe zu erstatten, die er selbst als Kaufpreis gezahlt hatte, Landtag 1796, ständische Gravamina Abs. 3, StA Detmold, L 10, Nr. 263.

[178] Schreiben der adligen Landräte an die Ritterschaft, 19. April 1805; StA Detmold, L 10 Nr. 282 (s.p.).

[179] *Beschwerde der Judenschaft bei der Regierungskanzlei darüber, daß ein Vorsteher ohne Wahl durch die Juden des Landes von der Regierung bestellt worden ist,* o. Datum (Nov. 1769) – StA Dt, L 37 XIX Sect. V Nr. 3h; *Zurückweisung der Beschwerde der Judenschaft durch die Regierungskanzlei, verbunden mit der Feststellung, daß die Vorsteher von der Regierung auch ohne Zustimmung der Juden ernannt werden können*, 30.11.1769, StA Dt, L 37 XIX Sect. III Nr. 11; Pohlmann, Quellensammlung, Nrn. 45-46, S. 47 f.

[180] Protokoll der Generalversammlung der lippischen Juden 1708 in Detmold, in Kraft gesetzt am 4.3.1720; StA Dt L 92 A Tit. 130 Nr. 1 fol. 7-10; abgedruckt in: Pohlmann, Quellensammlung, Nr. 39, S. 43.

Die Vorsteher überwachten, dass die vergleiteten Juden sich geleitgemäß und *„ehrbar und stille“* verhielten und sorgten für die Bekanntmachung judenrechtlicher Verordnungen; Rechtsverstöße hatten sie dem Landesherrn zu melden. Sie sollten für das Beste der Judenschaft nach ihren Pflichten sorgen und das ihnen anvertraute Geld entsprechend verwalten, umgekehrt wurde die Judenschaft durch den Landesherrn verpflichtet, den Anweisungen ihrer Vorsteher Folge zu leisten.[181] Die gemeinsame Organisation der Juden hatte jedoch nur das Maß an Macht, das ihr von den lippischen Landesherrn gewährt wurde, bei wichtigen Entscheidungen. Soweit keine Zeremonialsachen betroffen waren, musste die Genehmigung der Regierung eingeholt werden. Offenbar haben die Vorsteher innerhalb der Judenschaft zumindest teilweise einen Bedeutungsverlust hinnehmen müssen, denn wiederholt mussten die Vorsteher die Landesherrschaft um Hilfe bitten, da die Judenschaft ihren Anweisungen keine Folge leistete.[182] Sie waren auch zuständig für die Abwicklung von Hochzeiten und erteilten gegebenenfalls dem Vizerabbiner die Erlaubnis, die Hochzeit zu vollziehen.[183]

Weiterhin oblag ihnen die Einziehung und Ablieferung von Schutzgeldern sowie die Organisation des religiösen Lebens. Da das Schutz- bzw. Geleitgeld von vielen Juden in Lippe nicht aufgebracht werden konnte, haftete seit 1732 die Landjudenschaft für die Geleitzahlungen und die alle zehn Jahre fällige Renovation des Generalgeleits, was im Laufe der Zeit zu einer erheblichen Verschuldung der Landjudenschaft führte.[184]
Insgesamt produzierte die jahrhundertelange existentielle Bedrohung von außen einen starken inneren Zusammenhalt zwischen den Juden und dürfte der Grund dafür gewesen sein, dass die Juden auch in Lippe eine von den Christen zurückgezogene individuelle Gruppe bildeten. Die Unterschiede erstreckten sich nicht

---

[181] *Verbindliche Vorschriften der Detmolder Regierungskanzlei über die Aufgaben des Vorsteheramtes*, 29.2.1768, StA Dt L 37, XIX Sect. III Nr. 11, Pohlmann, Quellensammlung, Nr. 44, S. 46 f.

[182] Vgl. *Beschwerde der Detmolder Vorsteher bei der Regierung über ungebührliches Verhalten einiger Gemeindemitglieder in der Synagoge, verbunden mit der Bitte, durch Strafandrohung für ein angemessenens Verhalten zu sorgen,* 23.9.1749, StA Dt, L 37 XIX Sect. V Nr. 3h, Pohlmann, Quellensammlung, Nr. 54, S. 60; *Aufforderung aller Detmolder Juden zu angemessenem Verhalten während des Gottesdienstes und zur Befolgung der Anweisungen ihrer Vorsteher,* 25.9.1749, StA Dt, L 37 XIX Sect. V Nr. 3h, Pohlmann, Quellensammlung, Nr. 55, S. 61.

[183] *Verbindliche Vorschriften der Detmolder Regierungskanzlei über die Aufgaben des Vorsteheramtes*, 29.2.1768, StA Dt L 37, XIX Sect. III Nr. 11, Pohlmann, Quellensammlung, Nr. 44, S. 46 f.

[184] 1779 waren Schulden in Höhe von 8100 Reichstalern aufgelaufen, vgl. Aufstellung der Regierungskanzlei L 92 Tit. 152 Nr. 1 fol. 35-36, abgedruckt in: Pohlmann, Quellensammlung, Nr. 21, S. 27 f.

nur auf die Konfession, sondern auch auf die Kultur und Sprache. Die enge Verbundenheit der Juden untereinander, die den Juden später den Vorwurf einbrachte, sie bildeten einen „Staat im Staat", der sie hindere, vollwertige Mitglieder des deutschen Staates zu sein und sie deshalb von der Verleihung von Bürgerrechten ausschließe, bestand auch unter den lippischen Juden. Die jüdische innere Organisation wurde jedoch vom lippischen Landesherrn stets toleriert und wohl auch im eigenen Interesse – sie gewährleistete eine bessere Kontrolle – unterstützt. Dem Landesherrn genügte es, dass die Juden sich nach jüdischen Gesetzen verhielten *„und nach jüdischer Ordnung, wie solches in dieser unser Grafschaft und dem Heiligen Romischen Reich hin- und wieder vergönnet und zugelassen, sich verhalten solle[n]"*.

Bei organisatorischen Streitigkeiten zwischen den Juden des Landes agierte der Landesherr als Schlichtungsinstanz. So gab es zwischen den Juden in Detmold und Lemgo Auseinandersetzungen darüber, ob ein Gottesdienst gemeinsam zu feiern sei. Die Lemgoer Juden lehnten dies ab, da sie mit ihren Verwandten in Herford feiern wollten und hatten – so lautete der Vorwurf – die Detmolder Juden in diesem Zusammenhang beleidigt. Zur Klärung wurde eine mündliche Verhandlung vor der gräflichen Kammer anberaumt.[185]

4. Innerjüdische Gerichtsbarkeit

Die Juden besaßen eine eigene Gerichtsbarkeit bzgl. religiöser Angelegenheiten, die durch den Land/-Vizerabbiner ausgeübt wurde. Ein eigenes Rabbinatsgericht als ständige, ausschließlich mit Rechtsprechung befasste Institution hat es in Lippe allerdings nicht gegeben.[186]

Der Rabbiner als geistlicher Führer sollte nach dem Willen des Landesherrn Streitigkeiten schlichten zwischen den Juden *„in denen Dingen, so ihnen nach Jüdischer Ordnung zu verrichten obliegen"*. Der Rabbiner war beispielsweise zuständig für die Bestrafungen bei Verstößen gegen die Sabbatruhe oder Streitigkeiten bei den Verpflichtungen in der Armenfürsorge; er überwachte die Ein-

---

[185] Vgl. Verhandlungsprotokoll über den Streit zwischen Detmolder und Lemgoer Juden wegen geringschätziger Äußerungen der letzteren über die den Detmoldern erteilte Erlaubnis zur Abhaltung von Gottesdiensten – 12.9.1670 – Abschrift – StA Dt., L 37 XIX Sect. I Nr. 1, abgedruckt in Pohlmann, Quellensammlung, Nr. 28, S. 33 f.

[186] In Deutschland hat es bis 1863 eine funktionierende Rabbinatsgerichtsbarkeit gegeben, 1863 beendete das jüdische Rabbinatsgericht in Hamburg-Altona seine Arbeit, wobei Altona zu diesem Zeitpunkt jedoch dänisch war, Marwedel, Geschichte der Juden in Hamburg, Altona, Wandsbek, S. 181. Die Geschichte der deutschen Rabbinatsgerichtsbarkeit ist soweit ersichtlich bisher noch nicht erforscht, was auch daran liegen dürfte, dass die Gerichtsakten in jiddisch oder hebräisch abgefasst sind.

haltung der rituellen Schlächterregelungen, die Einhaltung der öffentlichen Ordnung während des Gebets und während der Andacht sowie die Beachtung der Religionsgesetze. Seine Strafgewalt erstreckte sich von der Abgabe eines bestimmten Teiles Wachs, welches zur Verfertigung der Buß- und Gebet-Lichter gebraucht wurde, über den Judenbann bis zur Auferlegung einer Geldstrafe.[187]

Ausweislich des Berufungspatents *Simon Henrichs* sollte der Rabbiner *„die etwa unter ihnen vorfallende und eben keiner gerichtlichen weitläufigen Entscheidung meritirende Mißverstände entscheiden und also dieselbe in ihrer Ordnung vermittelst zulänglicher Straff anweisen.“*[188] Der Rabbiner musste dabei über ausgesprochene Geldstrafen ein genaues Verzeichnis führen und diese an die Herrschaftliche Rentkammer abführen, wofür die gesamte Judenschaft gesamtschuldnerisch haftete. Der Graf sprach ausdrücklich an seine Drosten und Beamten die Anweisung aus, die dem Rabbiner zugestandene Entscheidungsbefugnis zu respektieren und ihm ggf. Amtshilfe zu leisten. *„Ergehet demnegst an allige obgedachter Unser Graffschaft Drosten und Beampte auf dem Lande, auch Bürgermeister und Räte in den Stätten, Unser gnädiger Befehl dahin, daß sie vorgedachten Rabbi [...] in ihme vergönneter Entscheid- und Beachtung jüdischer Ordnung unperturbiret und ungehindert lassen, sondern vielmehr auf Begehren demselben darin alle hülfliche Hand leisten sollen, gleichwohl daß von solcher seiner Verwaltung die fructus als reditus Unser Kammer jährlich vermittelst Vorzeige derobehuf gehaltener Register berechnet und dafür die gesampte Juden einstehen sollen, als welche auch hiemit sampt und sonders bei Vermeidung Unser Ungnad, Verlust ihres Geleids und anderer willkürlicher Straff angewiesen werden, mehrgedachten Rabbi Joseph Abraham in allem demjenigen, so ihme ihrer Jüdischen Gesetze und Ceremonien nach zu entscheiden und zu verrichten heimgegeben, allen Gehorsamb und Folge zu leisten.“*[189] Bei der Gerichtsbarkeit des Rabbiners handelte es sich dabei um keine autonome Streiterledigung, sondern um eine delegierte Zuständigkeit des Landesherrn mit dessen Unterstützung und Überwachung *„sub auctoritate der Landes-Herrschaft“*.

Die Juden wurden angewiesen, unter Androhung des Verlusts ihres Geleits und sonstiger Strafen den Weisungen des Rabbiners Folge zu leisten *„in allem demjenigen, so ihme ihrer Jüdischen Gesetze und Ceremonien nach zu entscheiden*

---

[187] StA Dt L 77 A Nr. 5362 fol. 88-94, Vorstellungen der Judenschaft über Funktionen, Aufgaben und Einkünfte des zu berufenden Vizerabbiners.

[188] Berufungspatent Joseph Abrahams zum Landrabbiner in der Grafschaft Lippe, 6.6.1684, StA Dt, L 37 XIX Sect. I Nr. 3; Pohlmann, Quellensammlung, Nr. 31, S. 36 f.

[189] Berufungspatent Joseph Abrahams zum Landrabbiner in der Grafschaft Lippe, 6.6.1684, StA Dt, L 37 XIX Sect. I Nr. 3; Pohlmann, Quellensammlung, Nr. 31, S. 36 f.

und zu verrichten heimgegeben, allen Gehorsamb und Folge zu leisten.“ Die sachliche Zuständigkeit des Rabbiners erstreckte sich auch auf geringe Streitsachen *„sowohl die jüdische Ceremonien und sonstige geringe Streitsachen untersuchet und errichtet.“*[190]

5. Zusammenfassung

Die Juden waren in Lippe im achtzehnten Jahrhundert beruflich und gesellschaftlich erheblich schlechter gestellt als die Christen. Anders als diese hatten sie für ihr Niederlassungsrecht in Lippe, die Duldung ihrer Religionsausübung und staatliche Schutzgewährung hohe Aufnahme- und Schutzgelder an den Landesherrn zu leisten. Daneben waren sie demütigenden Abgaben wie Pferdegeldern, Zungenabgaben und Leibzoll unterworfen. Als berufliche Betätigungsfelder waren sie durch ihre Schutzbriefe verwiesen auf den Handel mit Gebrauchtwaren und bestimmten Gütern, Lumpenhandel, die Geld- und Pfandleihe, die Schlachtung und den Fleischverkauf. In diesem rechtlichen Rahmen führten die lippischen Juden eine bescheidene Existenz. Innerhalb der zugelassenen Tätigkeiten wie etwa im Kredithandel oder Hausierhandel existierten zusätzliche diskriminierende Benachteiligungen, die ordnungspolitisch begründet wurden, jedoch eine zusätzliche wirtschaftliche Behinderung der Juden bedeuteten. Einige Beschränkungen, wie die eingeschränkte Religionsausübungsfreiheit oder die Pflicht, Stolgebühren zu entrichten, finden sich auch bei der katholischen Minderheit. Insgesamt waren die Juden als Minderheitengruppe besser gestellt als andere Randgruppen in der lippischen Gesellschaft, wie etwa Zigeuner oder Tartaren.[191] Diese Besserstellung ließ sich der Landesherr jedoch reich vergüten.

---

[190] Zitiert aus der Bitte der lippischen Juden an die Fürstin Johannette Wilhelmine, den Detmolder Moses Jacob zum Vizerabbiner zu bestellen 1735, StA Dt., L 37 XIX Sect. I Nr. 3 Pohlmann, Quellensammlung, Nr. 34, S. 38 f.

[191] Im Gegensatz zu den Juden hatten die Zigeuner und Landstreicher keinerlei Geleit und sollten, wenn sie aufgegriffen wurden, jederzeit des Landes verwiesen werden, vgl. Verordnung wegen der Zigeuner und Landstreicher von 1707, LVO I, S. 728 f. Nach der Polizeiordnung von 1620 sollten die Zigeuner und Tartaren in der Grafschaft Lippe nicht geduldet werden, sondern sie sollten in Haft gebracht werden, vgl. Policey-Ordnung von 1620, XXV. Titul, LVO I, S. 379.

IV. Die Judenemanzipation und antijüdische Strömungen

Die Epoche der französischen Revolution und der Aufklärung mit ihrer Idee der natürlichen Menschenrechte bereitete den geistigen Boden für die Judenemanzipation. So wurden seit der zweiten Hälfte des achtzehnten Jahrhunderts europaweit Maßnahmen zur jüdischen Gleichberechtigung diskutiert. 1782-1789 erließ der aufgeklärte Kaiser Joseph II. sechs Toleranzpatente für die Juden in den verschiedenen Provinzen des Habsburgerreiches.[192] In Frankreich erlangten die Juden durch Dekret der Assemblée Nationale vom 27. September 1791 die vollen Bürgerrechte. Jenseits des Atlantiks wurde den Juden das volle Bürgerrecht garantiert durch die 1787 ausgearbeitete und 1788 ratifizierte amerikanische Verfasssung.[193]

Die eigentliche Emanzipation der deutschen Juden begann mit der Verteidigungsschrift des gebürtigen Lemgoers *Christian Wilhelm von Dohm (1751-1820)* „Ueber die bürgerliche Verbesserung der Juden" im Jahre 1781.[194] Die Schrift erlangte epochemachende Bedeutung und historischen Einfluss.[195] Auswirkungen auf die öffentliche Meinung hatten auch die Schriften von Moses Mendelssohn, Israel Jacobsohn, David Friedländer und Adolf von Knigge.[196]

---

[192] Dies geschah jedoch weniger aus Menschenfreundlichkeit, sondern zur Stärkung seiner absolutistischen Macht und zur Durchsetzung seiner jüdischen Interessen; die kaiserlichen Toleranzpatente stießen auf erheblichen Widerstand in der österreichischen jüdischen Bevölkerung. Sie enthielten zahlreiche Ausnahmebestimmungen, Grab, Der deutsche Weg der Judenemanzipation, S. 15.

[193] Amendment I [1791] *„Congress shall make no law respecting an establishment of religion, or prohibiting the free exercise thereof; [...]"*

[194] Christian Wilhelm von Dohm, Über die bürgerliche Verbesserung der Juden, Berlin und Stettin 1781. Dohm war der Sohn eines lippischen Pfarrers. Nach Studien der Theologie, Verfassungsrecht, neuzeitlicher Geschichte und Statistik wurde er 1776 Professor der Finanzwissenschaft und Statistik in Kassel, 1779 Archivar der Geheimarchive und Geheimer Kriegsrat im preußischen Außenministerium.

[195] Vgl. auch Wilhelm von Humboldt, Ideen zu einem Versuch, die Grenzen der Wirksamkeit des Staats zu bestimmen. Eingeleitet von G. Weyland. Leipzig 1885. Humboldts Verhältnis zu den Juden ist (propagandistisch) untersucht in der Habilitationsschrift W. Grau, Wilhelm von Humboldt und das Problem der Juden, Hamburg 1935.

[196] Knigge, Über den Umgang mit Menschen, 2. Teil, 6. Kap.; „Über die Juden und die Art mit ihnen zu verfahren", S. 141 ff.; Knigge teilte die allgemeine Ansicht der charakterlichen Unzulänglichkeit der Juden, schob dies aber Umwelteinflüssen zu: *„In diesen Fällen [erg.: der Juden, die durchaus in allen ihren Sitten mit den Christen übereinstimmen]... nun ist eine von den Ursachen gehoben, weswegen der Charakter dieses Volks so nicht vortheilhafte Eigenheiten hat. Daß übrigens der Druck, in welchem sie in den mehrsten Ländern leben, und die Ohnmöglichkeit auf andre Weise als durch Wucher ihren Lebens-Unterhalt zu gewinnen, daß dies nicht wenig dazu beyträgt, sie moralisch schlecht zu machen, und zur Niederträchtigkeit und zum Betruge zu reizen."*, v. Knigge, a.a.O.

Mit Moses Mendelssohn begann zeitgleich die *Haskala*, die jüdische Aufklärung.[197]

1. Gegner der Judenemanzipation

Die Gegner der Judenemanzipation lehnten eine Gleichstellung der Juden u.a. aus religiösen, soziologischen und philosophischen Gründen ab. Teilweise wurde auch staatspolitisch, unter Hinweis auf den christlichen Charakter staatlicher Institutionen, eine Gewährung von Bürgerrechten verneint. In der philosophischen Elite war die Judenkritik oftmals Teil einer Religionskritik und verbunden mit einer gleichzeitigen Ablehnung auch des Christentums.

Gegen die Verleihung der Bürgerrechte an die Juden wurde immer wieder angeführt eine Unvereinbarkeit der jüdischen Religion und von „jüdischem Geist und Charakter" mit den staatsbürgerlichen Pflichten. Die jüdische Religion wurde unter Aufgreifen jahrhundertealter Vorurteile aus dem sittlich verwerflichen Verhalten alttestamentarischer Figuren und den grausamen Handlungen biblischer Geschichten als moralisch minderwertig angesehen. Auch wegen des oft als überheblich empfundenen Selbstverständnisses als Gottes auserwähltes Volk und der Hoffnung auf Jerusalem und ein eigenes besonderes Reich sah man die Juden als unfähig an, in den deutschen Staat gleichberechtigt integriert zu werden. Gleichzeitig wurde ihnen oftmals der zu große Erfolg in den erlaubten Bereichen geneidet, wiederholt wurde ihnen auch erbitterter Hass gegen die Christen unterstellt.
Die „jüdische Mentalität" [198] – Mangel an Treue und Ehrlichkeit, Neigung zu Wucher und Hintergehung – wurde aus den überwiegend ausgeübten Handelsberufen hergeleitet, die als zweitklassig und wirtschaftlich nutzlos für Staat und Gesellschaft angesehen wurden. Übersehen wurde dabei, dass die Juden durch traditionelle Berufsverbote in diese Berufe, in denen eine Existenz oftmals nur schwer möglich war, hinein gedrängt worden waren.

Das Schlagwort *„Staat im Staat"* brachte eine neue staatspolitische Untermauerung für die Ablehnung der Judenemanzipation. Der Begriff stammte aus der Idee des souveränen Staates, der durch die Existenz religiöser, ständischer oder gesellschaftlicher Vereinigungen nicht beeinträchtigt werden sollte und in dem

[197] Diese kämpfte einmal um die jüdische Gleichberechtigung, daneben jedoch auch um eine Modernisierung des Judentums von innen. Von nachhaltigem Einfluss auf die Entwicklung des deutschen Judentums waren die Schriften von David Friedländer, Israel Jacobssohn, Naphtali Herz Wessely; vgl. Trepp, Geschichte der deutschen Juden, S. 89 ff.
[198] Reuss, Christian Wilhelm Dohms Schrift „Über die bürgerliche Verbesserung der Juden" und deren Einwirkung auf die gebildeten Stände Deutschlands, S. 46.

es jeder Gruppe verboten sein sollte, sich staatsähnliche Autorität anzumaßen. Der Begriff war ursprünglich geprägt worden für die Hugenotten nach dem Edikt von Nantes 1598, als sie eine in sich geschlossene, eng verbundene Gemeinschaft blieben mit einer nicht unerheblichen politischen Macht. Später wurde der Begriff auch für Jesuiten, Freimaurer, Gilden und Handwerker benutzt. Erstmalig auf die Juden bezogen wurde dieser Begriff von *Johann Heinrich Schulz*.[199] Er wollte damit schlagwortartig die Unfähigkeit der Juden kennzeichnen, die vollen Bürgerrechte in einem von Christen bewohnten Land zu erhalten. Er behauptete, dass die Juden von Natur aus nicht eingliederungsfähig seien, was an äußeren Kriterien, wie z. B. dem Sabbat oder den Speisegesetzen festgemacht wurde und bezweifelte, dass die Juden sich in die Gesamtheit der anderen Einwohner integrieren würden. Vielmehr würden sie fortfahren zu existieren als ethnische und kulturelle soziale Einheit und einen „Staat im Staat" darstellen.[200] Der Schlüssel zur Emanzipation war für ihn der Übertritt zum Christentum.

In seinen Betrachtungen über die französische Revolution beleuchtete auch *Johann Gottlieb Fichte (1762 – 1814)* die gesellschaftliche Rolle der Juden unter der Überschrift „Judentum als Staat im Staate".[201] Er behandelt die Juden dort als eine von mehreren Gruppen, die Staaten im Staat bildeten, ebenso wie etwa Adel und Militär. Aufgrund ihrer europaweiten Vernetzung sah er in den Juden ein besonders herausragendes Beispiel einer Gruppe, die durch eigene Religion und Kultur an der völligen Hingabe an den Staat gehindert sei. Fichte greift auch den Angstgedanken auf, dass bei Verleihung der Bürgerrechte die Juden die Oberhand über die Christen gewinnen würden. Die teilweise erschreckenden judenbezogenen, oft zitierten Äußerungen Fichtes[202] müssen im Gesamtkontext

---

199 Johann Heinrich Schulz, Philosophische Betrachtung über Theologie und Religion überhaupt und über die jüdische insonderheit, S. 65 ff.

200 Vgl. auch Katz, Out of the Ghetto, S. 99.

201 Fichte, Beitrag zur Berichtigung der Urteile des Publikums über die französische Revolution, S. 188.

202 *„Fast durch alle Länder von Europa verbreitete sich ein mächtiger, feindselig gesinnter Staat, der mit allen übrigen im beständigen Kriege steht, und der in manchen fürchterlich schwer auf die Bürger drückt; es ist das Judentum. Ich glaube nicht, und ich hoffe es in der Folge darzutun, daß dasselbe dadurch, daß es einen abgesonderten, und so fest verketteten Staat bildet, sondern dadurch, daß dieser Staat auf den Hass des ganzen menschlichen Geschlechts aufgebauet ist, so fürchterlich werde. Von einem Volke, dessen Geringster seine Ahnen höher hinaufführt, als wir Andern alle unsere Geschichte, und in einem Emir, der älter ist, als sie, seinen Stammvater sieht – eine Sage, die wir selbst unter unsre Glaubensartikel aufgenommen haben; das in allen Völkern die Nachkommen derer erblickt,welche sie aus ihrem schwärmerisch geliebten Vaterlande vertrieben haben; das sich zu dem den Körper erschlaffenden, und den Geist für jedes edle Gefühl tötenden Kleinhandel verdammt hat, und verdammt wird; das durch das bindendste, was die Menschheit hat, durch seine Religion, von*

seiner Äußerungen zum Staat im Staat gesehen werden. Fichtes Hauptthema war die Legalität des Staats im Staat, nicht die Juden. Diesen sah Fichte als schädlich an, jedoch hatte nach seiner Ansicht der Staat auch nicht das Recht, einen Staat im Staate zu verhindern: *„Es kann wohl sein, daß es einem Staate unangenehm ist, einen Staat in sich entstehen zu sehen; aber davon ist hier nicht die Frage. Die Frage ist: ob er es rechtlich verhindern dürfe; und darauf antworte ich: Nein.“*[203] Die eigentliche Frage, nämlich wieviel Loyalität der Staat beanspruchen kann und hinsichtlich welcher Ressorts, löste Fichte nicht.[204] Fichte sprach den Juden die Menschenrechte nicht ab, er sah sie der Bürgerrechte fähig allerdings erst nach einer völligen Wesensänderung an.[205]

Auch auf breiterer Ebene wurde, in Anlehnung an Fichte, vertreten, dass die Juden nur die universalen Menschenrechte wie Schutz ihrer Person und des Eigentums, nicht aber die Bürgerrechte beanspruchen könnten.[206] Dem lag unterschwellig zugrunde das Bild des ewig wandernden Juden, der immer von Nation zu Nation zieht, ohne heimisch zu werden, da er einem eigenen Volke angehört.[207]

---

unsern Mahlen, von unserm Freudenbecher, und von dem süßen Tausche des Frohsinns mit uns von Herz zu Herzen ausgeschlossen ist; das bis in seinen Pflichten und Rechten, und bis in der Seele des Allvaters uns Andere alle von sich absondert, von einem Volke sollte sich etwas anders erwarten lassen, als was wir sehen, daß in einem Staate, wo der unumschränkte König mir meine väterliche Hütte nicht nehmen darf, und wo ich gegen den allmächtigen Minister mein Recht erhalte, der erste Jude dem es gefällt, mich ungestraft ausplündert.“ [...] Erinnert ihr euch denn hier nicht des Staats im Staate? Fällt euch denn hier nicht der begreifliche Gedanke ein, daß die Juden, welche ohne euch Bürger eines Staats sind, der fester und gewaltiger ist, als die eurigen alle, wenn ihr ihnen auch noch das Bürgerrecht in euren Staaten gebt, eure übrigen Bürger völlig unter die Füße treten werden.“, Fichte, a.a.O., S. 188 f.

[203] Fichte, a.a.O., S. 187.

[204] Fichte deutete die Möglichkeit an, dass solche Gruppen sich auf das Naturrecht gründeten und dass jeder einen neuen Sozialkontrakt abschließe.

[205] *„Menschenrechte müssen sie haben, ob sie gleich uns dieselben nicht zugestehen; denn sie sind Menschen, und ihre Ungerechtigkeit berechtigt uns nicht, ihnen gleich zu werden. [...] Aber ihnen Bürgerrechte zu geben, dazu sehe ich wenigstens kein Mittel, als das, in einer Nacht ihnen allen die Köpfe abzuschneiden, und andere aufzusetzen, in denen auch nicht eine jüdische Idee sei. Um uns vor ihnen zu schützen, dazu sehe ich wieder kein ander Mittel, als ihnen ihr gelobtes Land zu erobern, und sie alle dahin zu schicken.“* Fichte, a.a.O., S. 191.

[206] Schmidt-Phiseldeck, Über das Verhältnis der jüdischen Nation zu dem christlichen Bürgerverein und dessen künftige Umgestaltung, S. 123 ff.

[207] Der wandernde Jude ist eine Figur in der christlichen Legende, die von Jesus verurteilt wurde in der Welt umherzuziehen bis zu seiner zweiten Wiederkehr als Strafe dafür, ihn gekreuzigt zu haben. Die Legende geht zurück auf eine Geschichte des Neuen Testaments von dem Offizier eines Hohen Priesters, der Jesus schlug (Evangelium des Johannes, 18, 20-22). Die Legende von dem Sünder, verdammt zu ewigem Leben wurde mündlich überliefert insbe-

Auch ohne die explizite Verwendung des Terminus' „Staat im Staat" wurde die mangelnde Integrationsfähigkeit immer wieder als Argument gegen die bürgerliche Gleichstellung der Juden angeführt. *Herder* betrachtete die Juden als ein unter einem fremden Nationalgesetz nicht anpassungsfähiges *„fremdes asiatisches Volk"*.[208]

Viele Personen lehnten die Gleichstellung der Juden aus religiösen Erwägungen ab. Sie glaubten, der Staat könne nur durch die Religion die Treue seiner Untertanen sicherstellen. Auf dieser Überzeugung basierte auch die *Theorie vom christlichen Staat,* eine Weiterentwicklung der These vom Staat im Staat. Die Argumentation vom christlichen Staat verneinte eine uneingeschränkte Gleichstellung der jüdischen Bevölkerung wegen des angeblich christlichen Charakters der staatlichen Institutionen.[209] Der Terminus wurde ursprünglich rein deskriptiv verwandt, um auszudrücken, dass die Bevölkerungsmehrheit dem Christentum angehörte, erfuhr dann aber einen normativen Bedeutungswandel. Der Begriff wurde dann gebraucht in der Bedeutung, dass der Staat als solcher christliche Qualität habe und die Juden damit von Natur aus ausgeschlossen seien. Dies wurde aus der Zugehörigkeit der Bevölkerungsmehrheit zum christlichen Bekenntnis sowie aus der christlichen Konfession des Herrscherhauses gefolgert. Anders als der säkularisierte Staat, dem die Religionszugehörigkeit seiner Bürger gleichgültig war, konnte der Staat, wenn er nicht neutral, sondern christlich war, Juden keine Ämter, sondern höchstens Duldung anbieten. Hauptvertreter dieser Theorie war *Friedrich Julius Stahl*, ein konvertierter Jude und Juraprofessor.[210] Er erarbeitete auf der Basis der Vorstellung vom christlichen Staat die staatsrechtliche Rechtfertigung, warum Bürgerrechte nicht unabhängig von der Religionszugehörigkeit zu gewähren seien.[211] Nach seiner Ansicht fußte

---

sondere im Gebiet des Nahen Osten und des östlichen Mittelmeers bis zum Ende des 15. Jahrhunderts, vgl. Glikson, Wandering Jew, in: Anti-Semitism, S. 104.

208 An anderer Stelle bezeichnet Herder die Juden als *„eine parasitische Pflanze auf den Stämmen anderer Nationen"*, Herder, Ideen zur Philosophie der Geschichte der Menschheit, S. 316.

209 Der Begriff „christlicher Staat" findet sich erstmals bei Wolfgang Bernhard Fränkel, Die Unmöglichkeit der Emancipation der Juden im christlichen Staate: Als Entgegnung historisch nachgewiesen, Elberfeld 1842; H.E. Marcard, Über die Möglichkeit der Juden-Emancipation im christlich-germanischen Staat, Minden 1843; Constantin Frantz, Ashaverus oder die Judenfrage, Berlin 1844; Karl Streckfuß, Über das Verhältniss der Juden in den christlichen Staaten, Halle 1833.

210 Friedrich Julius Stahl (1802-1861), aus jüdischer Familie, trat 1819 aus religiöser Überzeugung zum Luthertum über. Als Professor in Würzburg, Erlangen und Berlin (seit 1840) gewann er als Staatsrechtler und Theoretiker des preußischen Konservatismus großen Einfluss auf die Politik Friedrich Wilhelms IV.

211 *„Die Zulassung von Nichtchristen zu obrigkeitlichen Ämtern und legislativen Versammlungen widerstreitet dem christlichen Staat aus doppeltem Grunde, sowohl wegen des Einflus-*

die moralische Autorität des Staates auf dem Christentum. Der Staat und seine Institutionen mussten christlich sein, um diese Autorität zu schützen. Die christliche Autorität des Staats kam von Gott, der Mensch war nicht befugt, diese ohne weiteres aufzugeben.[212] Stahl verneinte die Existenz besonderer schlechter jüdischer Eigenschaften, und betrachtete die Juden wie jedes andere Volk als Volk mit eigenen Besonderheiten. Nach seiner Ansicht hatten die Juden ihre Mission erfüllt; das religiöse Bewußtsein wirkte jedoch in den zeitgenössischen Juden weiter fort.[213]

In seiner Weiterentwicklung setzte die Theorie vom christlichen Staat teilweise Christentum mit Deutschtum gleich.[214] Obwohl die Religionskritik gerade am antiken Judentum ansetzte, wurden zeitgenössische Reformen des orthodoxen Judentums dabei nicht honoriert.[215] Die Idee vom christlichen Staat wurde auch aufgegriffen von *Hermann Wagener*.[216] Wagener lehnte ein Herausgehen der Juden aus ihrer Orthodoxie und Gesetzestreue ab und wollte die Juden auf ihre endzeitlich bestimmte Rolle am jüngsten Gericht beschränken. Reformjuden untergruben nach seiner Ansicht durch ihre philosophische Deutung des Judentums das Judentum und damit gleichzeitig das Christentum.[217]

Viele Reformgegner beriefen sich auf den *Deismus*. Der Deismus schrieb das, was er am Christentum eliminieren wollte, insbesondere Riten und Bräuche, dessen jüdischen Quellen zu. Opfer, Sakramente, bestimmte liturgische Handlungen u.a.m. wurden so als jüdisch bezeichnet. Nach dem Deismus war Gott nur Schöpfer der Welt und ihre letzte Ursache zwischen ihm und dem Menschen gab es keine Verbindungen, weder durch Opfer noch durch Prophezei-

---

ses nichtchristlicher Gesinnung auf die öffentlichen Einrichtungen, die sie zur Folge hat, als wegen der Bekundung der Gleichgültigkeit aller Religionen, welche in dem Akte der Zulassung selbst liegt.“; Stahl, Der christliche Staat, S. 35.

212 *„Es ist der christliche Staat ebenso wie die christliche Familie ein natürliches Mittel zur Erweckung und Befestigung des christlichen Glaubens. Nun bedarf dieser allerdings vermöge seiner Gotteskraft nicht dieser natürlichen Mittel. Gott erweckt ihn auch ohne sie und mitunter noch lebendiger; aber dennoch sind diese Mittel in der göttlichen Oekonomie zu Dienst und Pflege des Glaubens bestimmt, da Gott nicht überall durch unmittelbaren und außergewöhnlichen Beistand wirkt, und es ist der Mensch, es sind die, so den öffentlichen Zustand bestimmen, darum nicht befugt, sie aufzugeben. [...] nimmermehr darf die Christenheit diese Stützen von sich werfen, damit sie bloß auf unmittelbarer Gotteskraft stehe*“, Stahl, a.a.O., S. 31 f.

213 Stahl, a.a.O., S. 53 ff.

214 Marcard, Über die Möglichkeit der Juden-Emancipation im christlich-germanischen Staat, S. 22 ff.

215 Marcard, a.a.O., S. 31.

216 Wagener, Das Judenthum und der Staat, S. 2 ff.

217 Wagener, a.a.O., S. 36 ff.

ung.[218] Die deistische Sicht hat das Christentum wesentlich verkürzt. Langfristig dürfte der Deismus auch den Charakter des Christentums als Offenbarungsreligion verkannt haben, durch die deistische Interpretation des Christentums wurde das Judentum jedoch dauerhaft diffamiert.

Auch *Kant* übernahm zunächst die Religionskritik der Rationalisten und Deisten.[219] Das Christentum verteidigte Kant jedoch durch eine der überirdischen Komponente beraubte philosophische Deutung. Nach seiner Ansicht musste das Christentum Vorstellungen und Gebräuche wie Sakramente, Gottesdienst, Opfer, die es von anderen Religionen und zwar insbesondere vom Judentum übernommen hatte, abstreifen.[220] Das echte ursprüngliche Christentum war nach ihm eine reine Religion der Vernunft, deren Gegenstand wiederum ausschließlich die Moral sei, die sich daraus ergebe, dass der Mensch seine Pflichten kraft seiner Vernunft erledige. Das Judentum und die zehn Gebote enthielten hingegen keine Forderung an die moralische Gesinnung, sondern seien nur auf die äußere Beobachtung gerichtet. Deshalb verneinte er im Ergebnis dessen Religionscharakter. Er sah das Judentum vielmehr als einem weltlichen Staat vergleichbar an, der nur starre Gesetze kenne, die der Jude als Verkörperung des göttlichen Willens blind befolge.[221] Als Schlussfolgerung stellte Kant die Juden außerhalb des Staates und sah sie als nicht integrierbar an.[222] Die jüdische Gemeinschaft sei der christlichen unterlegen und dürfe politisch nicht die gleichen Rechte beanspruchen.

---

[218] Johann Heinrich Schulz, Philosophische Betrachtung, S. 11 ff., 42 ff., 71 ff., 76 ff.

[219] Vgl. Kant, Die Religion innerhalb der Grenzen der bloßen Vernunft, S. 101 ff.

[220] *„Wir können also die allgemeine Kirchengeschichte, sofern sie ein System ausmachen soll, nicht anders als vom Ursprunge des Christentums anfangen, das als eine völlige Verlassung des Judentums, worin es entsprang, auf einem ganz neuen Prinzip gegründet, eine gänzliche Revolution in Glaubenslehren bewirkte.“* Kant, a.a.O., S. 141.

[221] *„Der jüdische Glaube ist seiner ursprünglichen Einrichtung nach ein Inbegriff bloß statutarischer Gesetze, auf welchem eine Staatsverfassung gegründet war; [...] das letztere [erg.: Judentum] ist eigentlich gar keine Religion, sondern bloß Vereinigung einer Menge Menschen, die, da sie zu einem besonderen Stamm gehörten, sich zu einem gemeinen Wesen unter bloß politischen Gesetzen, mithin nicht zu einer Kirche formten: vielmehr s o l l t e es ein bloß weltlicher Staat sein;“[...] “Erstlich sind alle Gebote von der Art, daß auch eine politische Verfassung darauf halten und sie als Zwangsgesetze auferlegen kann, weil sie bloß äußere Handlungen betreffen, und obzwar die zehn Gebote, auch ohne daß sie öffentlich gegeben sein möchten, schon als ethische vor der Vernunft gelten, so sind sie in jener Gesetzgebung gar nicht mit der Forderung an die m o r a l i s c h e G e s i n n u n g in Befolgung derselben (worin nachher das Christentum das Hauptwerk setzte) gegeben, sondern schlechterdings nur auf die äußere Beobachtung gerichtet worden.“*, Kant, a.a.O., S. 139 f. – Der „Staat im Staat“ - Vorwurf erscheint hier wiederum, jedoch mit einer religionsgeschichtlichen Begründung.

[222] Kant, a.a.O., S. 145.

Kant hat wesentliche Elemente des Christentums, die das Christentum vom Judentum übernommen hat, wie z.B. das Eingreifen Gottes in das Leben des Menschen, die göttliche Fügung, die Leitung Gottes, die Opferung, nicht einbezogen und die Religion auf die Moral verkürzt. Kants Ausgangspunkt – Reduzierung der christlichen Prinzipien auf philosophische Prämisse – traf nicht zu. Aufgrund seiner hohen Autorität dürfte seine Judenkritik und die von ihm gezogene Schlussfolgerung jedoch von nachhaltigem Einfluss gewesen sein. Die von ihm gemachte Typisierung des Judentums als starr und blind gesetzeshörig – in Anlehnung an die Pharisäer im Tempel – gegenüber dem kritisch aufgeklärten Christentum findet sich auch bei anderen Autoren wieder.[223]

Hegel näherte sich der Kantschen Ethik, dass der Mensch von selbst durch Vernunft zur Ansehung der Moral kommt, an.[224] Er betonte die Überlegenheit der christlichen Religion. Unter Bezug auf die Fehltritte biblischer Vorbilder charakterisierte er die Juden als ewig verdammtes Volk, gesetzeshörig, leicht verführbar, für das es keine Zukunft gab: *„Mit so leichtem Sinn sie sich verführen ließen, ihrem Glauben untreu zu werden, wenn das [...] Fremde sich ihnen [...] nicht als Feindliches sich nahte. [...] Das große Trauerspiel des jüdischen Volkes ist kein griechisches Trauerspiel, es kann nicht Furcht noch Mitleiden erwecken, denn beide entspringen nur aus dem Schicksal des notwendigen Fehltritts eines schönen Wesens; jenes kann nur Abscheu erwecken. Das Schicksal des jüdischen Volkes ist das Schicksal Macbeths, der aus der Natur selbst trat, sich an fremde Wesen hing, und so in ihrem Dienste alles Heilige der menschlichen Natur zertreten und ermorden, von seinen Göttern (denn es waren Objekte, er war Knecht) endlich verlassen, und an seinem Glauben selbst zerschmettert werden musste".*[225] Die vielen Bezüge auf jüdische Vorbilder im Neuen Testament griff Hegel dabei nicht auf.

Bei den *Junghegelianern* verband sich eine extreme Kritik am Christentum auch mit einer Kritik am Judentum.[226] Teilweise wurde daraus hergeleitet, dass die Emanzipation und Gleichstellung abzulehnen seien, teilweise gab es auch unter den Junghegelianern Befürworter der Emanzipation.[227] Auch unter den Junghegelianern finden sich zahlreiche Vorurteile, die Juden reduzierten alles

[223] Dies ist insofern ungenau, als Jesus sich häufig gegen die Pharisäer mit ihren Gesetzesvorschriften gewandt, aber nicht das Judentum abgelehnt hatte, vgl das Jesu Wort „Ich bin gekommen, nicht um das Gesetz abzuschaffen, sondern um das Gesetz zu erfüllen".

[224] Hegel, Jugendschriften, Die Positivität der christlichen Religion, S. 137 ff.

[225] Hegel, a.a.O., Der Geist des Judentums, S. 260.

[226] Unter ihnen David Friedrich Strauß, Ludwig Feuerbach und Bruno Bauer.

[227] Friedrich Wilhelm Carové, Karl Grün gehörten zu den Befürwortern der Emanzipation, vgl. Grün, Die Judenfrage, Darmstadt 1844.

auf ein Abstraktum oder der Jude vergleiche nur unter dem Aspekt des Geldes und des Geldwerts.[228]

Feuerbachs Kritik am Judentum ist Teil seiner Religionskritik. Nach ihm war die Religion durch menschliche Bedürfnisse projiziert und aus den emotionalen Bedürfnissen des Menschen entstanden. Im Vergleich zu anderen Religionen gab es für ihn zwei Grundbesonderheiten der jüdischen Religion, nämlich Utilismus und Egoismus. Daraus folgerte er, dass die Juden charakterlich verachtenswert und gleichgültig gegenüber der Umwelt seien.[229] Er beschränkte das Judentum auf die reine Theologie, nur auf den Selbsterhalt gerichtet; anders als das Christentum hatte es seiner Ansicht nach kein philosophisches Weltsystem oder einen Heilsplan Gottes im Hintergrund.[230] Seine Schlussfolgerung war, dass die Juden in den nichtjüdischen Staat aufgenommen werden konnten, sobald sie sich von der jüdischen Orthodoxie emanzipiert hatten.[231]

Die Ablehnung des Judentums durch *Bruno Bauer* war Teil und Folge seiner Ablehnung des Christentums. Nach seiner Vorstellung mussten nicht nur die Juden, sondern die gesamte Gesellschaft insgesamt emanzipiert werden. Er ging jedoch langfristig davon aus, dass Juden gesellschaftlich und politisch mit anderen Bürgern gleichgestellt werden sollten. Bauer wollte dies aber auf der Grundlage der Abschaffung beider Religionen erreichen. Durch das Verschwinden der Religion würden die konfessionell bedingten Unterschiede automatisch ausgelöscht werden. Durch die Emanzipation der Gesellschaft insgesamt wurde nach seiner Vorstellung die Judenemanzipation überflüssig. Er wollte nachweisen, dass eine Emanzipation der Juden nicht denkbar sei, solange beide Religionen wirksam blieben.[232]

---

228 Leo, Vorlesungen über die Geschichte des jüdischen Staates, S. 11.

229 *„Der Utilismus, der Nutzen, ist das oberste Prinzip des Judentums. [...] Und all [dies] geschieht zum Nutzen Israels, lediglich auf Befehl Jehovas, der sich um nichts als Israel kümmert, nichts ist als die personifizierte Selbstsucht des israelitischen Volkes, mit Ausschluss aller anderen Völker, die absolute Intoleranz [...]. Ihr Prinzip, ihr Gott ist das praktischste Prinzip von der Welt – der Egoismus, und zwar der Egoismus in der Form der Religion."*, Feuerbach, Das Wesen des Christentums, S. 186 f.

230 Feuerbach, a.a.O., S. 187.

231 Feuerbach, a.a.O., S. 192 ff.

232 Bauer, Die Judenfrage, S.60 f.; Katz, a.a.O., S. 167, weist darauf hin, dass Bauer voreilig als Emanzipationsgegner eingestuft wurde, in Wirklichkeit es ihm jedoch um eine neue Sicht der gesellschaftlichen Zukunft von Juden und Christen ging. Zwar lehnte er die Judenemanzipation ab, befürwortete jedoch im Ergebnis eine politische und rechtliche Gleichstellung der Juden mit den Christen.

Der innere tiefsitzende Judenhass von *Karl Marx* ist psychologisch als der Selbsthass des Konvertiten erklärt worden.[233] Nach Karl Marx war die *„weltliche Grundlage des Judentums die Selbstsucht, seine Religion das Hausieren, sein Gott das Geld"*. Er dürfte damit die gängigsten zeitgenössischen Vorurteile gegen Juden auf den Punkt gebracht haben, ohne dass er hierfür nähere Begründungen anführte. Erst wenn sich die Menschheit von der Gegenwart von Hausieren und Geld und damit vom lebendigen Judentum befreite, konnte sie sich selbst befreien. Das Judentum repräsentierte für ihn das – zu eliminierende – antisoziale Element in der Gesellschaft.[234] Wesentliche sozioökonomische und politische Phänomene führte er auf einen jüdischen Ursprung zurück.

Nordmann begründete soweit ersichtlich erstmalig die moralische Minderwertigkeit der Juden nicht aus der Minderwertigkeit der Religion, sondern mit Hinweis auf die Rasse und einen bestimmten „jüdischen Typus".[235] Er vertrat diese Vorstellung jedoch nicht durchgehend biologisch deterministisch; nach seiner Ansicht konnten Rassennachteile in fernerer Zukunft ausgeglichen werden.

Vergleicht man die zahlreichen Ansätze in der Diskussion um die jüdische Gleichstellung, so kann man feststellen, dass es verschiedene Lager gab, die aus unterschiedlichen Gründen die Juden als Bürger minderen Rechts belassen wollten. Für die meisten Gegner der Gleichberechtigung lag der Schlüssel zur Emanzipation in dem Übertritt der Juden zum Christentum. In der breiten deutschen Diskussion im 19. Jahrhundert ist eine vertiefte Rassenideologie mit einzelnen Ausnahmen[236] jedoch nicht aufgetaucht. Eine Ausrottung des Judentums wie im 20. Jahrhundert in der NS-Zeit betrieben, war der Diskussion fremd. Der Gedanke des Rassismus, das entscheidende Element des nationalsozialistischen Vernichtungsfeldzugs, hat in der gesamten Reformdiskussion zwischen dem Ende des achtzehnten Jahrhunderts und der Mitte des neunzehnten Jahrhunderts praktisch keine Rolle gespielt.[237] Der Titel „Die Judenfrage" ist zwar der Re-

---

[233] Karl Marx (1818-1883), Begründer des wissenschaftlichen Sozialismus, stammt aus einer jüdischen, 1824 zum Protestantismus übergetretenen Familie.

[234] Trepp, Geschichte der deutschen Juden, S. 122.

[235] Nordmann, Die Juden und der deutsche Staat, S. 20 f.

[236] Zu den antijüdischen Agitation Marcards vgl. Herzig, Judentum und Emanzipation in Westfalen, S. 83 ff., der jedoch auch darauf hinweist, dass die Aktionen mit der Person Marcards standen und fielen und letztlich keinen größeren Anklang fanden.

[237] Unter Rassismus versteht man die Gesamtheit der Theorien und politischen Lehren, die versuchen, kulturelle Fähigkeiten und Entwicklungslinien der menschlichen Geschichte nicht auf politische und soziale, sondern auf biologisch-anthropologische (d.h. typologische) Ursachen zurückzuführen. Im engeren Sinne versteht man unter Rassismus alle Lehren, die aus solchen Zusammenhängen eine Über- bzw. Unterlegenheit einer menschlichen Rasse gegenüber einer anderen behaupten, um die Herrschaft über Menschen, Volksgruppen und Völker

formdiskussion im 19. Jahrhundert entliehen. Das, was in dem Werk von Bauer mit dem Titel „Die Judenfrage“ bezeichnet wird, ist jedoch in keiner Weise vergleichbar mit der diesem Begriff später durch die Nationalsozialisten beigelegten Bedeutung.[238]

2. Befürworter der Bürgerrechte für die Juden

Die Befürworter der Judenemanzipation erstrebten eine rechtliche Gleichstellung der Juden, waren aber oftmals gespalten sowohl hinsichtlich der Prämisse als auch hinsichtlich ihrer Argumentation. Teilweise vollzog sich die Emanzipation der Juden auch im Rahmen des allgemeinen bürgerlichen Emanzipationskampfes in Deutschland.[239] Die Emanzipationsbefürworter gingen davon aus, dass die Juden durch entsprechende Erziehung „verbessert“ und damit der Bürgerrechte würdig gemacht werden müssten. Der Schwerpunkt der Diskussion lag in der Frage, wie diese Erziehung im einzelnen gestaltet werden sollte. Ein Konfessionswechsel wurde meist jedoch nicht gefordert.[240] Herrschend unter den Befürwortern einer Judenemanzipation war die Ansicht, dass der Preis der rechtlichen Gleichstellung eine zumindest teilweise Anpassung an die christlichen Lebensgewohnheiten sein müsse.[241]

---

anderer Herkunft mit dem Hinweis auf deren angeblich naturgegebene sittliche oder intellektuelle Unterlegenheit zu rechtfertigen sowie mit Hilfe dieser Ideologie Massen für objektiv andere (z.B. politisch oder wirtschaftliche) Interessen zu mobilisieren. Der Rassismus liefert innenpolitisch die Begründung für Diskriminierung, Unterprivilegierung oder Unterdrückung ethnischer Gruppen (oft Minderheiten), die als Vertreter anderer Rassen bezeichnet werden. Außenpolitisch wird der Rassismus zur Rechtfertigung von Imperialismus und Kolonialismus herangezogen. Im 19. Jh. lösten die Theorien Darwins eine Flut rassistischer Literatur aus, die die Ansichten Darwins vom Überleben des Tüchtigsten im „Kampf ums Dasein“ und von der damit biologisch bestimmten Evolution übernahm und auf das Verhältnis der Menschenrassen übertrug. J.A. Graf v. Gobineau entwickelte die Lehre von der Ungleichheit innerhalb der weißen Rasse, als deren Kern sich die „arische Rasse“ allein als rein erhalten habe. Vor allem mit dem Vordringen sozialwissenschaftlicher Milieutheorien ist dem Rassismus ein großer Teil seiner theoretischen Basis entzogen worden.

[238] Vgl. Bruno Bauer, Die Judenfrage, Braunschweig 1843.

[239] Vgl. Herzig, Das Problem der jüdischen Identität in der deutschen bürgerlichen Gesellschaft, in: Deutsche Aufklärung und Judenemanzipation, hrsg. von Walter Grab, S. 243 ff., 244.

[240] Maßgebend wurde das von Gotthold Ephraim Lessing (1729-1781) 1779 in dem dramatischen Gedicht „Nathan der Weise“ begründete Ideal des vorurteilsfreien und friedlichen Zusammenlebens aller Weltreligionen in Vernunft, Toleranz, Freiheit und Menschlichkeit nebeneinander.

[241] Die Vorstellung der völligen Gleichwertigkeit des Judentums gegenüber der christlichen Religion und dass die jüdische Gleichberechtigung der *gesamten* Bevölkerung Vorteile bringen werde, blieb eine Einzelansicht, z.B. des Theologen Andreas Riem aus Frankenthal, vgl. Grab, Der deutsche Weg zur Judenemanzipation, S. 66. – Wilhelm v. Humboldt befürwortete

Der wichtigste und bahnbrechendste Verfechter der jüdischen Emanzipation war *Christian Wilhelm von Dohm*. Dohm hat mit seinen klar formulierten und praxisnahen Ideen in einer oftmals sehr theoretisch geführten Diskussion auch die größte Breitenwirkung seiner Vorschläge erzielen können. Er stellte sich die Frage, wie die Juden zu *„glücklicheren und besseren Gliedern der bürgerlichen Gesellschaften"* werden könnten: *„Um sie dazu zu machen, müßten sie Erstlich vollkommen gleiche Rechte mit allen übrigen Unterthanen erhalten."*[242] Auch Dohm ging also von der charakterlichen Unzulänglichkeit der Juden aus, schrieb diese jedoch feindlichen Umweltbedingungen zu.[243] Die rechtliche Gleichstellung sah er als nötige Voraussetzung für die „Besserung" der als ethisch minderwertig angesehenen Juden an. Die Gewährung der Freiheit würde die Juden läutern und ihnen das Vaterland langfristig lieb und wert machen.[244] Dohm räumte Schwierigkeiten der Gleichstellung im praktischen Bereich, insbesondere im Bereich der Handwerks- und Gewerbeausübung, des Ackerbaus, aber auch des Kriegsdienstes ein. Einseitige Berufsstruktur, religiöse Speisegesetze und unterschiedliche Feiertagsregelungen waren geeignet, die Integration im Berufsleben zu erschweren. Auch müsse jeder Bürger, auch der jüdische, im Notfall zur Verteidigung des Staates bereit stehen können.[245] Dohm sah diese Hürden jedoch als überwindbar an.

---

eine rechtliche Gleichstellung der Juden, ohne jedoch deren Angleichung einzufordern. Humboldt vertrat die Ansicht, dass die menschliche Entfaltung am optimalsten gedeihe bei weitestgehender staatlicher Distanz, bei möglichst ungestörter Freiheit aller Handlungen, und erstreckte seinen Gedanken der Staatsferne auch auf die Juden. Die im Jahre 1792 verfassten „Ideen zu einem Versuch, die Grenzen der Wirksamkeit des Staates zu bestimmen", spiegeln einige Gedanken Dohms wider. Mit Dohm hat Humboldt zeitweise einen regen Gedankenaustausch gepflegt. *„Seine Hauptidee war: alle Mittel, welche die Menschen zu Erreichung ihres physischen, intellektuellen und moralischen Wohls anwenden, gedeihen besser ohne als mit Zumischung des Staates; so Ackerbau, Fabriken, Handel, Sittlichkeit ... Also war auch bei ihm wie bei mir die höchste Rücksicht immer das Wohl des Menschen, in dieser Beziehung ungestörte Freiheit aller Handlungen"*, Scurla, Wilhelm von Humboldt, S. 54.

[242] Dohm, Über die bürgerliche Verbesserung der Juden, Bd. I, S. 110.

[243] *„[...] wenn ihn (= den Juden) die Drückung, in der er Jahrhunderte gelebt, sittlich verderbter gemacht hat; so wird eine gerechtere Behandlung ihn wieder bessern,"* Dohm, a.a.O., Bd. I, S. 87, Bd. II, S. 8 f.; „[...] *sehr oft wird von denen, die es ihnen beneiden, ihrem Betruge zugeschrieben, was doch nur Folge ihrer größern Aufmerksamkeit und Fleißes war,"* a.a.O., S. 92. Michaelis weist darauf hin, dass bei Trödelhandel die Versuchung, gestohlene Ware zu kaufen, häufig eintrete und Folge der tiefen Armut sei, in: Dohm, a.a.O., Bd. II, S. 35.

[244] Dohm, Über die bürgerliche Verbesserung der Juden, Bd. I, S. 87, 91.

[245] Inwieweit das jüdische Religionsgesetz tatsächlich den Kriegsdienst am Sabbath untersagte, blieb streitig. Dohm bemühte sich darum nachzuweisen, dass Moses am Sabbath nur sklavische Dienstarbeit verboten habe, Dohm, a.a.O., Bd. I, S. 135 ff., 144, mit Hinweisen auf Feldzüge Alexander des Großen, des Pompejus', Mark Antons, die sich jüdischer Truppen bedient hätten. Nach Maimonides sei es Pflicht eines jeden Juden, eine vom Feinde belagerte

Die einseitige berufliche Ausrichtung der Juden auf den Handel führte Dohm auf die jahrhundertelange Ausschließung von den meisten anderen Feldern wirtschaftlicher Betätigung zurück.[246] Mit Änderung der Umweltbedingungen würden die Juden alle Berufsfelder, Handwerke und Landwirtschaft eingeschlossen, übernehmen, die kastengleiche Konzentration im Handel schwinden. Die einseitige Ausrichtung auf den Handel sollte einstweilen verhindert werden durch Beschränkung der erteilten Konzessionen sowie durch Steuererleichterungen für Juden, die den Handwerksberuf ergriffen.[247] Nach seiner Ansicht verwechselten die Ankläger, die den Juden insbesondere wg. schlechter charakterlicher Eigenschaften die Reform nicht zutrauten, Ursache und Wirkung miteinander.

Das von Dohms Kritikern immer wieder vorgebrachte Problem, wie nämlich die mit der Gleichberechtigung verknüpften Bürgerpflichten von den Juden in Einklang mit der jüdischen Religion erbracht werden könnten, löste Dohm geschickt dadurch, dass er diese Frage den Juden überließ und darauf setzte, dass mit der Verleihung der Bürgerrechte die Juden zwangsläufig ihrer Religion entfremdet werden würden.[248] Die spätere Entwicklung auf jüdischer Seite hat ihm insofern zumindest teilweise Recht gegeben.

Stadt, insofern auch eines Menschen Leben dabei in Gefahr sei, am Sabbath zu verteidigen. Es sei eines jeden Juden Pflicht, am Sabbath alle Arten von Arbeit ohne Unterschied zu verrichten, wenn eines Menschen Leben dadurch gerettet werden könne (Talmud. Mass. Erubin Blatt 19 und 45). Schließlich ließen sich in der Bibel auch Stellen finden, die Christen den Dienst mit der Waffe verböten, Dohm, a.a.O., Bd. II, S. 203.

[246] *„Alles, was man den Juden vorwirft, ist durch die politische Verfassung, in der sie [...] leben bewirkt, und jede andre Menschengattung, in dieselben Umstände versetzt, würde sich sicher eben derselben Vergehungen schuldig machen“*, Dohm, a.a.O., Bd. I, S. 35. *„Die Drückung, in der sie bisher gelegt, ist Schuld, daß sie in den Wissenschaften und schönen Künsten nicht mehr gethan haben; an Fähigkeit dazu fehlt es ihnen sicher nicht [...] Der moralische Charakter der Juden ist, so wie der aller Menschen, der vollkommensten Ausbildung und der unglücklichsten Verwilderung fähig, und der Einfluss der äussern Lage [...] hiebey nur zu sichtbar. Wenn man indeß zugibt, daß die Juden in gewisser Absicht sittlich verderbt sind, so muß es doch auch dem unpartheyischen Beobachter einleuchten, daß sie durch manche andre Vorzüge sich desto vortheilhafter auszeichnen.“*, Dohm, a.a.O., Bd. I, S. 92 f.

[247] Eine besondere erzieherische Wirkung maß Dohm der Verbreitung des Handwerks unter den Juden bei *„Die stillsitzende Lebensart und der ruhige Fleiß, den diese fordern, ist dem unruhigen Umherschweifen des handelnden Juden [...] entgegengesetzt. Zugleich wird die harte Arbeit, gröbre und stärkre Nahrung des Handwerkers auch auf seine physische Constitution einen vortheilhaften Einfluss haben; die mechanischen Geschicklichkeiten werden neue Fähigkeiten entwickeln; die immer gleiche Arbeit, der mäßige Wohlstand, werden den Hebräer unserm ordentlichen Bürger und Einwohner der Städte mehr nähern.“*, Dohm, a.a.O., Bd. I, S. 111 f. – Diese Argumentation reflektiert das Stereotyp vom ewig wandernden Juden, von dem sich offensichtlich auch Dohm nicht löste.

[248] *“Einzelne Menschen können durch Religionslehren ungesellige Schwärmer und Feinde ihrer Brüder werden, aber eine sehr ausgebreitete Religion kann in diesem und vielleicht in kei-*

Seinen Gegnern hielt Dohm daneben die Klugheit, Scharfsinn, Fleiß, Betriebsamkeit, Flexibilität der Juden, auch die charakterstarke Treue, die sie über Jahrhunderte hinweg, gegen alle äußeren Anfeindungen ihrer Religion erwiesen hatten, entgegen. Immer wieder wurde auch darauf verwiesen, dass die Juden im Römischen Reich völlige Freiheit und Gleichheit mit den übrigen Bürgern genossen hatten und damit grundsätzlich der Bürgerrechte fähig seien.[249] Auch nach Dohm sollten die Juden als Gegenleistung für die vollen bürgerlichen Rechte auch den entsprechenden Pflichten unterworfen werden.[250] Die Zubilligung der Bürgerrechte wurde als Gnade angesehen, nicht als Recht der Juden.[251]

Dohms Gedanken kamen für Deutschland spät, – verglichen etwa mit dem Toleranzpatent Joseph II. in Österreich, der Entwicklung in Frankreich oder der stets liberaleren Gesetzgebung in Großbritannien oder Holland. Allerdings wurden seine Reformvorschläge sehr rasch von staatlicher Seite aufgegriffen. In Lippe ließ die aufgeklärte Fürstin *Pauline* in engem zeitlichen Zusammenhang ein entsprechendes Gutachten fertigen und eine diesbezügliche Umfrage anfertigen.[252] Starke Befürworter fanden die Ideen Dohms einige Jahrzehnte später im politischen Liberalismus der Dreißiger Jahren des neunzehnten Jahrhunderts.[253] Vorstellungen der Liberalen von einer idealen bürgerlichen Gesellschaft ohne wesentliche Unterschiede in Bildungsgrad und Lebensniveau verbanden sich mit der Idee der Freiheit des Individuums und der Emanzipation von feudalen Beschränkungen. Der Grundgedanke des Liberalismus, breite bürgerliche politi-

---

nem andern Sinn nicht schwärmerisch bleiben", Dohm, a.a.O. Bd. II, S. 211. *„Die Idee eines Heylandes und Retters setzt einen Zustand des Elends und der Unterdrückung voraus, aus dem die Juden gerettet und erlöset werden sollen. Man verwandle also nur diesen Zustand in Glück und Wohlstand, man mache die gegenwärtige Lage angenehm; man knüpfe dadurch die Herzen der Unterthanen an den Staat; so werden sie nicht mehr verlangen gerettet zu werden, und den verheißenen Heiland nach und nach ganz vergessen"*, Dohm, Über die bürgerliche Verbesserung der Juden, Bd. II, S. 219.

249 Dohm, a.a.O., Bd. I, S. 42; die Juden waren im Römischen Reich bis zum Jahr 418 zu Zivil- und Militärdiensten ursprünglich zugelassen gewesen erst Kaiser Honorius (395-423) verschloss den Juden die Kriegsämter, Dohm, a.a.O. unter Verweis auf L. 24 Cod. Theod. de Jud.). L. 10 Cod. Theod. de Jud.: *Nemo exteras religionis Judaeorum, Judaeis pretia statuet, cum venalia proponentur. Justum est enim sua cuique committere.* – Erst in spätrömischen Gesetzen wurden die Rechte der Juden eingeschränkt.

250 Dohm, a.a.O. Bd. I, S. 110 ff.

251 Dohm, a.a.O., Bd. I, S. 86.

252 Vgl. hierzu unten B.V.1.

253 Vgl. Katz, Aus dem Ghetto in die bürgerliche Gesellschaft, Frankfurt/Main 1986; ders., Vom Vorurteil zur Vernichtung: der Antisemitismus 1700 – 1933, München 1989.

sche Partizipation und ökonomische Freiheit, forderten eine Gleichstellung der Juden geradezu ein.[254]

Dabei haben auch die Liberalen gegenüber den Juden teilweise den Vorwurf der Absonderung erhoben. Die Juden wurden als eigene Kaste, entstanden durch religiöse Verbundenheit und berufliche Fixierung auf Handel und Finanzen, angesehen, deren enge Verbindung untereinander zu einer völligen Entfremdung von den restlichen Bürgern und ethischer Indifferenz geführt habe.[255] Die besondere jüdische Situation führten die Liberalen, ihrer Zeit verhaftet, auf die minderwertige jüdische Religion zurück. Das Judentum enthalte nicht das Gebot der Nächstenliebe oder der Seelsorge, es sei gegenüber Nichtjuden moralisch gleichgültig. Die Juden konnten eine Integration in die Gesellschaft erwarten, wenn sie sich den Regeln der Gesellschaft anpassten und grundlegend veränderten.

Auch die Befürworter der rechtlichen Gleichstellung forderten damit mehrheitlich eine bestimmte Assimilationsleistung der Juden an den Staat. Solange die Juden sich – aus Sicht der christlichen Reformer – durch ihre eigenen Gesetze eine Barriere im Staat aufbauten, hatten sie nur Anspruch auf den Schutz des Gesetzes, jedoch nicht auf Gleichberechtigung.

Soweit die Befürworter der Judenemanzipation Juden und Judentum aus der christlichen Tradition beurteilten, wurde die „Besserung" der Juden von einem Glaubenswechsel abhängig gemacht. Soweit die Unterlegenheit mit der politischen und wirtschaftlichen Situation begründet wurde, wurde eine Verbesserung durch eine Besserung der äußeren Situation propagiert.

Auf der jüdischen Seite verfochten insbesondere *Moses Mendelssohn,* der von Heinrich Heine als „der jüdische Luther" bezeichnet wurde, und *Naftali H. Wessely* die jüdische Gleichberechtigung und versuchten, den Eintritt der Juden in die bürgerliche Gesellschaft durch innere Reformen des Judentums zu unterstützen. Ziel der jüdischen Aufklärer war die Öffnung hebräischer Sprache und

---

[254] Grab, Der deutsche Weg zur Judenemanzipation, S. 32, Toury, Der Eintritt der Juden ins deutsche Bürgertum, S. 393.

[255] Die Juden seien ethisch nicht in der Lage, ethische Normen zu erfüllen, da sie ausschließlich auf Gewinn und Schacher ausgerichtet seien, vgl. Holst, Judenthum in allen dessen Theilen aus einem staatswissenschaftlichen Standpuncte betrachtet, S. 146 ff. Pfaff, Über das Verhältnis christlicher Regierungen und Staaten gegen die Juden in dem gegenwärtigen Zeitpuncte, in: Kieler Blätter 1 (1819), S. 124 ff., 142; nach Pfaff ist der Hauptcharakterzug der Juden ihre „Neigung zum Spekulationsgeist, die Konzentration all ihrer geistigen Kräfte auf Gewinn."

Kultur zu einer gegenwartsbezogeneren, auch profane Bildungsinhalte vermittelnden, jüdischen Erziehung.[256]

Nach Mendelssohn ergab sich die rechtliche Gleichstellung der Anhänger jüdischen Glaubens unmittelbar aus dem Gebot der strikten Trennung von Kirche und Staat. Da Staat und Religion unterschiedliche Einflusssphären aufwiesen, der Staat die Handlung beeinflusste, die Religion aber die Gesinnung beeinflusste, war eine Trennung zwischen beiden naturgegeben.[257] Mendelssohn war bereit, den Preis zu zahlen, den er als obligatorisch für alle Religionen im bürgerlichen Staat ansah – den Verzicht auf eine sichtbare Eigenständigkeit und auf den unbedingten religiösen Zwang durch die Rabbiner.[258] Eine damit einhergehende Anpassung nahm er in Kauf. Er selbst übersetzte den Pentateuch und die Psalmen auf deutsch. Die Kenntnis der hebräischen Sprache war damit zum Verständnis des jüdischen Erbes nicht mehr unabdingbare Voraussetzung. Damit schuf Mendelssohn selbst eine Voraussetzung für eine sprachliche Assimilation an die Christen.

Im Ergebnis wurde, immer wieder durch die politische Entwicklung unterbrochen, eine breite öffentliche Debatte über die rechtliche Gleichstellung und die Integration der Juden geführt.[259] Dabei haben die Ideale der Aufklärung nicht nur die Emanzipation der Juden, sondern auch zahlreiche Übertritte von Juden zum Christentum gefördert. Dies waren meist Übertritte von Juden, denen ihr Judentum nur noch wenig bedeutete und an dessen Stelle die Ideale der Aufklärung getreten waren. Aufklärung, Deismus und Bereitschaft zur Assimilation erwiesen sich als Wegbereiter zum Übertritt in die Religion der Mehrheit, den der christliche deutsche Staat weitgehend als Bedingung für soziale und berufliche Gleichberechtigung ansah.[260]

---

[256] Vgl. Mendelssohn, Jerusalem oder über religiöse Macht und Judentum, 2. Abschnitt, S. 9. Ihr Eintreten für Assimilation stieß allerdings auf heftigen Widerstand in traditionell-orthodoxen Kreisen, vgl. Grübel, Judentum, S. 141.

[257] Mendelssohn, a.a.O., 1. Abschnitt, S. 19 ff.

[258] *„So hat auch die Kirche kein Recht Handlungen zu belohnen oder zu bestrafen. Die bürgerlichen Handlungen gehören dem Staat, und die eigentlichen religiösen Handlungen leiden, ihrer Natur nach, weder Zwang noch Bestechung."*, Mendelssohn, a.a.O., 1. Abschn., S. 63 ff.

[259] Dabei kam es in den deutschen Staaten auch zu rückschrittlichen Entwicklungen. 1814/15 setzte mit dem Wiener Kongress die Reaktion ein; Art. 16 der Wiener Schlußakte erlaubte es jedem Staat, die frühere Rechtsstellung der Juden wiederherzustellen, mit der Folge, dass in vielen ehemals französisch besetzten Staaten zwischenzeitlich erlassene jüdische Emanzipationsgesetze wieder zurück genommen und die alten judenrechtlichen Regelungen wieder in Kraft gesetzt wurden. Auch die Zugeständnisse des Preußischen Emanzipationsedikts wurden wieder zurück genommen, Grübel, Judentum, S. 145 f.

[260] Gidal, Die Juden in Deutschland, S. 293.

V. Die rechtliche Stellung der Juden in Lippe bis zur Emanzipation 1869

1. Emanzipationsbestrebungen der lippischen Regierung

In Lippe, dem Heimatland von Dohm, erfolgten im politischen Klima einer sensibilisierten öffentlichen Intelligenz seit der 2. Hälfte des 18. Jahrhunderts Bestrebungen, die Rechtslage der Juden zu verbessern.[261] Durch einen allmählichen Bewußtseinswandel der politischen Führungsebene rückte die Frage einer Rechtfertigung für die Schlechterstellung der jüdischen Einwohner auch hier in den Mittelpunkt der öffentlichen Diskussion.[262]

In engem zeitlichem Zusammenhang mit dem Erscheinen von Dohms Abhandlung ließ Fürstin *Pauline* eine Umfrage an sämtliche Ämter und Magistrate durchführen, die zehn Fragen enthielt, durch die festgestellt werden sollte, wie die „Verbesserung" der Juden konkret gestaltet werden könnte. Die lippische Regierung griff dabei Einzelprobleme auf, um das Zusammenleben mit den Juden auf eine neue Ebene zu stellen.

In der herrschaftlichen Umfrage wurde gefragt nach der Schädlichkeit des „jüdischen Handels", der möglichen Einschränkung von Handelsgeleiten, Möglichkeit der Berufstätigkeit auch an christlichen Sonn- und Feiertagen *„mit Vermeidung allen öffentlichen Argernisses"*, möglichen Kompensationsmöglichkeiten für den finanziellen Ausfall im Falle eines Wegfalles der Schutzgelder, Fragen, die die Ämter sehr unterschiedlich beantworteten.[263] Interessant und hervorzuheben ist in diesem Zusammenhang zunächst, dass eine ganze Reihe von Ämtern den von den Juden ausgeübten Handel durchaus positiv einschätzten.[264] Hingegen sprachen

[261] Mehrere Aufsätze von Dohm waren auch in den „Lippischen Intelligenzblättern" erschienen und dürften die Emanzipationsbereitschaft der Regierung ebenfalls beeinflusst haben.

[262] Vgl. den Aufsatz „Gedanken über die bürgerliche Verfassung der Juden" von Joh. Albert Heldman, Lippische Intelligenzblätter 1783, S. 189 ff.; Aufsatz des Johann Finke, in dem Vorschläge für die Annäherung von Juden und Christen gemacht werden, vorgesehen für die Lippischen Intelligenzblätter, dort aber nicht abgedruckt, StA Dt. L 77 A Nr. 5379 fol. 38 – 42, abgedruckt bei Pohlmann, Quellensammlung, Nr. 87, S. 95 ff.

[263] Zusammenstellung der Antworten von Ämtern und Magistraten auf eine Regierungsanfrage vom 23.2.1789 über die Situation der Juden im Lande und mögliche Maßnahmen zur Annäherung von Juden und Christen, StA Dt, L 77 A Nr. 5379 fol. 186-197, Pohlmann, Quellensammlung, Nr. 90, S. 101 ff.

[264] Vgl. *„Amt Detmold: Von allen in diesem Amte wohnenden Juden könne man nicht sagen, daß ihr Handelsverkehr schädlich seie [...]";Amt Varenholz: Es sei zwar entschieden, daß der Handel der Juden schädlich sei, [...], allein, in mancher Rücksicht habe er auch seine guten Seiten, Amt Schwalenberg:" Hier zeige sich der jüdische Handel von keiner schädlichen Seite" „Richteramt zu Uflen [erg.: hält den jüdischen Handel nicht für seinen Distrikt schädlich], weil durch die Mehrheit der Kaufleute an einem Orte gute Waren angeschafft und um*

sich die Beamten der Detmolder Polizei-Kommission in einem recht kritischen Polizeibericht für eine Assimilation der Juden aus, für die wiederum jedoch unabdingbare Voraussetzung sei, dass die Juden ihre Religion zumindest „von dem gröbsten Aberglauben gereinigt" hätten.[265] Der Bericht zeigt insgesamt Ablehnung und Desinteresse für die schlechte Situation der Betroffenen, denen pauschal schlechte Persönlichkeitseigenschaften unterstellt werden. Eine ähnliche Einschätzung findet sich in der Stellungnahme des Amts Brake.[266] In zwei später in Auftrag gegebenen, umfangreichen Gutachten über die Verbesserung der Geleitbriefe und alternative Gewerbe entwickelte der Lemgoer Richter Barkhausen auf Anfrage der Regierung 1795 eine Pallette möglicher Erziehungsmaßnahmen.[267]

Insgesamt zeigt der dem Projekt eingeräumte Umfang, dass die Regierung die Frage der Annäherung der Juden durchaus gezielt und ernsthaft verfolgte. Dass sich die Regierung dabei insbesondere bemühte, den „jüdischen Handel" einzudämmen, verdeutlicht dessen geringe Wertschätzung als nicht produzierender Handelsstand. Gleichzeitig dürften durch derartige Formulierungen Vorurteile mit in dem allgemeinen Bewußtsein verankert worden sein.

Das Emanzipationsbemühen der lippischen Regierung wurde auch durch fortschrittliche rechtliche Entwicklungen in anderen deutschen Staaten beeinflusst. In der Rheinbundzugehörigkeit während der Regierungszeit Paulines stellte sich die Gleichstellung insbesondere vor dem Hintergrund der Frage der Anpassung an das französische Vorbild. Im Königreich Westphalen verordnete Napoleons Bruder Jerôme in seinem *Königlichen Dekret v. 27. Jan. 1808*, dass die der mo-

---

einen civilen Preis verkauft würden; nur die christlichen Kaufleute würden scheel dazu sehen", Zusammenstellung der Antworten von Ämtern und Magistraten auf eine Regierungsanfrage vom 23.2.1789 über die Situation der Juden im Lande und mögliche Maßnahmen zur Annäherung von Juden und Christen, StA Dt, L 77 A Nr. 5379 fol. 186-197, Pohlmann, Quellensammlung, Nr. 90, S. 101 ff., 102.

265 Bericht der Polizeikommission unter Stadtrichter Petri: „Geforderter gutachtlicher Bericht der Polizei-Commißion (...) die bürgerliche Verbesserung der Juden betreffend, Detmold, 26.11.1792, StA Detmold, L 77 A, Nr. 5379, S. 236r-247vv.

266 *„Die Verderbtheit und die Liebe zum herumirrenden Leben ist bei den Juden so groß, daß auch die weisesten Anstalten und Vorkehrungen zu ihrer Verbesserung sehr wenig bei der gegenwärtigen Generation würken werden. [...]"*, Antwort des Braker Amtmanns Rodewald auf die Regierungsanfrage vom 23.2.1789, v. 30.6.1789 – StA Dt, L 77 A Nr. 5379 fol. 137-154, Pohlmann, Quellensammlung, Nr. 91, S. 110 ff.

267 Vgl. Gutachtlicher Bericht des Lemgoer Richters Barkhausen über die Verbesserung der Geleitbriefe, v. 7.11.1795, Stadtarchiv Lemgo, A 3682; abgedruckt bei Pohlmann, Quellensammlung, Nr. 93, S. 117 ff.; Besonderes Gutachten des Lemgoer Richters Barkhausen, die Ermunterung der Juden zu Gewerben betreffend, v. 20.12.1796, StA Dt, L 77 A Nr. 5379 fol. 200 – 234; abgedruckt bei Pohlmann, Quellensammlung, Nr. 94, S. 125.

saischen Religion angehörigen Untertanen dieselben Rechte und Freiheiten genießen sollten wie alle übrigen Untertanen.[268] Zwar wurde nach dem Sturz von Jerôme diese Regelung weitgehend rückgängig gemacht,[269] von dem einmal beschrittenen Weg konnte jedoch langfristig nicht abgegangen werden. In Preußen erfolgte eine weitgehende Gleichstellung durch das *Edikt vom 11. März 1812, betreffend die bürgerlichen Verhältnisse der Juden im Preußischen Staat* (sog. Stein-Hardenbergische Edikt).[270] Danach erwarben die Juden im Grundsatz automatisch die preußische Staatsbürgerschaft, ein Antrag an die Regierung der Provinz und eine Genehmigung des Innenministeriums wie bei fremden Juden war nicht erforderlich. Das Edikt beseitigte die Autonomie der jüdischen Gemeinden, ermöglichte Freizügigkeit und freie Berufswahl und erklärte die Juden zu „Einländern und preußischen Staatsbürgern"; es gewährte eine fast vollständige Emanzipation.[271] Zwar wurde auf dem Verwaltungswege vieles wieder eingeschränkt, was bis 1812 erreicht worden war.[272] Dennoch hatte sich die Situation der Juden im Vergleich zu den vorherigen Zuständen verbessert.[273]

---

[268] Vgl. Art. 1. *Unsere Untertanen, welche der Mosaischen Religion zugetan sind, sollen in Unsern Staaten dieselben Rechte und Freiheiten genießen, wie Unsere übrigen Untertanen.* [...] Art. 3. *Diesem zufolge sind alle Auflagen und Abgaben, welche allein die Juden zum Gegenstande hatten, bei welcher Gelegenheit sie eingeführt sein, und unter welcher Benennung sie vorkommen mögen, hiermit gänzlich aufgehoben.* Art. 5. *Es steht ihnen gleichfalls frei, in jeder Stadt, oder an jedem anderen beliebigen Orte sich niederzulassen, und daselbst ihren Handel einzurichten, vorausgesetzt, daß sie der Municipal-Obrigkeit davon gehörige Anzeige machen, und die Zunft- und Handwerksverordnungen, worin sie wünschen aufgenommen zu werden, beobachten* [...].

[269] Juristisch wurde diese Verkürzung der Rechtsstellung ermöglicht duch Art. 16 S. 2 der deutschen Bundesakte vom 8. Juni 1815. S. 2 lautet: *„Jedoch werden den Bekennern dieses Glaubens bis dahin die denselben von den einzelnen Bundesstaaten bereits eingeräumten Rechte erhalten."* Da die Judenrechte nicht „von" den Bundesstaaten eingeräumt worden waren, sondern nur „in" den Bundesstaaten, wurde damit die Rückgängigmachung der Judenrechte juristisch abgesichert.

[270] Vgl. Edikt, vom 11. März 1812, betreffend die bürgerlichen Verhältnisse der Juden im Preußischen Staate, § 1. *Die in Unser Staaten jetzt wohnhaften, mit General-Privilegium, Naturalisations-Patenten, Schutzbriefen und Konzessionen versehenen Juden und deren Familien sind für Einländer und preußische Staatsbürger zu achten.*

[271] Das Edikt hat nur in den vier Provinzen Brandenburg, Schlesien, Pommern und Ostpreußen gegolten; in den Preußen auf dem Wiener Kongreß 1815 zugesprochenen Gebieten Rheinland, Westfalen, Provinz Sachsen, Westpreußen, Großherzogtum Posen wurde das Emanzipationsedikt nicht eingeführt, Grab, Der deutsche Weg der Judenemanzipation, S. 18. Von den öffentlichen Ämtern, insbesondere vom Richteramt oder der Offizierslaufbahn blieben die Juden ausgeschlossen. Das Edikt von 1812 trat in den 1815 neu hinzugewonnenen Provinzen nicht in Kraft.

[272] Herzig, Judentum und Emanzipation in Westfalen, S. 16.

[273] Die reaktionären Maßnahmen konnten einmal zugestandene Rechte nicht völlig wieder beseitigen. Trotz teilweise zurückgenommener und insgesamt verlangsamter Verbesserung der rechtlichen Stellung der Juden im Jahrzehnt nach den Hep-Hep-Krawallen von 1819 ver-

2. Die Entwicklung des lippischen Judenrechts bis zur Emanzipation 1869

In ihrer Emanzipationspolitik folgte die lippische Regierung im Wesentlichen den von Dohm vorgeschlagenen Maßnahmen zur langfristigen bürgerlichen Gleichstellung der Juden. Allerdings blieben trotz aller Emanzipationsgedanken für die lippische Regierung auch zu Beginn des 19. Jahrhunderts fiskalische Aspekte und die wirtschaftliche Produktivität der Juden zunächst im Vordergrund. Juden wurden zwar ins Land gelassen, ihre Vermehrung sollte jedoch weitgehend eingeschränkt werden.

a. Die Verordnung die judenschaftlichen Bedienten betreffend, von 1803

Durch die *Verordnung die judenschaftlichen Bedienten betreffend, von 1803*[274], wurden die Aufenthaltsbestimmungen für jüdische Angestellte verschärft. Nach der bestehenden Regelung durften die inländischen Juden und Judengemeinden keine Knechte, Schulmeister, Vorsänger, Rabbiner und sonstige Bediente in ihre Dienste, noch auch männliche Verwandte über 14 Jahre ohne Anzeige bei der Obrigkeit zu sich nehmen. Nunmehr wurden nur noch unverheiratete judenschaftliche Bediente zugelassen, da nur diese wirtschaftlich produktiv seien. Bediente, die heirateten, waren von ihrem Arbeitgeber zu entlassen: *„Diese Verordnung [erg.: Verordnung vom 12. Juni 1794, die judenschaftlichen Bedienten betreffend] wird hiermit erneuert, jedoch da die verheiratheten Schulmeister und sonstigen judenschaftliche Bediente nach ihrer Dienstentlassung, wenn sie nicht außer Landes verwiesen werden, die Zahl der jüdischen Familien gewerblos vermehren, nur auf unverheirathete Subjecte solchergestalt eingeschränket, daß künftig nur diese angenommen, und, sobald sie sich in die Ehe begeben wollen, entlassen werden sollen."*[275] Maßgebend war damit, dass die Zahl der jüdischen Familien nach einer Dienstentlassung *„gewerblos vermehret"* würde, was verhindert werden sollte.[276] Die Heirat wurde ihnen damit

besserte sich die Position der Juden in der ersten Hälfte des 19. Jahrhunderts somit insgesamt in den deutschen Staaten grundsätzlich stetig. – Da in den verschiedenen deutschen Staaten die Rechtslage und die Lebensbedingungen der Juden zum Teil erheblich voneinander abwichen lief der Emanzipationsprozess der Juden in Deutschland sehr unterschiedlich ab.

[274] *Verordnung, die judenschaftlichen Bedienten betreffend, vom 1. November 1803*, LVO V, S. 88.

[275] *Verordnung, die judenschaftlichen Bedienten betreffend, vom 1. November 1803*, LVO V, S. 88.

[276] Offensichtlich wurde diese Vorschrift in der Praxis wenig befolgt. In der *Verordnung, die An- und Aufnahme von jüdischen Handelsknechten, Schulmeistern und Vorsängern betreffend, vom 30. August 1842,* LVO VIII, S. 1038 f., sah sich die Regierung zu der Erinnerung veranlasst, daß keine jüdischen Handelsknechte, Schulmeister, Vorsänger etc. in Lippe an- und aufgenommen werden dürften, solange davon keine Anzeige bei der Districtsobrigkeit erstattet sei.

untersagt, im Falle einer Eheschließung war der jüdische Arbeitgeber verpflichtet, unverzüglich die Kündigung auszusprechen.[277]

Die lippische Verordnung reflektierte damit die für diese Zeit typische Angst der Christen vor einer unkontrollierten, durch ein niedriges Heiratsalter und den Ausschlusss vom Militärdienst begünstigten Vermehrung der Juden[278], die hierdurch irgendwann einmal die Oberhand über die Christen gewinnen könnten. Die Verordnung wurde noch 1842 erneut bestätigt.[279]

b. Die Aufhebung des Judenleibzolls 1808

Ein erstes sichtbares Zeichen für den Beginn der Judenemanzipation war die Aufhebung des *Judenleibzolls* im Jahre 1808. Die Aufhebung des entwürdigenden Leibzolls an den Orten, an denen er noch bestand[280] bedeutete eine längst überfällige gesetzliche Korrektur eines feindlichen mittelalterlichen Judenbildes. Die ausländischen Juden hatten künftig nur noch die von fremden christlichen Handelsleuten ebenfalls zu entrichtenden Zollabgaben zu bezahlen. Für sie wurde der Handelsverkehr mit Lippe damit erleichtert.

c. Die Verordnung, den Bevölkerungszustand der Juden betreffend, von 1809

Zentraler Versuch, das Recht der Juden erstmals umfassend zu reformieren, war die *Verordnung, den Bevölkerungszustand etc. der Juden betreffend, v. 28.11.1809*[281]. Ziel der Verordnung war ausweislich der Präambel, die Verhältnisse der inländischen Juden denen der übrigen Untertanen „anzunähern".

Ordnungspolitisch wurde in der Verordnung erstmals eine umfassende allgemeine staatliche Meldepflicht des Familienvorstandes eingeführt bzgl. Ehegatten, Kinder, Personal und sonstiger Hausgenossen. Unter Strafandrohung wurde die vollständige und umgehende Registrierung zu einem Geburtsregister, Trau-

---

[277] Verordnung, die judenschaftlichen Bedienten betr., v. 1.11.1803, LVO V, S. 88.

[278] Für die Juden stellte sich z.B. das Problem der Vererbung von Landbesitz nicht; sie waren daher auch von den Komplikationen befreit, die etwa die Primogenitur bei jeder neuen Generationenfolge mit sich brachte. Ein Aufschub der Familiengründung war angesichts der sozialen Umstände nicht erforderlich, was die relativ frühe Verehelichung mit etwa 15-16 Jahren bei Jungen und 13-14 Jahren bei Mädchen erklärt; Toch, Die Juden im mittelalterlichen Reich, S. 14.

[279] *Circulare, die An- und Aufnahme von jüdischen Handelsknechten, Schulmeistern und Vorsängern betreffend, vom 30. August 1842*, LVO VIII, S. 1038 f.

[280] LVO IV, S. 226, 229.

[281] Verordnung, den Bevölkerungszustand etc. der Juden betreffend von 1809, v. 28. November 1809, LVO V, S. 268 ff.

ungsregister und Sterberegister angeordnet.[282] Jeder jüdische Familienvater musste einen deutschen Familiennamen wählen und sich mit Vornamen, Alter und Geburtsort und dem Namen, Alter und Geburtsort seines lebenden oder verstorbenen Ehegatten sowie der Kinder bei der Ortsobrigkeit eintragen lassen. Dieses Namens musste sich der Jude bei allen öffentlichen und privaten Handlungen bedienen.[283] Die Geburts-, Copulations- und Sterbelisten wurden von den obrigkeitlichen Behörden geführt und mussten jährlich an die Regierung übersandt werden.[284]

Auch die Voraussetzungen der Eheschließung wurden neu geregelt. Die Erlaubnis zur Eheschließung wurde unter anderem an den Nachweis ausreichender deutscher Sprachkenntnisse geknüpft. Vor der Eheschließung sollte die Obrigkeit in den Synagogen drei Aufgebote in einer Zwischenzeit von 8 Tagen durch den Vorsänger oder Schulmeister befördern und die von ihr abzufassenden Urkunden ihm zustellen lassen, damit er darunter bescheinigte, dass und wo die Aufgebote geschehen seien. Nur bei Vorlage dieser Urkunde und des von der Vormundschaftlichen Kammer erteilten Kopulationsscheins war die Einsegnung durch den Vizerabbiner erlaubt. Die Erteilung eines Kopulationsscheines war daran geknüpft, dass der Bräutigam eine Bescheinigung über ein ihm bewilligtes Handelsgeleit oder eine Regierungskonzession über die Ausübung eines Berufs oder eine Beschäftigung im Ackerbau beibrachte. Sowohl Bräutigam als auch Braut mussten ferner nachweisen, dass sie des deutschen Lesens, Schreibens und Rechnens fähig waren. Die Vorlage des von der Vormundschaftlichen Kammer erteilten Kopulationsscheins war zur wirksamen Eheschließung ausreichend. Ein zusätzliches zivilrechtliches Ehegelöbnis[285] war nicht erforderlich. Die schon verheiratet gewesenen Juden waren verpflichtet, eine Bescheinigung ihrer Obrigkeit vorzulegen, dass über die elterliche Sorge oder Vermögensauseinandersetzung keine weitere Regelung erforderlich sei.

---

[282] Vgl. auch Verordnung, das Eintragen der jüdischen Kinder in die Geburtslisten betreffend, vom 12. November 1811, LVO VI, S. 72.

[283] Die daraufhin von den Obrigkeiten erstatteten Berichte über die von den inländischen Juden gem. § 1 des Edikts gewählten Familien-Namen wurden durch die Obrigkeit durch Verordnung vom 14.04.1810 genehmigt und in einer Beilage abgedruckt, vgl. Verordnung wegen der von der einländischen Judenschaft gewählten Familien-Namen, und wegen der jährlich einzusendenden jüdischen Geburts-, Copulations- und Sterbelisten, vom 14. April 1810, LVO V, S. 280.

[284] Verordnung wegen der von der einländischen Judenschaft gewählten Familien-Namen, und wegen der jährlich einzusendenden jüdischen Gebürts-, Copulations- und Sterbelisten, vom 14. April 1810, LVO IV, S. 280.

[285] Wie z.B. in §§ 75 – 135 ALR vorgesehen, Breitenborn, a.a.O., S. 121.

Handelsbücher, alle Verträge und sonstige Urkunden mussten fortan sowohl bei Verhandlungen von Juden mit Christen als auch bei innerjüdischen Verhandlungen in deutscher Sprache abgefasst sein, wodurch ebenfalls eine stärkere Angleichung an die Umwelt erzielt wurde.[286] Dokumente in hebräischer Sprache begründeten keine Beweiskraft mehr.[287] Wenn ein Handwerker einen jüdischen Lehrling aufnahm, durfte die Zunft diesem die Aufnahme und die Ausstellung eines Lehrbriefs nicht verweigern. Meister aller Berufe konnten nunmehr Lehrlinge jüdischer Herkunft in die Lehre nehmen *„Allen Meistern jeder Profession steht frey, nach Gefallen Lehrlinge jüdischer Nation an- und in die Lehre zu nehmen und auszulehren, wesfalls sie auch von den Zünften ohne Widerspruch eingeschrieben werden, und nach vollendeten Lehrjahren den gewöhnlichen Lehrbrief erhalten sollen."*[288]

Die Verordnung von 1809 war der erste größere Versuch, die Emanzipation der lippischen Juden voranzutreiben. Die Juden wurden erstmals nicht mehr als Fremdlinge, sondern als Teil der lippischen Bevölkerung angesehen. Insgesamt war die gesamte Verordnung durchwebt von dem Erziehungsgedanken der lippischen Regierung. Ein wesentliches Erziehungsinstrument sah sie darin, die Juden von dem Handel abzubringen und sie in die nichtzünftigen Handwerke zu lenken.[289] *„In Erwägung, daß der Zeitgeist eine Annäherung der Verhältnisse der einländischen Juden zu Unsern übrigen Unterthanen erfordert, finden Wir uns bewogen, [...] sie zu Gebrauche der deutschen Sprache und zur Erlernung gemeinnütziger Gewerbe zu veranlassen."* Die Annahme von Familiennamen bot den Juden die Möglichkeit sich zu integrieren, wobei den Juden – anders als

---

[286] Der Ausbreitung der deutschen Sprache unter den Juden wird in den meisten judengesetzlichen Emanzipationsgesetzen besonderes Gewicht beigemessen. So macht § 2 des Edikts vom 11. März 1812, betreffend die bürgerlichen Verhältnisse der Juden im Preußischen Staate, die Einstufung der Juden als „Einländer und preußische Staatsbürger" davon abhängig, dass die Juden nicht nur bei Führung ihrer Handelsbücher, sondern auch bei Abfassung ihrer Verträge und rechtlichen Willenserklärungen der deutschen oder einer anderen lebenden Sprache, und bei ihren Namensunterschriften keiner anderen als deutscher oder lateinischer Schriftzüge sich bedienen sollen. – Die Unterscheidung, ob es sich um Verhandlungen, die zwischen hiesigen und fremden Juden geschlossen wurden handelt, oder ob es sich um Verhandlungen nur zwischen den einheimischen Juden handelt, wird in Preußen nicht vorgenommen.

[287] § 10 der Verordnung, den Bevölkerungszustand etc. der Juden betreffend, von 1809; insofern anders als in § 588 ALR II.

[288] § 11 der Verordnung, den Bevölkerungszustand etc. der Juden betreffend, von 1809.

[289] Vgl. die mehrfach wiederholte Aufforderung der Regierung an die Judenschaft des Landes, sich darüber zu äußern, welche nichtzünftigen Handwerke von den Juden am ehesten ergriffen werden könnten, v. 31.12.1787; 7.4. und 2.6.1788, StA Dt, L 77 A Nr. 5379 fol. 10-11; abgedruckt bei Pohlmann, Quellensammlung, Nr. 88, S. 100.

etwa in Westfalen[290] – auch der Gebrauch christlicher Vornamen nicht verboten wurde.

Indem die Regierung deutsche Sprache zur alleinigen Geschäftssprache erklärte, verschaffte sie der deutschen Sprache einen größeren Anwendungsbereich unter den Juden, förderte die Angleichung an christliche Kaufleute und erweiterte eigene Kontrollmöglichkeiten. Streitigkeiten über diese Bücher konnten vor ordentlichen Richtern leichter aufgeklärt werden.[291] Durch die Maßnahmen wurde langfristig das Bildungsniveau der jüdischen Bevölkerung gehoben. Sowohl jüdische als auch christliche Bevölkerung verfügten oftmals nicht über ausreichende Lese- und Schreibkenntnisse.[292] Der Bildungsgrad der Bevölkerung war noch in der Mitte des 19. Jahrhunderts sehr gering, weitere Studien nur den Angehörigen der Bürokratie zugänglich.[293]

Das Erfordernis des Nachweises einer Berufstätigkeit vor der Vermählung sollte sicherstellen, dass nur Personen, die eine ganze Familie ernähren konnten, heirateten. Dies entsprach anderen lippischen bevölkerungspolitischen Maßnahmen: nach der lippischen Agrarkrise 1801/02 reglementierte man die Vermehrung der lippischen Einlieger, die man für den Fall der Eheschließung mit darauf folgendem Nachwuchs als besonders von Bedürftigkeit bedroht ansah.[294] Mehrfach wurden Maßnahmen gefordert zur Eindämmung von Heiraten der Personen, die keinen eigenen Hausstand besaßen oder gründen konnten.[295]

Der Inhalt der lippischen Judenordnung entsprach dem Zeitgeist anderer judenrechtlicher Gesetze aus dieser Zeit, blieb aber insgesamt hinter anderen Judenordnungen, z.B. hinter den Emanzipationsedikten in Frankfurt oder Westfalen, zurück.[296] In der Praxis dürfte sich für die lippischen Juden an ihrer alten Situation durch die Verordnung zunächst kaum etwas geändert haben, da die we-

---

290 Herzig, Juden und Emanzipation in Westfalen, S. 23.
291 Vgl. auch Dohm, Über die bürgerliche Verbesserung der Juden, Bd. I, S. 117.
292 Dies ergibt sich aus den bearbeiteten Akten, s. u. Teil D.
293 Volkhausen, Zur Geschichte eines kleinen Staates, S. 8: „Ihre Mitglieder [erg.: die der lippischen Bürokratie] waren fast die einzigen Bewohner des Fürstenthums, welche einen über das knappe Maß der Volksschule hinausreichenden Jugendunterricht erhalten, und welche um der Studien willen ein paar Jahre ihres Lebens jenseits der lippischen Gränzen zugebracht hatten."
294 Durch Verordnung von 1805 musste für den Ehekonsens ein Nachweis von 100 Rtl. Vermögen erbracht werden, vgl. Verordnung, die Einlieger betr., 29.1.1805, LVO V, S. 135 ff.
295 Arndt, Das Fürstentum Lippe im Zeitalter der Französischen Revolution 1770-1820, S. 243.
296 Arndt, Das Fürstentum Lippe im Zeitalter der Französischen Revolution 1770-1820, S. 312.

sentlichen Eckpfeiler ihrer Existenz nach wie vor durch die Schutzbriefe bestimmt wurden.

Die lippische Regierung blieb in ihrem Reformwillen insgesamt vorsichtig und verzichtete lieber darauf, kritische Punkte zu regeln. Die Regelung der Aufhebung eines Heiratsverbots zwischen Juden und Christen, wie von lippischen Intellektuellen vorgeschlagen, wurde ausdrücklich ausgespart, obwohl die Wirksamkeit als Assimilationsmittel unbestritten war. Die Aufhebung des Heiratsverbots hätte vermutlich eine unübersehbare Auflösung der existierenden Sozialstruktur bedeutet.

Mit dem Rückzug Napoleons und dem Erstarken restaurativer Kräfte kam auch in Lippe der Emanzipationsprozess, der Ende des 18. / Anfang des 19. Jahrhunderts vielversprechend begonnen worden war, weitgehend zum Erliegen. Die Änderung der Rechtsstellung der Juden wurde nur sporadisch, in einzelnen Punkten in Angriff genommen.

d. Zögerliche Reduzierung der Abgaben

Lange Zeit im Wesentlichen unangetastet blieben die hohen Abgabenlasten der Juden. Zur Zeit der Restauration war die lippische Judenschaft infolge der hohen Beiträge so hoch verschuldet, dass sie mehrfach gezwungen war, Zahlungsermäßigungen zu beantragen.[297] Ex post betrachtet waren die Abgaben vermutlich sogar ein Emanzipationshemmnis, da der Landesherr nur ungern auf sie verzichten wollte.[298]

In den Jahren 1816 bis 1834 wurde die Hälfte bzw. ein Drittel der allgemeinen Geleits-Transkriptionsgelder, d.h. der bei der Umschreibung eines Geleitbriefs z.B. vom Vater auf den Sohn erhobenen Gebühren, erlassen.[299] 1832 wurde die

---

[297] Vgl. Antrag der Vorsteherschaft auf Ermäßigung der Zahlungen für Renovation des Generalgeleits v. 29.11.1815, StA Dt, L 92 A Tit. 152 Nr. 1 fol. 100-101; Antrag der landjudenschaftlichen Deputierten auf Verlängerung der Zahlungsermäßigung in der Geleitrenovation v. 21.10.1820, StA Dt, L 92 A Tit. 152 Nr. 1 fol. 105-108; erneuter Antrag der landjudenschaftlichen Deputierten auf Verlängerung der Zahlungsermäßigung in der Geleitrenovation; Ablehnung durch die Regierung v. 19.4.1825, StA Dt, L 92 A Tit. 152 Nr. 1 fol. 115-117; abgedruckt bei Pohlmann, Quellensammlung, Nr. 148-150, S. 229 ff.

[298] Hierfür sprechen die intensiven Auseinandersetzungen zwischen der Landesherrschaft und der Ständeversammlung über die Frage einer möglichen Entschädigung der Landrentei für den Fall einer formalen Aufhebung des Schutzgeldes für Juden bei den Gesetzesberatungen zu dem Emanzipationsgesetz von 1858, vgl. unten, B.V.2.q).

[299] *Ausführliche Erklärung der Juden zu den auf dem Landtag getroffenen Vereinbarungen; Ablehnung von Entschädigungszahlungen,* 27.12.1857, StA Dt, L 77 A Nr. 5331 fol. 226-250, Pohlmann, Quellensammlung, Nr. 181, S. 298 ff., 301.

Abgabenlast der Juden durch Abschaffung der Synagogensteuer sowie die Reduzierung der Abgabe für die Geleitrenovation etwas gemindert.[300] Dies mag auch eine Konzession an die tatsächlichen Verhältnisse gewesen sein, da die Juden nicht in der Lage waren, die hohen Abgaben aufzubringen.[301]

Die erniedrigenden Aufenthaltsbeschränkungen und damit verbundene Abgaben blieben während der ersten vier Jahrzehnte des 19. Jahrhunderts jedoch bestehen. Für die Bewilligung eines auf den Sohn transkribierten Schutzbriefs musste 1840 eine Summe zwischen ca. 110 und 160 Rtl. gezahlt werden, hinzu kam ein jährlich zu entrichtendes Schutzgeld in Höhe von 8 Rtl. sowie eine Summe in Höhe von 180 Rtl., die von der gesamten Judenschaft aufzubringen war.[302] Auch Zungenabgaben, Verpflichtung zur Unterstützung christlicher Schulen durch jüdische Hausbesitzer, Stolgebühren für christliche Pfarrer und andere Abgaben blieben bestehen.[303]

1843 wurde das jährliche einzuzahlende Schutzgeld schließlich von 8 Rtl. auf 4 Rtl. reduziert. Die Sterbefallgebühren sowie die für die Kopulationsscheine bisher an die Landrenteikasse bezahlten herabsetzenden Gebühren wurden aufgehoben. Ebenso entfiel die kränkende Abgabenverpflichtung der Zungen von dem geschlachteten Rindvieh.[304]

Die abgabenrechtliche finanzielle Ungleichbehandlung blieb jedoch auch dadurch bestehen, dass die Juden etwa im Bereich der Armen- und Krankenfürsorge zu den kommunalen Steuern beitrugen, ohne jedoch hieraus etwas zurückzubekommen. So wurden z.B. die Juden zu den städtischen Lasten nach §§ 32, 33 Städteordnung verhältnismäßig herangezogen. Zu diesen städtischen Lasten gehörte auch die Armenpflege. Gleichwohl versagten der Magistrat zu Horn und die hochfürstliche Regierung ein Hilfsgesuch der jüdischen Gemeinde

---

[300] Vgl. Regierungsempfehlung an die Rentkammer, die Zahlungsverpflichtung der Juden für die Geleitrenovation zu ermäßigen und die Synagogenabgaben aufzuheben, v. 11.9.1832, StA Dt, L 92 A Tit. 152 Nr. 1 fol. 126. – Die von jeder Synagoge als solche zu zahlende außerordentliche Steuer wurde 1832 erlassen, vgl. Spanjer Herford, Emancipations-Gesuch der Israeliten des Fürstenthums Lippe, S. 22.

[301] Im Jahre 1832 beliefen sich die Schulden der Judenschaft auf etwas über 2000 Rtl. Gold, vgl. Regierungsempfehlung, StA Dt, L 92 A Tit. 152 Nr. 1 fol. 126.

[302] Herford, Emancipations-Gesuch der Israeliten des Fürstentums Lippe, S. 23.

[303] Herford, a.a.O., S. 25.

[304] Verordnung, die Handelsbefugnisse der Schutzjuden und die Erleichterung derselben in ihren Abgaben betrefend, vom 14.3.1843, LVO IX, S. 35 ff. Nr. 5 a) – d).

zu Horn um finanzielle Unterstützung.[305] Dort machte die Zahl der hilfsbedürftigen Israeliten fast die Hälfte der Gemeinde aus.[306]

Von den Beiträgen zu den kirchlichen Bedürfnissen der christlichen Gemeinden waren die Juden zwar befreit. Allerdings wurden die kirchlichen Bedürfnisse zum großen Teil auch aus kommunalen Mitteln finanziert, zu denen auch die Juden mit ihren Steuern beitrugen.

Eine abschließende Bewertung, wie hoch genau die Abgabenbelastung der Juden im Vergleich zu der Belastung der übrigen lippischen Bevölkerung war, insbesondere gegenüber den ebenfalls hohen Abgabenpflichten ausgesetzten – allerdings sozial inhomogenen – bäuerlichen Schichten, ist schwierig.[307] Während die Abgabepflichten der leibeigenen Bauern sich nach den Reinerträgen richteten[308] und mit der Erlaubnis der Hofnutzung verbunden waren, waren die den Juden auferlegten Schutzgelder einkommensunabhängig, was eine Benachteiligung niedriger Einkommen bedeutete. Die für Lippe vergleichsweise herangezogenen relativ geringen Freilassungsgebühren der Bauern von ihrer leibherrlichen Bindung[309] oder die Einliegergebühren[310] bieten keine genaue Vergleichsgröße.

---

[305] Vgl. *Bitte des Vorstehers der jüdischen Gemeinde Horn A. Aschoff an die Ständeversammlung um Beschluß, daß auch in den Städten verarmte, kranke Juden aus den Armenmitteln der Kommune zu unterstützen seien*, 5.2.1847, StA Dt, L 77 A Nr. 5330 fol. 80-85, Pohlmann, Quellensammlung, Nr. 199, S. 347 ff.

[306] Hingegen hatten Juden auf dem platten Lande, die wie die Christen zu den Amtsgemeindekassen beisteuerten, nach einem Beschluß von 1844 das Recht, quartalsweise Armen-Arznei-Rechnungen bei den Ämtern einzureichen. *Bekanntmachung, die Armen-Arzneirechnungen betreffend*, 26.3.1844, LVO IX, S. 255.

[307] Rülf, Die Geschichte der Juden in Lippe, S. 20, spricht von „ungeheuren Abgaben und Steuern".

[308] Vgl. Gebühren der Rentkammer um 1800, gestaffelt vom ganzen Vollmeier bis zum Straßenkötter, jeweils mit Reinerträgen und danach bemessener Abgabepflicht, Arndt, a.a.O., S. 248, Rn. 248. Zu den grundherrschaftlichen Abgaben gehörte der sog. Zehnt, der auf ungedroschenes Getreide und gedroschenes Korn erhoben wurde. Die Situation der lippischen Bauern wird dort für Lippe als weniger drückend als in weiten Teilen Niedersachsens bezeichnet. Auch hatte der Bauer eine gewisse soziale Absicherung in Form des bäuerlichen Leibzuchtrechts, das ihm eine Unterkunft und vollständige Versorgung aus den Ressourcen des Hofes nach dem Ende seiner Arbeitstätigkeit garantierte.

[309] Nach Arndt bemaßen sich die Kosten für den Freibrief in Abhängigkeit von dem Brautschatz zwischen 4 Rtl. (Brautschaft 10 Rtl.) und 16-18 Rtl. (Brautschatz 100 Rtl.). Die Rentkammer erzielte aus den Freilassungen von der landesherrlichen Leibeigenschaft jährliche Einkünfte zwischen 450 und 725 Rtl.; Arndt, Das Fürstentum Lippe im Zeitalter der Französischen Revolution 1770-1820, S. 267, Fn. 116.

[310] Einlieger, die sich mit einem gemieteten Haus und gepachtetem Land begnügen mussten, zahlten dem Eigentümer 4-6 Rtl. Miete pro Jahr. Für Nahrungsmittel, die sie aus gepachtetem

Einen gewissen Anhaltspunkt gibt folgendes Beispiel aus dem Jahr 1849: Nach Ansicht der Regierung vertrat das von den Juden zu zahlende Schutzgeld die Gewerbesteuer.[311] Abgesehen davon, dass die Schutzgeldpflichtigkeit an der Religionszugehörigkeit und nicht an dem Geschäftsbetrieb anknüpfte und die Israeliten auf dem Land den Quellen zufolge eine Concessionsabgabe oder Gewerbesteuer entrichten mussten, blieb die übliche Gewerbesteuer allerdings deutlich hinter dem Schutzgeld zurück. Während z.B. ein christlicher Metzger eine jährliche Contribution für sein Gewerbe in Höhe von 1,5 MGr., die 20 mal pro Jahr erhoben wurde, also 5/6 Rtl. zu bezahlen hatte, wurde von dem jüdischen Metzger für den gleichen Zeitraum 4 Rtl., also fast fünfmal soviel, verlangt.[312] Berücksichtigt man, dass das Schutzgeld bis 1843 sogar das Doppelte betrug und legt man zusätzlich die geforderte Abgabe für die Erneuerung des Generalgeleits auf den einzelnen Schutzjuden und pro Jahr um, kommt man zu einer noch erheblich höheren jährlichen pro Kopfbelastung allein für das Niederlassungsrecht.

e. Neufassung der Schutzbriefe

Die tatsächliche Emanzipation, obwohl von der Regierung unterstützt, wurde nur sehr langsam durchgesetzt. 1810 wurde der Wortlaut des Schutzbriefs nach mehrjährigen Diskussionen und durch die Fürstin Pauline eingeholten Gutachten[313] neu gefasst[314]. In der Neufassung spiegelt sich die Erziehungsmotivation der Regierung wider. Der Geleitinhaber wurde angehalten, seine Kinder möglichst zu christlichen Gewerben zu erziehen, um diese durch ein dann kostenloses Geleit abzusichern *„Er hat daher seine Kinder möglichst zu christlichen Gewerben zu erziehen, damit diejenigen, welchen der väterliche Schutz nicht erteilt werden könne, nach erlangter Regierungsconcession, sich auf eine Profession oder auf den Ackerbau etablieren zu dürfen, dadurch dereinst sich fort-*

Land erwirtschafteten, fielen weitere 3 Rtl. jährlich an. Während sie diesen Betrag allerdings jährlich für Existenz und Lebensunterhalt zahlten, hatte der Jude durch das etwa vergleichbar hohe jährliche Schutzgeld sein Bleiberecht, und dies unter Berücksichtigung des Generalgeleits noch nicht vollständig, abgesichert.

[311] Dies ergibt sich aus der *Bekanntmachung der Regierung, daß das Schutzgeld gänzlich aufgehoben sei*, 6.3.1849, Fürstlich Lippisches Regierungs- und Anzeigeblatt, Jg. 1849, Nr. 10, 10. März 1849, abgedruckt bei Pohlmann, Quellensammlung, Nr. 175, S. 287.

[312] Protest der landjudenschaftlichen Ausschuß-Deputierten, E.J. Rinteln in Detmold und M. Meyer in Schwalenberg namens sämtlicher Deputierten, gegen die Interpretation der Grundrechte, 16.2.1849, StA Dt, L 77 A Nr. 5330 fol. 129-135, abgedruckt bei Pohlmann, Quellensammlung, Nr. 174, S. 285 ff.

[313] Vgl. Gutachten des Lemgoer Richters Barckhausen vom 7. November 1795, StA Lemgo A 3682, abgedruckt in: Pohlmann, Quellensammlung, Nr. 93, S. 117 ff.

[314] StA Detmold L 77 A Nr. 5410 fol. 145-147.

helfen können".[315] Entgegen den Bitten der judenschaftlichen Vorsteher wurde nicht festgelegt, dass das Geleit vom Vater auf eines seiner Kinder vererbt werden könne. Vielmehr wurde beim Tode des Geleitbriefinhabers die neuerliche Übertragung des Geleits vom Ermessen der Regierung abhängig gemacht. An dem Schutzbrieferfordernis selbst wurde bis zu der Abschaffung des Geleitsystems 1858 festgehalten.

f. Verein zur Beförderung der Handwerke unter den Israeliten

Seit den 80er Jahren des 18. Jahrhunderts versuchte die lippische Regierung, die Judenschaft zu nicht-zünftigen Berufen zu verleiten durch Anreize wie finanzielle Förderung und Knüpfung der Geleitbriefe an die Ausübung eines Handwerks.[316] Die Reaktion auf jüdischer Seite, insbesondere im Hinblick auf die wirtschaftliche Perspektive, war verhalten; hinzu kamen praktische Schwierigkeiten wie die Ernährung des Lehrlings oder die abweichenden religiösen Feiertage.[317]

1787 und 1788 richtete sie drei Anfragen an die jüdische Vorsteherschaft, welche Chancen diese der Erlernung nicht-zünftiger Handwerke durch die Juden beimesse. Aus dem Antwortschreiben, das nur zögernd und nach wiederholter Aufforderung erfolgte, ergibt sich, dass diese einer solchen Entwicklung keine grossen Perspektiven einräumten, insbesondere da dem Juden wegen der Einhaltung der Sabbatruhe ein Arbeitstag weniger zur Verfügung stehe und wegen der Unvereinbarkeit der Ernährungsgewohnheiten.[318] Auch könne die handwerkliche Tätigkeit die Existenz eines Juden nicht sichern. Die Judenschaft illustrierte dies mittels eines konkreten Beispiels in der Praxis, in dem ein jüdischer Siegellackhersteller gescheitert sei und nunmehr vom Betteln leben müsse. In ihrer Reaktion ging die Regierung darauf nicht ein, sondern verwies vielmehr auf finanzielle

---

[315] Pohlmann, Die bürgerliche Verbesserung der Juden, in: Arndt/Nitschke, Kontinuität und Umbruch in Lippe, S. 286.

[316] Vgl. Schreiben der Regierung an die Judenschaft des Landes vom 7.10.1784; StA Dt, L 77 A Nr. 5379. Auch Dohm hat die handwerkliche Betätigung als optimale „Erziehungsmethode" zur Besserung der Juden gepriesen „Die stillsitzende Lebensart und der ruhige Fleiß, den diese fordern, ist dem unruhigen Umherschweifen des handelnden Juden [...] entgegengesetzt. Zugleich wird die harte Arbeit, gröbre und stärkre Nahrung des Handwerkers auch auf seine [erg. des Juden] phyische Constitution einen vortheilhaften Einfluß haben", Dohm, a.a.O., Bd. I, S. 111 f.

[317] 1789 gelang es dem Amt Schieder nur nach erheblicher Mühe, einen Leinenweber ausfindig zu machen, der zur Ausbildung eines jüdischen Lehrlings bereit war. Trotz erheblicher Bemühungen von Samuel Herford konnte kein Schneidermeister dazu bewegt werden, einen jüdischen Lehrling im Schneiderhandwerk auszubilden, vgl. Pohlmann, Die Verbreitung der Handwerke unter den Juden, S. 26, 28.

[318] Vgl. Darlegung der Vorsteher der Judenschaft, warum ein nichtzünftiges Handwerk die Existenz einer jüdischen Familie nicht sichern könne, 21.6.1788, StA D, L 77 A Nr. 5379 fol. 12 – 16, Pohlmann, Quellensammlung, Nr. 89, S. 100 f.

Anreize: Die Juden, die ein solches Geleit ausübten, sollten wie christliche Untertanen behandelt und nicht mit schweren Abgaben belastet werden. Die Ablehnung der Vorsteherschaft deckte sich hingegen mit der Ablehnung anderer Juden.[319] Weitere konkrete Maßnahmen der Regierung erfolgten nicht. Seit dem Jahre 1804 versuchte die Regierung in einem erneuten Anlauf im Zusammenwirken mit dem Vorsteher der Landjudenschaft, Samuel Joel Herford, verstärkt, Juden zum Ergreifen handwerklicher Berufe zu bewegen,[320] wobei sie jedoch bei der Judenschaft wiederum auf Widerstände stieß.

Im Zusammenwirken mit dem christlich-jüdischen „Verein zur Beförderung der Handwerke unter den Israeliten im Fürstenthum Lippe" (1841-1848) erneuerte die Regierung den Versuch, die Juden vom als schädlich empfundenen Handel zu einem Handwerk zu verleiten. Trotz diverser finanzieller und sonstiger Anreize stieß das Unterfangen bei den Juden allerdings wieder nur auf bedingtes Interesse, wohl insbesondere deswegen, da das Handwerk sich im Niedergang befand und unter den lippischen Handwerkern zu einem großen Teil allgemeine Verelendung herrschte.[321]

g. Wehrpflicht

Bis 1809 waren die Juden von der Wehrpflicht befreit. Dohm versuchte anhand mehrerer Quellen nachzuweisen, dass die jüdischen Gesetze dem Militärdienst nicht entgegenstünden; seine Ansicht war allerdings sehr umstritten.[322] Fest

---

[319] So zieht ein Jude 1793 seine zunächst, offenbar vorschnell verlockt durch die Aussicht auf ein kostenloses Geleit, erteilte Zusage zurück, seine Kinder ein Handwerk lernen lassen, denn den „Kindern läge das Schachern schon im Geblüt und hätten zu keinem Handwerk ein Geschick und keine Knochen", Aussage des Levi Daniel vor dem Amt Schieder, 22.1.1793, zitiert nach Pohlmann, Die Verbreitung der Handwerke unter den Juden, S. 18.

[320] Resolution v. 3.7.1804, StA Dt, L 77 A Nr. 5381 fol. 234-236.

[321] In einem Geschäftsbericht des Vereins zur Beförderung der Handwerke unter den Israeliten von 1843 werden 18 Handwerker genannt, nämlich 3 Sattler, 2 Klempner, 2 Buchbinder, 1 Bürstenbinder, 1 Glaser, 1 Baumwollenweber, 2 Blaufärber, 3 Drechsler, 2 Gerber und 1 Tischler. Für 1858 werden 10% der jüdischen gewerblichen Haushalte als Handwerkerfamilien bezeichnet, vgl. Pohlmann, Die Verbreitung der Handwerke unter den Juden, S. 117. Die Zahlen sind insoweit nicht aussagekräftig, als offenbar viele Juden nur durch die Aussicht auf Geleitserteilung zur Absolvierung einer Handwerkslehre veranlasst wurden und später zusätzlich zum Handwerk traditionelle Tätigkeiten, die die Handwerkslehre eigentlich gerade hatte verhindern sollen, wie Schacher, Wucher oder Lumpensammeln ausübten.

[322] Dohm verweist auf mehrere historische Beispiele aus dem 17. und 18. Jahrhundert, wo Juden in Prag und Holland ihr Vaterland verteidigt hätten, Dohm, Über die bürgerliche Verbesserung der Juden, Bd. II, S. 238 f. – Wiederholt wurde auch bezweifelt, ob Juden gegen Juden kämpfen würden: *„Juden werden gegen Juden schlechte Soldaten sey, und um unserer Christen Zwiste willen kein Bruder Blut vergießen wollen"*, Aus: Des Hrn. Prediger Schwager Gedanken, bey Lesung dieser Schrift, abgedruckt in: Dohm, a.a.O., Bd. II, S. 105.

steht, dass auch von Emanzipationsbefürwortern die Befreiung der Juden vom Wehrdienst als wesentliches Integrationshemmnis angesehen wurde.[323] Eine Gleichstellung in den bürgerlichen Rechten müsse auch die Gleichstellung bzgl. bürgerlicher Pflichten zur Folge haben, mithin die Einbeziehung der Juden in die allgemeine Wehrpflicht, war die fast einhellige Meinung.

Durch Regierungsverfügung im Jahre 1809 wurden die Juden – gegen ihren überwiegenden Willen – in die allgemeine Wehrpflicht einbezogen.[324] Allerdings blieb den Juden die Möglichkeit einer Stellvertretung vorbehalten.[325] Trotz Dispensmöglichkeit und fehlender Gleichwertigkeit von Geld und Leben ist zu beachten, dass diese Regelung für die Juden eine Schlechterstellung gegenüber ihrer früheren vollständigen Befreiung vom Kriegsdienst bedeutete. Die Juden durften sich zwar von bürgerlichen Lasten freikaufen, erhielten aber im Gegenzug keinerlei zusätzliche Rechte.

Die Regelung erfolgte in einer staatspolitischen Notlage, in der man wiederum durch Gelder der Juden die leeren öffentlichen Kassen füllen wollte. Als Gegenleistung für die Aufnahme in den Rheinbund hatte sich Lippe zur Aufstellung eines Kontingents in Bataillonstärke verpflichtet.[326] Das lippische Bataillon musste mehrfach aufgefüllt werden, schmolz 1809 wegen Desertation zusammen und wurde 1810 in Spanien aufgerieben, so dass die Fürstin einen ständigen Bedarf an Rekruten hatte.

h. Betteljuden/fremde Juden

Auch im ersten Drittel des 19. Jahrhunderts löste sich das Problem der Betteljuden zunächst nicht. Zur Disziplinierung und Armutsbekämpfung teilte Fürstin Pauline 1801 die Armen in vier Kategorien ein. Betteljuden wurden darin – ne-

---

323 „[...] *und müßte eingestehn, daß Bürger, welche nicht die Gesellschaft zu der sie gehören, verteidigen, keine Bürger wie andere seyn, nicht gleiche Rechte verlangen können und drückende Unterschiede sich gefallen laßen müssen.*“, Dohm, a.a.O., Bd. II, S. 223. „*Sie sind allerdings fähig, einen großen Theil der Pflichten der Bürger unserer Staaten auszuüben, aber nicht alle; folglich können sie auch nicht aller Vortheile fähig seyn.*“ Aus: Des Hrn. Prediger Schwager Gedanken, bey Lesung dieser Schrift, abgedruckt in: Dohm, Über die bürgerliche Verbesserung der Juden, Bd. II, S. 98 f.

324 Vgl. Instruction zur Ausführung des Conscriptions-Gesetzes vom 2. Juli 1811, LVO VI, S. 24 ff. Nr. 4. – Entsprechende Proteste der Judenschaft blieben erfolglos.

325 Auch hier folgte die Regierung einem Vorschlag Dohms. Dieser hatte für die Juden als ‚vom Krieg entwöhnte Nation' einen „Freikauf“ vom Kriegsdienst zumindest für eine Übergangszeit vorgesehen, u.a. auch mit dem Hinweis, dass es u.U. für den Staat günstiger sei, wenn Soldaten, die für ihn umkamen, nur mit Geld erkauft und nicht dem Ackerbau oder der Produktion entzogen würden, Dohm, a.a.O., Bd. I, S. 148.

326 Verordnung, das zu stellende Contingent betreffend, vom 25. Mai 1807, LVO IV, S. 200 f.

ben Vaganten und Zigeunern – als „Arbeitsunwillige“ eingestuft.[327] Für diese wurde 1801-1802 ein „Strafwerkhaus“, ein Zwischending zwischen Arbeitsanstalt und Gefängnis eingeführt.[328] Zur Bekämpfung der illegalen Einreise wurden die Einreisebedingungen sukzessive verschärft. Da zu Hochzeiten der Schutzjuden viele inländische und ausländische Juden kamen, sah sich die Regierung nochmals genötigt, darauf hinzuweisen, dass, wer beim Eintritt in die Grafschaft keine 5 Rtl. vorzeigen konnte, als Betteljude zurückgewiesen werden würde.[329] Zusätzlich erschwerte die Regierung den Aufenthalt fremder Juden, indem die Gültigkeit von Pässen für fremde einreisende Juden von 3 Monaten auf 6 Wochen herabgesetzt wurde.[330]

Anscheinend versuchten mehrere ausländische Juden durch Zulassung als Musiker oder Handelsjuden auf lippischen Märkten die Einreisevoraussetzungen zu umgehen. Daraufhin verfügte die Regierung, dass die Pässe fremder Districtsobrigkeiten nicht mehr ausreichten, und die Vorlage glaubwürdiger Pässe des Geburts- oder Wohnorts erforderlich sei.[331] Die Zulassung ausländischer Juden zu Märkten wurde kontingentiert.[332]

1820 ordnete die Regierung an, dass die fremden umherziehenden Juden sich durch Pässe ihrer Ortsobrigkeit als wirklich angesessene Personen ausweisen oder einen *notwendigen Zweck* ihrer Reise nach irgend einem Ort des Landes nachweisen mussten.[333] Fremden Juden ohne erforderlichen Reisezweck war damit die Einreise nach Lippe untersagt. Konnte ein notwendiger Zweck der Reise nicht nachgewiesen werden, sollten die, egal ob bei Christen oder bei Juden,

---

327 Arndt, Das Fürstentum Lippe im Zeitalter der Französischen Revolution 1770-1820, S. 352.

328 Arndt, a.a.O., S. 353.

329 Verordnung, die ausländischen Betteljuden betreffend, vom 30. November 1802, LVO V, S. 76.

330 Verordnung, die Pässe der Reisenden und die Kundschaften der Handwerker betreffend, vom 15. März 1808, LVO V, S. 213 ff., § 10.

331 Circular, das Verbot der Zulassung fremder Musikanten und Handelsjuden auf einländischen Märkten betreffend, vom 20. Dezember 1814, LVO VI, S. 266 f.: *„[...] und die Pässe, die sie vorzeigen, beinahe nie von ihrem Wohn- oder Geburtsort lauten, sondern von fremden Districtsobrigkeiten herrühren. Bey der jetzigen auf öffentliche Sicherheit so große Vorsicht erheischenden Zeit, werden alle Obrigkeiten ernstlich erinnert und ausdrücklich angewiesen, auf den Jahrmärkten nur solche fremde, vorher nicht bekannte Handels- und Spielleute zuzulassen, welche glaubwürdige Pässe von den Obrigkeiten ihres Geburts- und Wohnortes vorzuweisen haben, und überhaupt auf Vagabunden jeder Art sorgsam zu machen.“*

332 Vgl. hierzu auch. Ritter Michaelis in: Dohm, Über die bürgerliche Verbesserung der Juden, Bd. II, S. 55.

333 *Verordnung, die fremden umherziehenden Juden betreffend, vom 8. Februar 1820*, LVO VI, S. 485 f.

bettelnd betroffenen Juden gleich anderen Bettlern ergriffen und zum Strafwerkhause eingesandt werden. Die nicht bettelnd angetroffenen Juden sollten zur sofortigen Rückkehr angehalten, im Ungehorsamsfall aber festgenommen und nach Ermessen der Distriktsobrigkeiten mit einstündiger Zurschaustellung am Ungehorsamspfahl oder achttägigem Gefängnis bestraft werden.[334] Da diese Verordnung wiederum nicht von allen Obrigkeiten und Polizeibehörden konsequent durchgesetzt wurde, sah sich die Regierung genötigt, eine allgemeinere, gleichmäßigere und strengere Befolgung der Verordnung anzumahnen.[335]

Das konsequente Durchgreifen der Regierung gegenüber den Betteljuden und „sonstigen verdächtigen Personenkreisen" deckte sich mit der rigiden Haltung der Regierung in anderen Bereichen (Visumsrecht, Kronzeugenregelung etc.), sobald sie die innere Sicherheit Lippes als gefährdet ansah.[336] Auch existierten in den Landesverordnungen vergleichbare Verordnungen auch für christliche Bettler.[337]

Schließt man von der Verordnungstätigkeit auf die soziale Realität, so wurde das Problem der Betteljuden seit den 30er Jahren des 19. Jahrhunderts gegenstandslos. Ab diesem Zeitpunkt finden sich keine entsprechenden Verordnungen mehr. Das jüdische Proletariat schwand damit, bevor der eigentliche Emanzipationsprozess begann.[338]

i. Religion

Trotz der im Grundsatz gewährten Toleranz war die Regierung kontinuierlich bestrebt, Konfrontationen zwischen Juden und Christen möglichst auszuschliessen. 1808 verbot die Regierung die Feier des jüdischen Hamansfests.[339] Sie begründete ihre Entscheidung damit, das Fest wecke nur ein Gefühl für Rache und

---

334 *Verordnung, die fremden umherziehenden Juden betreffend, vom 8. Februar 1820*, LVO VI, S. 485.

335 *Erinnerung an die Verordnung vom 8. Februar 1820, wegen der fremden umherziehenden Juden*, LVO VII, S. 57d.

336 Vgl. Verordnung, die öffentliche Sicherheit betr., 19.8.1802, LVO V, S. 47 f.

337 Teilweise werden in einer Verordnung neben Betteljuden auch christliche Bettler, Musiker, fahrendes Gesindel, Zigeuner u.a. erfasst.

338 Die Geschwindigkeit, mit der sich die Sozialstruktur der jüdischen Bevölkerung in den ersten sieben Jahrzehnten des neunzehnten Jahrhunderts wandelte, ist enorm. Am Ende des 18. Jahrhunderts lebte über 75 % der Juden in Armut: In den 60er Jahren des 19. Jahrhunderts waren der überwältigende Anteil der Juden in höhere soziale Klassen aufgestiegen, aufgrund beruflicher Freiheit und stetiger Senkung der drückenden Abgaben; Herzig, a.a.O., S. 244 f.

339 *Verordnung, die Feier des jüdischen Hamannsfestes betreffend*, vom 28. Januar 1812, LVO VI, S. 76 f.

sei geeignet, den Aberglauben anzufachen und zu nähren.[340] Reibungspunkte sollten somit von vornherein entschärft werden, jedoch um den Preis des Verbots eines Höhepunkts jüdischen Brauchtums.

Bei dem Verbot des Hamansfestes, das in der Synagoge gefeiert wurde und wo eine Störung der öffentlichen Sicherheit und Ordnung nicht offensichtlich war, dürfte diese Politik auch dazu gedient haben, den jüdischen Einfluss gering zu halten und den Vorrang der staatlichen Autorität zu verdeutlichen.[341] Ob der jüdische Kultus den Juden hinsichtlich der internen Angelegenheiten ein Selbstbestimmungsrecht und ein Recht auf Achtung ihrer religiösen Identität einräumte, wurde von der Regierung nicht erwogen.
Im Konfliktfall gab die Regierung auch ordnungs- und sicherheitspolitischen Erwägungen den Vorrang. So verbot sie 1815 Judenleichen vor Ablauf von drei Tagen zu beerdigen, obwohl dies vermutlich dem jüdischen Ritus widersprach.[342] Die jüdische Gewohnheit, Verstorbene nach einem Tag unter die Erde zu bringen, wurde in der Judendiskussion im 18./19. Jahrhundert immer wieder als Beweis für die jüdische Unzivilisiertheit angeführt, und auch Emanzipationsbefürworter wie Dohm oder Michaelis haben sich nachdrücklich dagegen gewandt, „Juden, in der Absicht ihrer Seele Ruhe zu verschaffen, lebendig zu begraben.“[343] Das Verbot diente im Ergebnis dem Schutz der öffentlichen Sicherheit und Ordnung und humanitären Zwecken, nämlich zu verhindern, dass Juden lebendig begraben würden.

---

340 *„Das jüdische Hamannsfest wird von einem großen Theil der hiesigen Juden, vorzüglich in den Synagogen des Landes, durch ein lärmendes Klopfen mit Hämmern und andern Instrumenten gefeyert. Diese Sitte, an der Kinder und Erwachsene Theil nehmen, soll das Andenken an einen ehemaligen Verfolger der Juden erhalten, und ist nur dazu geeignet, das Gefühl für Rache, so wie den Aberglauben anzufachen und zu nähren. Die Grundlehren der Religion sind dem entgegen, und die Ritualgesetze schreiben jenen Gebrauch nicht vor; derselbe wird daher Namens Serenissimae Regentis Hochfürstliche Durchlaucht sämmtlichen jüdischen Unterthanen bey 10 Gfl. Strafe, oder verhältnismäßiger Leibesstrafe untersagt. [...].“*

341 Es erscheint möglich, dass auch traditionelle, fest verankerte christliche Vorurteile hinter dem Verbot stecken. Das jüdische Purimritual ist bereits im Mittelalter von Christen nur entstellt wahrgenommen worden. Die symbolische Annagelung, Verspottung und Verbrennung der Hamanfigur durch die Juden wurde als erneute Kreuzigung Jesu aufgefasst und dürfte nach der neueren Forschung mitursächlich für die aufkommenden ersten Blutfrevelbeschuldigungen gegen die Juden im 11./12. Jahrhundert gewesen sein, vgl. Toch, Die Juden im mittelalterlichen Reich, S. 114 f. m.w.N.

342 Vgl. Verordnung wegen Beerdigung der Judenleichen, vom 2. Mai 1815, LVO VI, S. 272 f. [Verbot der Bestattung von Leichen vor Ablauf von 72 Stunden].

343 Ritter Michaelis, in: Dohm, Über die bürgerliche Verbesserung der Juden, Bd. II, S. 66. Michaelis weist in diesem Zusammenhang auch darauf hin, dass zur Zeit Moses´ die Juden ihre Toten noch wesentlich später beerdigt hätten und die entsprechende jüdische Bestimmung nicht auf das Gesetz Moses´, sondern auf eine wesentliche später eingeführte rabbinische Verordnung zurückgehe, a.a.O.

j. Niederlassungs- und Aufenthaltsrecht, Staatsbürgerliche Stellung

Durch die 1836 verabschiedete Verfassung wurde Lippe von einer absoluten in eine konstitutionelle Monarchie mit Dreiklassenwahlrecht umgewandelt. Die Landstände waren danach in drei Stände eingeteilt, die Vertreter der adligen und bürgerlichen Besitzer landtagsfähiger Rittergüter, die Städte und die übrigen Grundbesitzer des Landes.[344] Voraussetzung für die Zugehörigkeit zu den Ständen war unter anderem die christliche Konfession bzw. das Bürgerrecht. Wahlberechtigt zu den Landtagswahlen waren ebenfalls nur Anhänger der christlichen Religion.

In der lippischen Verfassung von 1836 wurde die aktive und passive Wahlberechtigung an die christliche Religion geknüpft. Die Juden blieben damit von der Landesvertretung weiterhin ausgeschlossen. Auch der Staatsdienst blieb den Juden verschlossen.

Die *Verordnung, das Heimathsrecht betreffend, vom 16. März 1841*[345] regelte erstmals gesetzlich für die lippischen Einwohner die Heimatsverhältnisse, das Recht zur Niederlassung, die Verheiratung und Übersiedlung von einem Ort zum anderen. Hinsichtlich des Niederlassungsrechts und der Freizügigkeit der Juden verblieb es bei der bestehenden Regelung, dass hierfür die individuellen Schutzbriefe maßgebend waren. Die Schutzjuden erhielten das Heimatrecht vermöge des landesherrlichen Geleits an dem Ort, der ihnen in dem Geleit zum Aufenthalt angewiesen war.
Gleichzeitig versuchte die Regierung in der Heimatverordnung das Niederlassungsrecht als Anreiz für die Ergreifung eines „bürgerlichen Gewerbes“ durch die Juden zu nutzen, *Juden, welche sich nicht dem Handel, sondern andern bürgerlichen Gewerben widmen und zum Betriebe derselben eine Regierungs-Concession erlangen, sind rücksichtlich der Heimathsverhältnisse den christlichen Unterthanen ganz gleich gesetzt.*“[346]

[344] Jede dieser Klassen wählte sieben Abgeordnete, die wiederum das Landständische Collegium bildeten. Ohne Beratung und Bewilligung der Landstände auf dem Landtage konnte keine neue Steuer erhoben und keine neue Anleihe auf den Kredit der landschaftlichen Kassen gemacht werden. Den Landständen kam das Haushaltsbewilligungsrecht zu. – Die Verfassung stellt sich dar als Kompromiss zwischen Ritterschaft und der Landesherrschaft. Die Ritterschaft bildet nach wie vor eine Kurie, bestehend aus insgesamt sieben Beisitzern, während die zweite Kurie besteht aus je sieben durch Wahlmänner gewählten Abgeordneten des 2. und 3. Standes; Kittel, Geschichte des Landes Lippe, S. 186. Mit Ausnahme der Abstimmung über allgemeine Landesabgaben erfolgt die Abstimmung getrennt. Neue Steuern und Anleihen mussten vom Landtag bewilligt werden. Landesgesetze kamen zwar mit Beirat der Landstände zustande, bedürfen aber nicht deren Zustimmung; Kittel, a.a.O., S. 186.

[345] *Verordnung, das Heimathsrecht betreffend, vom 2. März 1841,* LVO VIII, S. 530 ff.

[346] *Verordnung das Heimathsrecht betreffend, vom 2. März 1841*, a.a.O., § 7 Abs. 2.

Damit sollten Juden weg vom „jüdischen Handel“ gebracht werden. In der Praxis hat dies gleichwohl nicht zu einer Verbreitung des Handwerks unter den Juden geführt.[347]

Auf dem platten Lande wurde die Rechtsstellung der Juden in der *Gemeindeverordnung vom 2. März 1841*[348] gesetzlich geregelt. Die Juden waren Bewohner der Bauerschaft und damit Bestandteil der Dorfgemeinde. Zu Vorstehern und Mitgliedern des Ausschusses der Dorfsgemeinde konnten jedoch nur solche Gemeindemitglieder erwählt werden, die mindestens 25 Jahre alt waren, sich zur christlichen Religion bekannten, ihr Vermögen selbst verwalteten und weder im Concurs noch unter Curatel standen.[349] Die Juden durften damit auch auf kommunaler Ebene keine Gemeindeämter übernehmen.

Die rechtliche Stellung der Juden in den Städten wurde gesetzlich erstmals in der *Städteordnung vom 16. Mai 1843* geregelt.[350] Die lippische Stadtgemeinde teilte sich danach zunächst in Bürger, Schutzverwandte und Gemeindeangehörige.[351] Die Schutzjuden gehörten zu der Gruppe der Schutzverwandten, zu unterscheiden von der Gruppe der Fremden.[352] Sie waren vermöge des landesherrlichen Geleits zur Niederlassung berechtigt. Der Erwerb bürgerlichen Grundeigentums blieb ihnen unbenommen. Die Juden als Schutzverwandte waren grundsätzlich wie die christlichen Gemeindeangehörigen zum Erwerb des Bürgerrechts berechtigt, wenn sie zwar kein Grundeigentum im Stadtbezirk besaßen, auch kein bürgerliches Gewerbe betrieben, aber doch ihren ordentlichen Wohnsitz dort hatten und zusätzlich ein gesichertes Auskommen hatten.[353] Allerdings haben es in der Praxis offenbar einige Städte wie Detmold willkürlich abgelehnt, den Juden ihr Bürgerrecht zu erteilen, und nur einzelne ausnahmsweise dazu zugelassen, was zu Spannungen führte.[354] – Das städtische Bürger-

---

347 Pohlmann, Die Verbreitung der Handwerke unter den Juden, S. 56.

348 *Verordnung, die Gemeinde-Verfassung betreffend, vom 2. März 1841*, LVO VIII, S. 541 ff.

349 § 13 Gemeindeordnung 1841.

350 *Städteordnung, vom 16. Mai 1843*, LVO IX, S. 57 ff.

351 § 6 Abs. 3 Städteordnung 1843.

352 § 6 Abs. 2 Städteordnung 1843; demgegenüber waren Fremde alle, welche zu irgend einem vorübergehenden Zwecke sich in dem Stadtbezirke aufhielten, ohne daselbst heimatberechtigt zu sein. Die Fremden gehörten nicht zu dem Heimatverband, waren jedoch während der Dauer ihres Aufenthalts der städtischen Gerichtsbarkeit und Polizei sowie den städtischen Abgaben unterworfen, § 8 Abs. 1 Städteordnung 1843.

353 § 32 Abs. 1 Satz 2 i.V. m. § 15 Städteordnung 1843.

354 Dies wird erwähnt in der Bittschrift der landjudenschaftlichen Deputierten, E. Rinteln in Detmold und M. Meyer in Schwalenberg, an den Landesherrn, die Lippischen Untertanen mosaischer Konfession von den sie drückenden Lasten zu befreien und dieselben dadurch ihren

recht stand allerdings in keinem Zusammenhang mit dem Staatsbürgerrecht, das den Juden nach wie vor verwehrt blieb.

Hinsichtlich der Abgabenverpflichtung setzte das Gesetz als Obergrenze die schon bestehenden Sonderbelastungen fest: die Schutzjuden hatten die hergebrachten Abgaben an die Stadt zu entrichten und konnten zu neuen Abgaben nur in dem Maße wie die übrigen Einwohner herangezogen werden.

Insgesamt enthielt die Städteordnung eine Annäherung der Rechtsstellung der jüdischen Einwohner an die der christlichen Einwohner. Sie differenzierte zwar nach wie vor zwischen den Bürgern und Schutzjuden, eröffnete jedoch den Schutzjuden städtischen Haus- und Grunderwerb sowie den Erwerb des städtischen Bürgerrechts.

k. Kredithandel

Die *Verordnung, die Darlehen der Juden an Christen betreffend, von 1820*[355] legte fest, dass die früheren Darlehensverordnungen auf Wechsel jeder Art, deren Ausstellung, Indossirung, Zession und Akzept keine Anwendung finden sollten, außer wenn die in dem Wechsel ausgedrückte oder daraus folgende Verbindlichkeit durch ein wahres verzinsliches Darlehn begründet und die Wechselform nur zur Umgehung des Gesetzes gebraucht wurde. Der Anwendungsbereich wurde hierdurch in einem ersten Schritt begrenzt. 1841 wurden die Sonderregelungen für Darlehen von Juden durch Christen schließlich vollständig beseitigt. In diesem Jahr wurden die besonderen Darlehensverordnungen, die *„in Betreff der jüdischen Unterthanen erlassenen speziellen Verordnungen"* aufgehoben.[356] Für die Darlehensvergabe zwischen Juden und Christen galten damit die gleichen Regelungen wie für die Darlehensvergabe ausschließlich zwischen Christen.

l. Hausierhandel

Der zu Beginn des 19. Jahrhunderts in gewissem Umfang zulässige Hausierhandel[357] stellte auf dem Lande die größte Erwerbsquelle der Juden dar.[358] In ih-

christlichen Mitbürgern im Rechte wie in den Pflichten gleichzustellen, 18.1.1847, StA Dt, L 77 A Nr. 5330 fo. 61-73, abgedruckt bei Pohlmann, a.a.O., Nr. 169, S. 175.

[355] *Verordnung, die Darlehen der Juden an Christen betreffend, von 4. Januar 1820*, LVO VI, S. 479.

[356] *Verordnung, die Darlehen und Cessionen von Juden an Christen betreffend, vom 16. März 1841,* LVO VIII, S. 562 f. Ebenfalls aufgehoben wurden die Verordnung vom 18. April 1769 wegen der von jüdischen Unterthanen zu verleihenden Gelder sowie die Verordnung vom 24. Oktober 1769 wegen desselben Gegenstandes.

[357] Vgl. hierzu oben B III 1 d).

rer Erziehungspolitik versuchte die Regierung verstärkt, den Hausierhandel soweit wie möglich zu unterbinden bzw. zu verändern. Die Ausübung wurde zunächst an das Vorhandensein eines wirksamen Erlaubnisscheines geknüpft.[359] Nach der *Verordnung, den Hausirhandel betreffend, vom 2. Mai 1837*[360] war den inländischen Schutzjuden das Hausieren nur noch mit Schnitt- und Kurzwaren gestattet. Der Handel mit landwirtschaftlichen Produkten, Eiern, Butter, Federvieh, Gemüse, Obst war hingegen uneingeschränkt zulässig und gegenüber den zugelassenen Waren wiederum dahin begünstigt, dass hierfür ein Hausier- oder Concessionsschein nicht erforderlich war.[361] Dies spiegelt wiederum den Versuch der Regierung wider, eine Affinität der Juden für den Ackerbau und landwirtschaftliche Produkte herzustellen.[362] Gewerbetreibende durften ihre eigenen Fabrikate sowohl auf dem Lande als auch in den Städten feilbieten, sofern es kein verdecktes Vagabundieren und Betteln darstellte.[363] Gleichzeitig diente die erleichterte Absatzmöglichkeit für selbst hergestellte Produkte der Stärkung des produzierenden Gewerbes. 1843 verbot die Regierung den Hausierhandel schließlich ganz.

m. Die Verordnung, die Handelsbefugnisse der Schutzjuden und die Erleichterung derselben in ihren Abgaben betreffend, von 1843

Durch die *Verordnung, die Handelsbefugnisse der Schutzjuden und die Erleichterung derselben in ihren Abgaben betreffend, von 1843*[364] wurde der jüdische Hausierhandel verboten und im Gegenzug die Handelsbeschränkungen der Juden teilweise abgebaut und die Abgabenlast der Juden etwas gemildert. Die Präambel der Verordnung macht deutlich, dass die lippische Regierung auch diese Regelung als nur vorläufig erachtete und langfristig eine umfassende Neu-

---

358 *Verordnung wegen des Hausirens der inländischen Schutzjuden, vom 30. Januar 1786*, LVO III, S. 145 f.; *Bekanntmachung, das Hausiren fremder Commercianten betreffend, vom 9. September 1817*, LVO VI, S. 383. Da Klage darüber geführt wurde, dass diese Verordnungen häufig übertreten würden, war die Regierung gezwungen, die pflichtmäßige Einhaltung sowie die Kontrolle der Verordnung anzumahnen, vgl. *Erneuerte Verordnung wegen des Hausirhandels*, LVO VII, S. 298.

359 Vgl. *Verordnung, den Hausirhandel betreffend, vom 4. März 1828*, LVO VII, S. 455 f.

360 *Verordnung, den Hausirhandel betreffend, vom 2. Mai 1837*, LVO VIII, S. 284 ff.

361 *Verordnung, den Hausirhandel betreffend, vom 2. Mai 1837*, a.a.O., Nr. 6.

362 Von der Freiheit, Grundstücke zu kaufen oder zu pachten blieben die lippischen Juden allerdings weit entfernt. Mehrere Autoren haben nachvollziehbar darauf hingewiesen, dass die Juden für den Ackerbau weniger geeignet seien, wegen des Ausfalls zweier Arbeitstage pro Woche und schon aufgrund der großen Bedeutung der Schweinezucht, was von den Reformern allerdings ignoriert wurde; Schwager in: Dohm, Über die bürgerliche Verbesserung der Juden, Bd. II, S. 100 ff.

363 *Verordnung, den Hausirhandel betreffend, vom 2. Mai 1837*, a.a.O., Nr. 7.

364 Verordnung, die Handelsbefugnisse der Schutzjuden und die Erleichterung derselben in ihren Abgaben betreffend, vom 14. März 1843, LVO IX, S. 35 ff.

regelung der bürgerlichen Verhältnisse der Juden anstrebte: „*[...] Zugleich haben wir es für billig erachtet, Unsere jüdischen Unterthanen einstweilen und bis ihre bürgerlichen Verhältnisse durch ein umfassendes Gesetz geordnet seyn werden, nicht nur in ihren besondern Abgaben zu erleichtern, sondern auch, um die in dieser Hinsicht bestehenden Ungewißheiten zu beseitigen, über ihre Handelsbefugnisse nähere Vorschriften zu erlassen.*“

Die Juden durften von nun an an ihrem Wohnsitz einen offenen Laden besitzen und darin Ellen-, Mode- und Kurzwaren verkaufen. Der Handel mit Kolonialwaren und mit flüssigen Waren stand ihnen insofern zu, wie sie denselben rechtlich hergebracht hatten. Der Handel mit landwirtschaftlichen Produkten und Fabrikaten, namentlich mit Getreide, Raps-, Rübsamen und Leinsamen, mit Vieh, Häuten, Wolle usw, war den Juden uneingeschränkt möglich. Von den jüdischen Abgaben wurden erlassen die Hälfte des jährlich eingezahlten Schutzgeldes in Höhe von 8 Rtl., die Sterbefallgelder, die für die Copulationsscheine bisher bezahlten Gebühren und die sog. Zungenabgabe.

Die Verordnung spiegelt erneut die erzieherische Motivation der lippischen Regierung wider. Durch das endgültige Verbot des „jüdischen Hausirhandels“ einerseits sowie den uneingeschränkten Handel mit landwirtschaftlichen Produkten andererseits wurde versucht, die schiefe jüdische Berufsstruktur zu verändern. Durch den zumindest teilweisen Abbau der jüdischen Sonderabgaben wurde die finanzielle Ungleichbehandlung etwas gemildert.

Das Verbot des Hausierhandels, bis dahin die einzige Erwerbsquelle der Juden auf dem platten Lande, bedeutete für diese allerdings eine erhebliche Einschränkung. Die Juden kritisierten mehrfach, dass die wenigen und unbedeutenden Rechte, die durch die Verordnung zugestanden worden wären, mit der Aufhebung des Hausierhandels zu teuer erkauft worden seien.[365] Diese Proteste blieben jedoch ohne Erfolg, weitere rechtliche Zugeständnisse wurden von der Regierung für die nächsten Jahre nicht bewilligt. Auch spätere Gesuche der Judenschaft auf Aufhebung noch bestehender Handelsbeschränkungen und vollständige Beseitigung der aus dem Geleitwesen resultierenden Belastungen blieben ohne Erfolg.[366]

---

[365] Vgl. *Bittschrift der landjudenschaftlichen Deputierten, E. Rinteln in Detmold und M. Meyer in Schwalenberg, an den Landesherrn, die Lippischen Untertanen mosaischer Konfession von den sie drückenden Lasten zu befreien und dieselben dadurch ihren christlichen Mitbürgern im Rechte wie in den Pflichten gleichzustellen*, 10.1.1847, StA Dt, L 77 A Nr. 5330 fol. 61-73, abgedruckt in Pohlmann, Quellensammlung, Nr. 169, S. 274 ff., 276.

[366] Vgl. Pohlmann, Quellensammlung, Nr. 164, 165.

Durch Verordnung vom 28. November 1868 wurden später die bezüglich des Handels mit Lumpen bestehenden Beschränkungen aufgehoben, die Befugnis zum Lumpensammeln jedoch an die Innehabung einer Konzession geknüpft.[367]

n. Schulwesen

Die Schulaufsicht unterlag dem Landrabbiner[368], den staatlichen Districts-Schulvorständen und als oberster Aufsichtsbehörde dem Konsistorium.[369] Ferner bedurfte die Ernennung des Rabbiners der Genehmigung des Konsistoriums. Die Lehrer wurden, soweit sie nicht direkt in einer Familie als Hauslehrer angestellt waren, von der jeweiligen jüdischen Gemeinde ausgesucht, angestellt und bezahlt.

Den Quellen zufolge hat sich das jüdische Schulwesen Ende des 18. Jahrhunderts in einem schlechten Zustand befunden. Gründe hierfür waren chronischer Lehrermangel, unzureichende Besoldung, völlige wirtschaftliche Abhängigkeit der angestellten Lehrpersonen von den Eltern bzw. der jeweiligen Gemeinde, schlechte Ausbildung der Lehrer mangels entsprechender Ausbildungsstätten sowie der unsichere Status der Ausbildungspersonen, was zu einer recht hohen Fluktuation führte.

In größeren Judengemeinden wurde durch die Gemeinde ein jüdischer Lehrer engagiert, dessen Kosten die Gemeinde trug.[370] Als Schullehrer fungierten meist die Vorsänger. Der Schwerpunkt des jüdischen Unterrichts lag auf der Vermittlung theologischer Kenntnisse. Der Großteil der Ausbildung lag im Studium der hebräischen Schrift, des Übersetzens der Bibel, Talmud, jüdischen Religionsgesetzen.[371] Diese wurde Sonntag bis Donnerstag fünf Stunden, Freitags drei Stunden unterrichtet. Ergänzend unterrichtet wurde Deutsch Schreiben, Lesen

---

[367] *Verordnung, die Aufhebung der hinsichtlich des Handelsverkehrs mit Lumpen bestehenden Beschränkungen betr., vom 18. November 1868*, LVO XV, S. 149 f.

[368] Verordnung vom 18. November 1845, LVO IX, S. 469.

[369] Anders als in anderen Territorien wurde in Lippe keine eigene Behörde mit Unterrichtsangelegenheiten betraut.

[370] Die Annahme jüdischer Lehrer sowie der Einzugsbereich der einzelnen Districtsschulen richtete sich ebenfalls nach der Verordnung vom 18. November 1845. – Jüdische Schulen gab es in Detmold, Horn, Oerlinghausen, Bad Salzuflen, Schoetmar, Lage Schlangen Lemgo, Brake, Cappel, Reelkirchen, Wöbbel, Schwalenberg, Blomberg, Barntrup, Alverdissen, Bösingfeld, Lüdenhausen, Talle, Hohenhausen, Langenholzhausen, Varenholz.

[371] Vgl. Ausführlicher Bericht über die gegebenen schulischen Verhältnisse und Erfordernisse für die schulische Ausbildung jüdischer Kinder, übersandt vom Vorsteher Salomon Joel Herford, 19.9.1806, StA Dt. L 77 A Nr. 5362 fol. 28-37; Pohlmann, a.a.O., Nr. 107, S. 170 ff.

und Rechnen. Die Kinder armer Juden blieben oftmals ohne schulische Ausbildung. Wohlhabende jüdische Familien hielten oftmals einen Hauslehrer.[372]

Nach einem Polizeibericht von 1792 besuchten in Lippe jüdische Kinder an verschiedenen Orten, wo es nur eine geringe Anzahl von Juden gab, die christlichen Schulen.[373] Dass Juden christliche Elementarschulen besuchten, war in dieser Zeit mit Ressentiments auf beiden Seiten behaftet[374]; es dürfte auch auf die geringe absolute Zahl jüdischer Kinder in Lippe zurückzuführen gewesen sein. Die Möglichkeit der Mitbenutzung der staatlichen Schuleinrichtungen war für die Bildungschancen der Kinder nicht unbedeutend. Die Judenschaft bemühte sich jedoch, möglichst selbständig eine umfassende schulische Versorgung für alle ihre Kinder sicherzustellen. Die Regelung des Schulwesens war für die Juden von zentraler Bedeutung, denn in der Schule als Stätte der Glaubensvermittlung konnten sie ihre ethische Grundlage weitergeben. 1799 wurde eine Unterrichts-Anstalt für die armen Kinder der Gemeinde eingerichtet;[375] auf dem Lande kam es aber immer wieder zu Versorgungsengpässen.[376]

Im Zuge der Annäherungsbemühungen der lippischen Regierung zu Beginn des 19. Jahrhunderts kam auch die schulische Ausbildung der jüdischen Kinder auf den Prüfstand, die als verbesserungswürdig erachtet wurde. Dies entsprang der Einsicht, dass eine wirkliche Änderung des sozialen Status' der Juden nur möglich war, wenn die jüdischen Schulen verbessert und dem Deutschtum nahegebracht wurden. Es folgten in den sich anschließenden Jahren Erörterungen zwischen der Regierung und der jüdischen Gemeinde über den richtigen Weg zur Bildung. Die Regierung gab 1806 entsprechende Gutachten in Auftrag, wie der Unterricht inhaltlich anders ausgestaltet werden könnte.[377] Sie befürwortete die christlich-jüdische Koedukation in christlichen Schulen[378], fürchtete dabei je-

[372] Guenter, a.a.O., S. 102.

[373] Guenter, a.a.O., S. 69 f., StA Dt L 77 A Fach 164 Nr. 4.

[374] Dohm, Über die bürgerliche Verbesserung der Juden, Bd. I, S. 121.

[375] StA Dt., L 80 III Nr. 1894, abgedruckt bei Pohlmann, Quellensammlung, Nr. 103, S. 167.

[376] Ausführlicher Bericht über die gegebenen schulischen Verhältnisse und Erfordernisse für die schulische Ausbildung jüdischer Kinder, übersandt vom Vorsteher Salomon Joel Herford 19.9.1806 – StA Dt, L 77A Nr. 5362 fol. 28-37, abgedruckt bei Pohlmann, a.a.O., Nr. 107, S. 170 ff.

[377] Auftrag der Regierung an das Konsistorium, ein Gutachten zu erstellen über die Frage, wie der allgemeine Unterricht für jüdische Kinder eingerichtet werden könne, 8.7.1806 – StA Dt, L 80 III Nr. 1894, abgedruckt bei Pohlmann, Quellensammlung, Nr. 104, S. 168. Aufforderung der Regierung an die Judenvorsteherschaft, einen Bericht über die gegebenen schulische Ausbildungssituation der jüdischen Kinder mit möglichen Verbesserungsvorschlägen zu erstellen, 22.7.1806 – Abschrift – StA Dt, L 77 A Nr. 5362 fol. 26, Pohlmann, Quellensammlung, Nr. 106, S. 169.

[378] Eine Koedukation in jüdischen Schulen wurde nicht angedacht.

doch jüdischen Widerstand. Auch die jüdische Seite unterstützte eine Verbesserung der Schulbildung der Kinder in den allgemeinen Fächern, wollte jedoch lieber eigene leistungsfähige Schulen zustande bringen. Einigkeit bestand, dass angesichts der großen Anzahl armer jüdischer Kinder, die ganz ohne Lehrer aufwuchsen, die Ausbildung reformiert werden musste. Das erhebliche Gewicht des Unterrichts auf Glaubensgut und der hebräischen Sprache wurde vom Konsistorium kritisch gesehen.

Nach den Vorstellungen des Konsistoriums sollte der Umfang des jüdischen Religionsunterrichts eingeschränkt werden.[379] Gleichzeitig sollten die jüdischen Kinder auch über das Verhältnis der Bürger gegen den Staat und die Würde der Pflichten gegen den Staat gelehrt werden.[380] Zur Verbesserung des Schulwesens und der Schulorganisation wurde ein Vizerabbiner berufen, wovon die Regierung sich wohl zumindest mittelbar eine Gewichtsverlagerung des Lehrplans hin zu den naturwissenschaftlichen Fächern erhoffte.[381]

Das Circulare von 1810 regelte schließlich die Bestimmungen über die Teilnahme jüdischer Kinder am Unterricht der öffentlichen Schulen.[382] Darin wurde für die Juden außerhalb Detmolds den jüdischen Kindern die Möglichkeit eröffnet, an dem öffentlichen Unterricht in der christlichen Schule teilzunehmen. Die jüdische Jugend sollte in Zukunft auf eine *„zweckmäßige Weise“* unterricht werden. Da das Konsistorium befürchtete, die Verpflichtung jüdischer Kinder zum Besuch christlicher Schulen könnte zu Widerstand führen, stellte es den

---

[379] Vgl. Ausführliches Gutachten des Konsistoriums über die für jüdische Kinder einzurichtenden Schulanstalten, 9.7.1808, StA Dt, L 77 A Nr. 5362 fol. 45-50; Entwurf: StA Dt, L 80 III Nr. 1894, abgedruckt bei Pohlmann, Quellensammlung, Nr. 112, S. 178 ff.; in dem Gutachten regt das Konsistorium den kompletten Wegfall des Lehrers für jüdische Theologie an, sowie eine Einschränkung des Hebräisch- und Talmudunterrichts, denn *„bei dem Hang der Juden zu theologischen Spitzfindigkeiten ist es nicht rathsam, ihnen zur Befriedigung desselben Gelegenheit zu verschaffen indem sie dadurch verleitet werden würden, das Nöthige und Nützliche zu versäumen“*.

[380] Vgl. Ausführliches Gutachten des Konsistoriums über die für jüdische Kinder einzurichtenden Schulanstalten, 9.7.1808-StA Dt, L 77 A Nr. 5362 fol. 45-50; Entwurf: StA Dt, L 80 III Nr. 1894, abgedruckt bei Pohlmann, Quellensammlung, Nr. 112, S. 178 ff.

[381] *„Kinder die täglich fünf Stunden mit einer alten Sprache und dunkeln Religionsvorstellungen sind geplagt worden, haben keine Empfänglichkeit für einen zweckmäßigen Unterricht, zu dem nur gewisse Anstrengung des Geistes gehört. Schwerlich wird ein vernünftiger Rabbiner glauben, daß alle Kinder jüdischer Nation zu Theologen gebildet werden müßten [...]“*; Stellungnahme des Konsistoriums zu den Vorschlägen der Judenschaft, v. 1.10.1806; StA Dt, L 77 A Nr. 5362 fol. 5; abgedr. bei Pohlmann, Quellensammlung, Nr. 108, S. 172.

[382] StA Dt, L 77 A Nr. 5362 fol. 252-253; Circulare an sämtliche Prediger des Landes; Bestimmungen über die Teilnahme jüdischer Kinder am Unterricht der öffentlichen Schulen, 27.4.1810, Pohlmann, Quellensammlung, Nr. 118, S. 194 f.

jüdischen Kindern die Teilnahme an dem dortigen Schulunterricht ausdrücklich frei. Diese mussten hierfür das normale Schulgeld entrichten und sollten unter den gleichen Bedingungen beurteilt werden wie die christlichen Kinder. Jüdische Kinder sollten in das christliche Schulleben integriert werden, z.B. nach den gleichen Kriterien Leistungsbeurteilungen erhalten oder an den Schulfeierlichkeiten teilnehmen. Alternativ konnten die Juden ihre Kinder durch Privatlehrer unterrichten lassen.

Nahmen jüdischer Kinder am öffentlichen Unterricht teil, sollte darauf Rücksicht genommen werden: *„Bei dem öffentlichen Unterricht hat jeder Schullehrer es zu vermeiden, daß er den jüdischen Kindern nicht anstößig werde, und er hat daher, wenn die positiven Unterscheidungslehren der christlichen Religion zur Sprache kommen, den jüdischen Kindern entweder eine andere Beschäftigung anzuweisen oder diese zu entlassen.“*[383] Sticheleien „ungesitteter Christenkinder“ sollten die Lehrkräfte unterbinden.

Zeitgleich wurde auf jüdischer Seite versucht, das Schulsystem zu verbessern und die jüdischen Schulen zu reformieren. 1808 wurde in Detmold eine jüdische Schule gegründet, an der die jüdischen Kinder neben jüdischer Religion, hebräischer Schrift, Hebräisch Lesen und Buchstabenschreiben auch in deutscher Sprache und anderen Fächern wie Deutsch, Rechnen, Natur- und Weltgeschichte sowie Französisch unterrichtet wurden.[384] Eine testamentarische Schenkung Salomon Joel Herfords machte es möglich, eine zeitgemäße Einrichtung und Erweiterung der jüdischen Schule in Detmold zu sichern.[385] Nach dem Testament Herfords sollte der erste Lehrer die hebräische Sprache unterrichten. Der zweite Lehrer sollte „in der deutschen und etwa andern Sprachen und Wissenschaften, wie auch im Schreiben und Rechnen unterrichten“. Die jüdischen Bemühungen um die Einrichtung überörtlicher Distriktschulen scheiterte jedoch u.a. am Widerstand der Regierung, den Juden hier eigene Kompetenzen einzuräumen, jedoch auch an Ressentiments einzelner jüdischer Gemeinden, die hierdurch um ihre Autonomie fürchteten.[386]

---

[383] Circulare an sämtliche Prediger des Landes; Bestimmungen über die Teilnahme jüdischer Kinder am Unterricht der öffentlichen Schulen, 27.4.1810, StA Dt, L 77A Nr. 5362 fol. 252-253; Pohlmann, Quellensammlung, Nr. 118, S. 194 f.

[384] Arndt, Das Fürstentum Lippe im Zeitalter der Französischen Revolution 1770-1820, S. 407.

[385] StA Dt, L 79 III Fach 151 Nr. 1 fol. 34-44; § 16; Testament Salomon Joel Herfords, durch das eine eigene Schule in Detmold begründet wird; abgedruckt bei Pohlmann, Quellensammlung, Nr. 115, S. 183 ff.

[386] Pohlmann, Quellensammlung, S. 167.

Insgesamt zeigt das Circulare von 1810 das Bemühen der Regierung, in Kooperation mit den Juden bestimmte Reformen durchzuführen. Vermutlich auch aus Rücksicht auf die Juden wurden die Bestimmungen in einem Rundschreiben, nicht in einer Verordnung verkündet. Die Bedeutung der Schule für die Wahrung des jüdischen Glaubens wurde somit von der Regierung respektiert. Den jüdischen Kindern wurden insgesamt keine Steine in den Weg gelegt, den Glauben ihrer Eltern zu folgen.

Allerdings sorgte die Regierung nicht dafür, dass die jüdischen Schulen ebensogut wie die besten christlichen Schulen eingerichtet wurden. Die Juden mussten hierfür ihre eigenen Mittel aufwenden. Anders als in Westfalen existierte kein Gesetz, das den jüdischen Schulen den Status einer öffentlichen Schule garantierte und eine staatliche Förderung gewährleistete. Die Ständeversammlung entschied zwar 1847, dass in einem Notfall i.S.d. § 20 Heimatgesetzes auch Juden einen Anspruch auf Unterstützung aus der Kommunalkasse hätten.[387] Ob ein solcher Notfall bestand, musste jedoch jeweils im Einzelfall entschieden werden. Nach Ansicht der Regierung konnte eine Beisteuer aus den Gemeindekassen nach § 20 des Heimatgesetzes nur subsidiär, im Notfall, nach Ausschöpfung aller eigenen Mittel, beansprucht werden.[388]

In der Praxis haben die jüdischen Schulen, die jeweils durch die einzelnen Gemeinden organisiert wurden, mit Ausnahme der Detmolder Instituts-Schule, offenbar nur unzureichend funktioniert. 1846 wird berichtet, dass kaum an einen regelmäßigen Unterricht überall zu denken sei, in den meisten Schulen kein Schulplan, ja nicht einmal ein besonderer Raum für den Unterricht vorhanden sei.[389] Erst seit 1846 existierte ein Lehrplan und wurde nach vergleichbaren Lehrbüchern unterrichtet. Der Schwerpunktcharakter als Religionsschulen blieb jedoch bestehen.[390]

---

[387] *Extract aus dem Landtags-Abschiede vom 17. April 1847,* 17.4.1847, StA Dt, L 77 A Nr. 5330 fol. 88; abgedruckt in: Verhandlungen des Landtages des Fürstenthums Lippe von 1847, S. 199, Pohlmann, Quellensammlung, Nr. 200, S. 348.

[388] Zitiert aus der *Bitte des Vorstehers der jüdischen Gemeinde Horn A. Aschoff an die Ständeversammlung um Beschluß, daß auch in den Städten verarmte, kranke Juden aus den Armenmitteln der Kommune zu unterstützen seien,* 5.2.1847, StA Dt, L 77A Nr. 5330 fol. 80-85, Pohlmann, Quellensammlung, Nr. 199, S. 347 f., 347.

[389] *Berichterstattung Dr. Fahrenbachs über die bürgerlichen und religiösen Verhältnisse der Juden in Lippe*, 24.3.1854, StA Dt, L 75 IV Fach 5 Nr. 2, Pohlmann, Quellensammlung, Nr. 214, S. 374 ff., 375.

[390] Fahrenbach in: *Berichterstattung Dr. Fahrenbachs über die bürgerlichen und religiösen Verhältnisse der Juden in Lippe*, 24.3.1854, StA Dt, L 75 IV Fach 5 Nr. 2, Pohlmann, Quellensammlung, Nr. 214, S. 374 ff., 376.

1851 sah sich das Konsistorium genötigt darauf hinzuweisen, dass die Schulpflicht sich auch auf die jüdischen Kinder bezog und der Unterricht dieser in gleicher Weise zu kontrollieren und zu überwachen sei.[391] Jüdische Kinder, für deren Unterricht nicht anderweitig gesorgt war, wurden verpflichtet, die Bezirksschule zu besuchen.[392] Die Schulvorstände wurden aufgefordert anzugeben, ob in ihrem Bezirk schulpflichtige jüdische Kinder vorhanden seien und ob und wie für den Unterricht derselben in genügender Weise gesorgt sei.[393] Durch das Erfordernis eines Befähigungsnachweises für jüdische Lehrer[394] sicherte die Regierung ein bestimmtes Niveau des Schulunterrichts. Auch musste der Rabbiner in jedem Jahr die Schulen nach vorheriger Anmeldung bei den Vorstehern inspizieren und einen Bericht an die Regierung abfassen. Über den Schulbesuch mussten auch jüdische Lehrer sog. Fleißlisten führen.[395] Hauslehrer sollten dem Schulvorstande gemeldet werden, damit ihre Qualifikation überprüft werden konnte.[396]

Die Reform des Schulwesens war für die Emanzipation und Assimilation der jüdischen Bürger von entscheidender Bedeutung und war Voraussetzung für den sozialen Aufstieg. Die christlichen Schulen in Lippe haben für die Juden jedoch offenbar nur geringe Attraktivität ausgeübt. Dies mag auch daran gelegen haben, dass weltanschaulich neutrale Schulbücher nicht existierten. Jüdische Familien mögen die Befürchtung gehabt haben, indem sie ihre Kinder in christliche Schulen schickten, Vorschub für eine Abkehr ihrer Kinder vom Glauben ihrer Väter zu leisten.[397] Die grundsätzliche Schultrennung wurde auch nach der rechtlichen Gleichstellung beibehalten. Erst mit der Säkularisierung

---

[391] *Circulare an die Bezirks-Schulvorstände im Lande, die Schulpflichtigkeit der Kinder jüdischer Familien betreffend, vom 10. März 1851*, LVO X, S. 446 f. – Nach dem Volksschulgesetz von 1849 waren jüdische Kinder schulpflichtig vom 7. Lebensjahr bis zum 14. Lebensjahr, Gesetz über das Volksschulwesen, vom 11. Dezember 1849, LVO X, S. 261 ff., §§ 58 I, 59 § 77 Satz 1.

[392] *Circulare an die Bezirks-Schulvorstände im Lande, die Schulpflichtigkeit der Kinder jüdischer Familien betreffend, vom 10. März 1851*, LVO X, S. 446 f.

[393] *Circulare an die Bezirks-Schulvorstände im Lande, die Schulpflichtigkeit der Kinder jüdischer Familien betreffend*, vom 10. März 1851, LVO X, S. 446 f.

[394] Vor Dienstantritt musste sich der Lehrer bei der Polizei melden und einen Prüfungsschein des Vizerabbiners sowie einen Heimatschein vorlegen, StA Dt, L 79 III Fach 15, Nr. 1, vol. I.

[395] *Gesetz über das Volksschulwesen, vom 11. Dezember 1849*, LVO X, S. 261 ff., § 66.

[396] *Circulare an die Bezirks-Schulvorstände im Lande, die Schulpflichtigkeit der Kinder jüdischer Familien betreffend, vom 10. März 1851,* LVO X, S. 446 f.

[397] Die Bedenken der Judenschaft waren vermutlich nicht ganz unberechtigt: Insgesamt zielte die aufklärerische Judenpolitik der Fürstin Pauline auf eine Assimilation. Sie wollte das Erwachen eines staatlich geförderten jüdischen Religionsschulwesens von vornherein verhindern, und die Einbindung der Kinder in die jüdische Religionslehre nicht zu stark werden lassen; Arndt, Das Fürstentum Lippe im Zeitalter der Französischen Revolution 1770-1820, S. 408.

der Glaubensinhalte auch in jüdischen Schulen sind auch christliche Schulen für Juden attraktiv geworden.

o. Judeneid

Für die Eidesabnahme bestanden für Juden und Christen unterschiedliche Vorschriften. Hintergrund war die christliche Bewertung, dass *„unter den Juden die Lehre von der Nichtverbindlichkeit eines Eydes vor christlichen Richtern oder überhaupt einem Christen abgelegt, wenn auch nicht allgemein, so doch sehr herrschend sey.“*[398]

Dieser Vorwurf wurde propagiert in dem fundiertesten, wg. seiner detaillierten Ausführungen wirkungsvollsten und damit wohl gefährlichsten antijüdischen Buch der Neuzeit, Eisenmengers „Entdecktes Judentum“.[399] Im Laufe des 17./18. Jahrhunderts widerlegten diverse Autoren in wissenschaftlichen Ausarbeitungen darin aufgeführte Anschuldigungen.[400] Die staatliche Entscheidung für den Judeneid, um die religiöse Verbindlichkeit zu sichern, blieb gleichwohl den alten Vorurteilen entsprechend in Lippe (wie auch in anderen deutschen Staaten) unverändert.[401]

---

[398] Zitiert nach v. Dohm, Über die bürgerliche Verbesserung der Juden, Bd. II, S. 300. Z.B. galt der Eid eines Juden als nicht vertrauenswürdig wegen der angeblich totalen Absolution, die durch das Kol-Niddre-Gebet am Versöhnungstag garantiert wurde, Schmidt-Phiseldeck, Über das Verhältnis der jüdischen Nation zu dem christlichen Bürgerverein und dessen künftige Umgestaltung, Zwey Abhandlungen, S. 45. Dagegen wurde darauf hingewiesen, dass die erlassende Kraft des Versöhnungstages nicht stereotyp gelte, sondern wer in Hoffnung einer künftigen Vergebung sündige, eben dadurch ihrer verlustig werde, Dohm, a.a.O., Bd. II, S. 330.

[399] Entdecktes Judenthum, gedruckt im Jahr 1700, a.a.O., Th. II, Cap. 9, S. 489-515. Das Werk des Proselyten Eisenmenger war unter den Juden gefürchtet wegen der nur schwer bekämpfbaren Halbwahrheiten, Mißdeutungen und Zerrbildern, die sich mit jüdischen Quellen mischten. Das Buch war seinerzeit sehr verbreitet, und es heißt, auch Clemens v. Brentano habe ein Exemplar davon besessen. – Michaelis behauptete im Nachgang, man könne bei Anwendung der Eisenmengerschen Methoden bei christlichen Quellen ebensogut ein Buch „Entdecktes Christentum“ schreiben, Ritter Michaelis in Dohm, Über die bürgerliche Verbesserung der Juden Bd. II, S. 38 f.

[400] Stryck, in Dissert. De Interr. Inept. § 48, Wolfart, Tract. Jurid. De Juramensis Judaeorum, Frft. & Lips, 1748; Heisler, Beantwortung der Frage, ob die Zulassung eines Judeneydes wider einen Christen bedenklich sey ?, Halle 1778, zitiert nach Dohm, Über die bürgerliche Verbesserung der Juden, Bd. I, S. 302 Rn. 1)-3). – Von diversen christlichen und jüdischen Autoren wurden Eisenmengers Thesen hart attackiert, dass diese nur ungereimte unmoralische Behauptungen eines Proselyten enthielten, die nie von der jüdischen Nation anerkannt worden seien, vgl. Dohm, a.a.O., Bd. I, S. 18.

[401] Die Beibehaltung eines besonderen Judeneides um die religiöse Verbindlichkeit zu sichern, dürfte einer im Volk weit verbreiteten Ansicht entsprochen haben, die nicht differenzierte zwischen Einzelfallvergehen einzelner Juden und kollektiver Bestrafung einer ganzen Nation

Der Judeneid selbst wurde von verschiedenen Emanzipationsbefürwortern als „häßlichste Sache der Welt“ angesehen[402] und von vielen Juden als erniedrigend empfunden. Für sie machte er deutlich sichtbar, dass die Christen bei den Juden erhebliche Zweifel hatten, ob diese das, von dem sie wußten, dass es nach christlicher Ansicht als Eid anzusehen war, ebenfalls als Eid ansehen würden oder nicht. Die Juden waren verpflichtet, den Judeneid zu schwören.[403]

Es hat in Lippe verschiedene Formen des Judeneids gegeben. Im Jahre 1800 wurde ein Judeneid nach Preußischem Vorbild eingeführt, da die bisher gebrauchte Formel als nicht mehr zeitgemäß erachtet wurde.[404] Die Parteieide wurden danach in der Synagoge oder Schule abgeleistet. Der Eid war als Nacheid zu leisten in Anwesenheit des Rabbiners und einer christlichen Gerichtsperson. Zu jeder Eidesleistung musste der Schwörende zwei Zeugen beibringen. Er musste sich zur Eidesleistung durch Abwaschung der Hände und durch Anlegung des Gebetmantels und der Gebetschnur vorbereiten, um eine stärkere Bindung an den Eid zu gewährleisten. Parteien mussten im Arm die Thora, Zeugen die Tephillim halten.

Vor der Ableistung des Eides musste der Rabbiner oder der Parteivertreter darüber belehren, dass auch ein von der christlichen Obrigkeit geforderter Eid als rechtmäßiger Eid anzusehen sei. Danach sollte zunächst noch einmal ein gemeinsamer Sühneversuch von Richter und Rabbiner stattfinden. Scheiterte dieser Versuch, so mussten sich nach entsprechendem Zuruf die Zeugen und alle übrigen Juden bis auf den Rabbiner oder Assessor entfernen. Hierauf wurde der Schwurpflichtige ermahnt, den Eid nach dem Empfängerhorizont von Rabbiner und Richter abzulegen. Der jüdischen Gegenpartei sollte die Strafe des Bannes angedroht werden, wenn sie ohne Grund auf der Eidesleistung bestand.

Der Eid wurde mit religiöser Beteuerung geleistet in der Weise, dass dem Schwörenden die Formel des Eides in die Hand gegeben wurde und dieser sprach: "Ich schwöre bey Adonai, dem Gott Israels."[405] Er musste eine Bekräftigung dahinge-

---

deswegen. Dieser Gedanke zeigt sich auch bei v. Dohm: *„Nicht davon nämlich ist die Frage, daß es unter den Juden viele unmoralische Menschen gebe, die sehr leichtsinnig über den Eyd denken, und die wirklich sich des Meyneydes schuldig machen.“*, a.a.O., Bd. II, S. 306.

[402] Ritter Michaelis in: Dohm, a.a.O., Bd. II, S. 50.

[403] Rülf, Die Geschichte der Juden in Lippe, S. 16

[404] *Verordnung, die Abnahme von Judeneiden betreffend, vom 4. März 1800*, LVO IV, S. 214 ff.

[405] War der Schwörende der deutschen Sprache nicht kundig, wurde die Eidesformel durch einen vereidigten Dolmetscher übersetzt. Konnte er nicht lesen, sprach der Rabbiner oder Assessor die Eidesformel vor und der Schwurpflichtige sprach die Worte nach.

hend hinzufügen, dass, wenn er falsch schwöre, ihn alle in der Admonition zuvor angedrohten Strafen treffen sollten.[406]

An den Sabbaten, jüdischen Bußtagen und Festtagen wie Jom Kippur oder Rosh Hashanah sollte außer in Fällen dringender Notwendigkeit kein Eid geleistet werden müssen, was das Bemühen dokumentiert, die religionsrechtlichen Vorgaben für jüdische Prozessbeteiligte möglichst zu berücksichtigen. Der Zeugeneid konnte auch an einer gewöhnlichen Gerichtsstätte abgenommen werden. Die für den Parteieid vorgeschriebenen Sühneversuch, Zuruf oder die wiederholte Admonition war entbehrlich. Vor der Vereidigung wurde der jüdischen Gegenpartei mit Ausnahme bestimmter Fälle nicht die Strafe des Bannes angedroht, falls sie ohne Grund auf der Eidesleistung bestehen würde. Bei innerjüdischen Streitigkeiten mussten jüdische Zeugen keinen Eid leisten, sondern es wurden ihnen nur die zehn Gebote und die mosaische Wahrheitspflicht von dem Rabbiner oder Gelehrten zu Gemüte geführt. Hatten allerdings Christen bei einer Rechtssache ein Interesse, mussten die jüdischen Zeugen den förmlichen Zeugeneid ablegen. Dies manifestiert eine – demütigende – staatliche Befürchtung, dass die Juden sich gegenüber Christen weniger an die Wahrheit gebunden fühlen würden als gegenüber ihren Glaubensgenossen, so dass gegenüber den Christen die Ablegung des förmlichen Zeugeneids vorzuschreiben war.

Die für den lippischen Eid vorgeschriebenen Formalien (bzgl. Worte, Kleidung und dem sonstigen Verhalten) weisen keine demütigenden oder entehrenden Elemente auf.[407] Dass der Schwörende im Arm eine Thora bzw. die Tephillim halten sollte, lässt sich wohl darauf zurückführen, dass der Eid in Deutschland in alter Tradition ein körperlicher war und die Christen ihn auf dem Evangelium oder auf Reliquien ableisteten.[408] Eine bedingte Selbstverwünschung lässt nicht zwingend auf einen diskriminierenden Charakter schließen, da der Eid im Mittelalter auch nach christlichem Verständnis eine bedingte Selbstverfluchung gewesen ist.[409] Eine Vereidigung erfolgte – bei Christen und Juden gleichermassen – nicht, wenn die Sache nur geringe Bedeutung hatte oder wenn die Parteien auf einen Eid verzichtet hatten.

---

[406] Auszug aus der allgemeinen Gerichts-Ordnung für die Preußischen Staaten, Theil I. Tit. 10 § 317 bis 350 einschließlich, 15) Eide der Juden, § 336.

[407] Eine vollkommen unsinnige Häufung von Worten und Formeln oder entwürdigende Form wie in den Jahrhunderten zuvor fehlte; vgl. hierzu Stobbe, a.a.O., S. 159; z.B. musste nach dem Sachsenspiegel der Eid auf einer Schweinshaut stehend oder kniend abgeleistet werden, vgl. Germania Judaica, III/3, S. 2194.

[408] Stobbe, a.a.O., S. 155.

[409] Germania Judaica, Bd. III/3, S. 2194.

Die Zeremonie des Eides wurde durch das *Gesetz über die Eidesleistungen, vom 5. März 1850* säkularisiert.[410] Die vor Gericht zu leistenden Eide sollten stets von einem Richter, oder hilfsweise von einem angestellten Amtsschreiber, nicht aber von Hilfsarbeitern abgenommen werden. Haupt- oder Schiedseide sollten in der Regel vor versammeltem Collegium abgenommen werden, sofern das Gericht collegialisch besetzt war.[411] Dieses Gesetz wurde jedoch 1854 wieder aufgehoben.[412] Der Judeneid wurde fortan geregelt durch die *Landesherrliche Verordnung, die Eidesleistungen der Juden betreffend, vom 2. November 1854*[413]. Die weltliche Natur des Eides wurde darin betont. Die Eidesleistung der Juden sollte danach außer in dringenden Notfällen nur noch im Gerichtssaal erfolgen, wo, außer den Parteien, die Assistenz anderer Juden nicht notwendig war. Eine außergerichtliche Belehrung über die Natur des Eides, durch den Landrabbiner oder einen geprüften Lehrer, sollte nach dem Ermessen des Richters in wichtigen Fällen dem Eid vorangehen. Der jüdische Schwörende sollte mit bedecktem Haupt, die rechte Hand gestützt auf den 7. Vers im 20. Cap. des 2. Buches Moses in einer hebräischen Bibel, den Eid aussprechen.[414] An jüdischen Festtagen sollte keine Eidesleistung verlangt werden.[415] Die Anlegung von Gebetsmantel oder Gebetsschnur war nicht mehr erforderlich. Bei einer bloßen Versicherung an Eides Statt sollte in Zukunft weder bei Gerichten noch bei anderen Behörden ein Unterschied zwischen Christen und Juden gemacht werden.[416] Der Judeneid wurde auch noch nach dem Emanzipationsgesetz von 1858 verwendet.[417]

---

[410] *Gesetz über die Eidesleistungen, vom 5. März 1850*, LVO X, S. 379 f.

[411] *Gesetz über die Eidesleistungen, vom 5. März 1850*, a.a.O., § 5.

[412] vgl. *Fürstliche Verordnung, wegen Aufhebung der im Jahre 1849 und 1850 erlassenen, die Vornahme von Hausvisitationen, die Familien-Fideicommisse, den § 2 der Verordnung wegen der Gütergemeinschaft, Verhaftungen und Haussuchungen, und die Eidesleistungen betreffenden Gesetze, vom 12. Mai 1854*, LVO XI, S. 202 f.

[413] *Landesherrliche Verordnung, die Eidesleistungen der Juden betreffend, vom 2. November 1854*, LVO XI, S. 246 ff.

[414] *Landesherrliche Verordnung, die Eidesleistungen der Juden betreffend, vom 2. November 1854*, a.a.O., §§ 1-3.

[415] Die Eidesformel lautete bei dem Entscheidungseide: „Ich schwöre vor Gott, dem Allmächtigen, der Himmel und Erde und mich erschaffen, dessen Fluch über den Meineidigen kommt, nach der Meinung und dem Sinne des Richters ohne Arglist und Vorbehalt, daß ich N.N. so wahr mir Gott Adonai Elohim helfe, Amen." Bei einem Zeugeneide: „Ich schwöre vor Gott dem Allmächtigen, der Himmel, Erde und mich erschaffen, daß ich N.N. ohne Vorbehalt von ganzem Herzen in der Sache ----- die Wahrheit sagen will, so wahr mir Gott Adonai Elohim helfe, Amen.", Landesherrliche Verordnung, § 5.

[416] *Landesherrliche Verordnung, die Eidesleistungen der Juden betreffend, vom 2. November 1854*, a.a.O., § 8.

[417] Vgl. *L 83 B A 240 (1870) (Dr. Heldmann ./. G. Arensberg).* In Preußen wurde der Judeneid 1869 aufgehoben. Bzgl. Eidesnorm oder der Förmlichkeiten bei der Abnahme des Eides wurde zwischen den Religionen kein Unterschied mehr gemacht. Die Behörde konnte jedoch nach ihrem Ermessen einen Rabbiner oder jüdischen Gelehrten zuziehen. Vgl. zu Preußen Gesetz vom

p. Die Paulskirchenverfassung von 1848

Für eine kurze Zeit in den Genuss der vollen Bürgerrechte kamen die Juden in Lippe durch den von der Frankfurter Nationalversammlung am 27. Dezember 1848 publizierten Katalog der „Grundrechte des Deutschen Volkes“ während der Revolution 1848/1849.[418] Die Paulskirchenverfassung und damit auch Art. 16 des Grundrechtskatalogs, der die Gleichstellung der Juden mit den Christen proklamierte, galt in Lippe von 1849 bis 1851.

Die Regierung zögerte allerdings zunächst, auch die Schutzgelder aufzuheben und argumentierte, diese träten an die Stelle der Gewerbesteuer. Erst nach Protest der Judenschaft wurden auch die Schutzgelder aufgehoben.[419] Stattdessen wurde verordnet, dass die bisherigen Schutzjuden von dem Handel oder dem sonst von ihnen betriebenen Gewerbe künftig dieselben Abgaben wie die Christen zu entrichten hätten.[420]

Während der Geltung der deutschen Grundrechte waren die jüdischen Landesuntertanen den christlichen in ihren bürgerlichen und staatsbürgerlichen Rech-

---

15. März 1869, betreffend die Eide der Juden, abgedruckt bei: Ritter Michaelis, in Dohm: Über die bürgerliche Verbesserung der Juden, Bd. II, S. 150.

[418] Vgl. Bekanntmachung, die Grundrechte des deutschen Volkes betreffend, 10.1.1849, LVO X, S. 127 ff. Mit der Paulskirchenverfassung von 1848 wurde für eine kurze Zeit die rechtliche Gleichstellung der Juden hergestellt. Der Grundrechtskatalog der Paulskirchenverfassung beseitigte jede Differenzierung aufgrund der Konfession: *„§ 16 Durch das religiöse Bekenntnis wird der Genuß der bürgerlichen und staatsbürgerlichen Rechte weder bedingt noch beschränkt. Den staatsbürgerlichen Pflichten darf dasselbe keinen Abruch tun.“* Die lippische Regierung erließ zu § 16 folgende Kommentierung: *(Zu § 16) „Es treten darnach außer Kraft alle hinsichtlich der bürgerlichen und staatsbürgerlichen Rechte der Juden im Vergleiche zu den christlichen Konfessionen in der hiesigen Landesgesetzgebung sich noch vorfindenden Beschränkungen, insbesondere der § 13 der Verordnung vom 2. März 1841, die Ausschließung derselben bei der Wahl der Gemeinde-Vorsteher betreffend, und die Beschränkung bei Erwerbung des Bürgerrechts in den Städten nach § 35 der Städte-Ordnung vom 16. Mai 1843. […]“*. Vgl. dazu auch L 84 II L 95 (1850) Lieblich ./. Feger.

[419] Protest der landjudenschaftlichen Ausschuß-Deputierten, E.J. Rinteln in Detmold und M. Meyer in Schwalenberg namens sämtlicher Deputierten, gegen die Interpretation der Grundrechte, 16.2.1849, StA Dt. L 77A Nr. 5330 fol. 129-135; Pohlmann, Quellensammlung, Nr. 174., S. 285 ff. Bekanntmachung der Regierung, daß das Schutzgeld gänzlich aufgehoben sei 6.3.1849, Fürstlich Lippisches Regierungs- und Anzeigeblatt, Jg. 1849, Nr. 10, 10. März 1849, Pohlmann, a.a.O., Nr. 175, S. 287.

[420] Bekanntmachung Fürstlicher Regierung vom 6.3.1849, Hinweis in der Ausführlichen Erklärung der Juden zu den auf dem Landtag getroffenen Vereinbarungen; Ablehnung von Entschädigungszahlungen, 27.12.1857, StA Dt, L 77 A Nr. 5331 fol. 226-250, Pohlmann, Quellensammlung, Nr. 181, S. 298 ff., 304.

ten völlig gleichgestellt. Nach dem Scheitern der Revolution wurde 1851 die Aufhebung der Grundrechte bekannt gemacht.[421]

Nach Bekanntgabe des Aufhebungsbeschlusses wurde es jedoch offenbar als nicht angemessen erachtet, eine bereits erreichte politische Emanzipation vollständig wieder rückgängig zu machen. Die durch die Publikation der Fürstlichen Regierung vom 6. März 1849 verfügte Aufhebung des Schutzgeldes wurde nicht wieder aufgehoben. Zwar war diese Publikation *„in Gemäßheit der deutschen Grundrechte"* erfolgt, die ja wiederum außer Kraft getreten waren, eine gesetzliche Rücknahme erfolgte jedoch nicht und die Regierung verzichtete fortan auf die Schutzgelder. Hinsichtlich der Aufhebung des jüdischen Geleitwesens und der damit verknüpften besonderen Abgaben blieb es so auch nach 1851 zu einem großen Teil bei dem in der Revolution erreichten Zustand.[422]

Insgesamt bewirkte die Paulskirchenverfassung trotz ihres Scheiterns für die lippischen Juden während und nach ihrem Ende langfristig positive Veränderungen. Lippe erweiterte in der Zeit zwischen 1849 und 1869 sukzessive die Rechte der Juden. Dies entsprach einer Entwicklung im gesamten Reich. In der Zeit zwischen der gescheiterten Revolution von 1848 und der Reichsgründung von 1871 rückte die Judenfrage zwar in den Hintergrund.[423] Durch die Revolution von 1848/49 waren jedoch langfristig die Grundlagen der reaktionären Autorität in Frage gestellt, die Obrigkeit wurde unter den Zugzwang gesetzt, Reformen zu initiieren und den Bürgern und damit auch den Juden bestimmte bürgerliche Freiheiten zu gewähren.[424]

---

421 Bekanntmachung des Bundes-Beschlusses vom 23. August 1851, die Aufhebung der Grundrechte betreffend, 17.10.1851, LVO X, S. 551 f.

422 Dass es auch nach der Aufhebung der Grundrechte dauerhaft bei der Aufhebung des jüdischen Geleitwesens und der damit verknüpften besonderen Abgaben verblieb, ergibt sich aus den *Verhandlungen des außerordentlichen Landtages 1857; Landesherrliche Propositionen: 1. Gesetzentwurf für eine Regelung der bürgerlichen und staatsbürgerlichen Verhältnisse der Juden mit ausführlicher Begründung, 2. Entschädigungsregelung nach Aufhebung der besonderen Abgaben der Juden 1857,* Verhandlungen des außerordentlichen Landtages des Fürstenthums Lippe vom Jahre 1857, S. 93 ff.; auch in der *Berichterstattung Dr. Fahrenbachs über die bürgerlichen und religiösen Verhältnisse der Juden in Lippe*, 24.3.1854, StA Dt, L 75 IV Fach 5 Nr. 2, Pohlmann, a.a.O., Nr. 214, S. 374 ff. dass das zuletzt 1844 auf 4 Rtl. reduzierte Schutzgeld und Generalgeleit nicht mehr gefordert werde. Fahrenbach berichtet allerdings, dass die Juden in dem seit Aufhebung der Grundrechte 1851 fallenden Zeitraum bis zu Berichtszeitraum (1854) nach wie vor *„hin und wieder"* zu den Stol- oder ähnlichen Gebühren für andere Kirchen oder zu Heiratsgebühren herangezogen würden.

423 Katz, Vom Vorurteil zur Vernichtung, S. 206.

424 Katz, a.a.O., S. 12.

q. Das Emanzipationsgesetz von 1858

Eine deutliche Verbesserung ihrer Rechtsstellung erfuhren die Juden durch das *Gesetz, die Feststellung der bürgerlichen und staatsbürgerlichen Verhältnisse, der gottesdienstlichen Einrichtungen und des Schulwesens der Juden betreffend, v. 30.6.1858*[425]. Dieses Gesetz stellte in diversen Bereichen die Juden mit den christlichen Staatsbürgern gleich und ermöglichte den Erwerb des Bürgerrechts.

Das frühere Schutzverhältnis und die daraus entspringenden Abgaben wurden durch das Gesetz endlich offiziell aufgehoben. Mit der Abschaffung der Geleitbriefe erhielten die Juden die volle Gewerbefreiheit. In den Städten waren auch die Juden nunmehr dem Zunftzwang unterworfen, die Zünfte wurden gleichzeitig zur Aufnahme der jüdischen Bevölkerung verpflichtet. Ein bereits erteiltes landesherrliches Geleit wurde in eine lebenslange Konzession umgewandelt.

Die für Juden geltenden Heiratsbeschränkungen wurden aufgehoben, die Verheiratung war nunmehr unter denselben Voraussetzungen möglich wie für Christen.[426] Umfassend geregelt wurde daneben das Schulwesen, wobei die Segregation zwischen jüdischen und christlichen Schulen aufrechterhalten blieb.

Die Gleichstellung der Juden mit den Christen galt jedoch nicht in allen Bereichen. Die Juden waren nicht zu Staats- und Gemeindeämtern zugelassen, mit denen die Ausübung einer richterlichen, polizeilichen oder exekutiven Gewalt verbunden war. Eine leitende Tätigkeit an christlichen Kultus- und Unterrichtsanstalten war ihnen untersagt. Als Lehrer konnten sie, mit Ausnahme von Handels- und Gewerbeschulen, nur in jüdischen Unterrichtsanstalten tätig sein. In dieser Ausnahmeregelung zeigt sich die fortbestehende Auffassung vom christlichen Staat mit ihren Ressentiments, den Juden den Zutritt zu Staatsämtern zu ermöglichen, sie als Ungläubige über Christen gebieten zu lassen oder ihnen die Erziehung der eigenen Kinder anzuvertrauen.[427] Die Juden besaßen ebenso weder ein aktives noch ein passives Wahlrecht zum Landtag und keinerlei Interessenvertreter im Landtag. Vom öffentlichen Leben und politischen Einflussmöglichkeiten sollten die Juden damit ferngehalten werden.

---

[425] LVO XII, S. 47 ff.

[426] LVO VIII, S. 537.

[427] Diese Regelung entspricht einer Schlussfolgerung von Stahl. Er war der Ansicht, dass die christliche Offenbarung Leitschnur der Gesetzgebung und der Staatsverwaltung sein müsse. Aus diesem Grunde dürften Juden keine Ämter bekleiden, mit denen richterliche, polizeiliche und exekutive Gewalt, christliche Kultur- und Erziehungsangelegenheiten oder ständische Rechte verbunden waren.

Das Gesetz bestimmte eine Aufteilung der Landjudenschaft in verschiedene Synagogengemeinden, in denen alle Juden Mitglieder waren. Die Gemeinden erhielten keine finanzielle Unterstützung vom Staat und mussten die Kosten zur Unterhaltung der Synagogen sowie ihre sonstigen Ausgaben selbst tragen. Sie waren für „Angelegenheiten der Synagogengemeinde" selbst zuständig, die Regierung hatte jedoch umfassende Mitspracherechte. Die Wahl des Vorstehers der Gemeinde bedurfte der Zustimmung der Regierung. In den größeren Synagogengemeinden musste die Vertretung der Gemeinde nach dem Ermessen der Regierung einem gewählten Ausschuss übertragen werden. Eine Genehmigung der Regierung war erforderlich für die Einführung neuer Auflagen, die Aufnahme von Anleihen und den Ankauf von Grundstücken, für die freiwillige Veräußerung von Grundstücken und Realberechtigungen der Synagogengemeinde. Die Vorsteher der Judenschaft hatten lediglich ein Anhörungsrecht. Obwohl die Gemeinde die Kosten des Landrabbiners, dem die obere Leitung und Beaufsichtigung des jüdischen Kultus im ganzen Lande zustand, selbst zu tragen hatte, wurde die Stelle von der Regierung nicht nur bestätigt, sondern besetzt, was einen gewissen Widerspruch zu der intendierten *Emanzipation* und einen Eingriff in die religiöse Selbstbestimmung offenbarte.

Die schon zuvor breiten staatlichen Zuständigkeiten für die Juden wurden umfangreich und ausdrücklich festgeschrieben. Für gemeindeinterne Streitigkeiten waren je nach Streitgegenstand die staatlichen Gerichte oder die Verwaltungsbehörden zuständig. Handelte es sich um Dogmenfragen oder liturgische Fragen, so war zuvor ein Gutachten des Landrabbiners einzuholen. Für jüdische Ehewirkungen, das eheliche Güterrecht und die Scheidung der Ehe waren die staatlichen Gerichte zuständig. Die Eingehung der Ehe und Eheverbote richtete sich nach jüdischem Recht. Der Rabbiner war hingegen die letzte Instanz in Religionssachen.

Die Entstehungsgeschichte des Gesetzes belegt die fiskalische Bedeutung der Juden für die Regierung. Die Regierung machte in den Vorverhandlungen nunmehr zur Bedingung, dass die Fürstliche Landrentei für den Ausfall der Geleitsgelder der Juden aus der Landkasse entschädigt werden müsse, was die Stände ablehnten.[428]

[428] XIX Proposition, betreffend die Entschädigung Fürstlicher Kammer für die aufgehobenen Abgaben der Juden, in: Verhandlungen des außerordentlichen Landtags 1857, S. 93 ff., Pohlmann, Quellensammlung, Nr. 178, S. 290 ff. Demgegenüber lehnten die Stände eine derartige Kostenübernahme vehement ab; vgl. Stellungnahme der Stände zu den landesherrlichen Propositionen 1857, Verhandlungen des außerordentlichen Landtags des Fürstentums Lippe vom Jahre 1857, S. 241 ff., Pohlmann, Quellensammlung, Nr. 179, S. 296 ff.

Das lippische Gesetz war dem preußischen Judengesetz von 1847 nachgebildet.[429] In der jüdischen Bevölkerung wurde das Gesetz als nicht weitreichend genug kritisiert.[430] Insgesamt war es ein wichtiger Schritt im Hinblick auf eine bürgerliche Gleichstellung, wenn es auch den Widerspruch – volle Abgabenlast ohne volle staatsbürgerliche Rechte – aufrechterhielt.

r. Das Gleichstellungsgesetz des Norddeutschen Bundes 1869

Die letzten staatsrechtlichen Einschränkungen für die Juden wurden im Juli 1869 durch das Gesetz des Norddeutschen Bundes zur Gleichstellung der Juden[431] beseitigt: *„Alle noch bestehenden, aus Verschiedenheit des religiösen Bekenntnisses hergeleiteten Beschränkungen der bürgerlichen und staatsbürgerlichen Rechte werden hierdurch aufgehoben. Insbesondere soll die Befähigung zur Theilnahme an der Gemeinde- und Landesvertretung und zur Bekleidung öffentlicher Ämter vom religiösen Bekenntnisse unabhängig sein.“*[432] Juden konnten nunmehr auch akademische Lehrämter ergreifen und besaßen das aktive und passive Wahlrecht.

3. Kritik der lippischen Emanzipationsgesetzgebung

Mit der Gleichstellung der Juden durch Übernahme des Gesetzes des Norddeutschen Bundes im Jahre 1869 war der rechtliche Emanzipationsprozess der jüdischen Bevölkerung in Lippe abgeschlossen. Viele Juden in Lippe stiegen in das mittelständische Bürgertum auf.

In ihrer Gleichstellungspolitik folgte Lippe im Wesentlichen den Vorschlägen, die Dohm mit seiner Erziehungspolitik gemacht hatte, um eine „Verbesserung“ der Juden zu erreichen. Hinsichtlich der Berufstätigkeit erweiterte die Regierung zunächst die Freiheit der Berufswahl und der Berufsausübung, indem sie den Juden Berufe eröffnete, die bisher nur den Christen offen gestanden hatten. Anreize für das Erlernen „bürgerlicher Berufe“ bot sie durch die Verweigerung neuer Geleite und Koppelung von Heiratserlaubnis und Konzessionen an das Ergreifen solcher Berufe. In Auftrag gegebene Gutachten, Umfragen unter den eigenen Beamten und die Einholung von Stellungnahmen der Judenschaft selbst

[429] Gesetz über die Verhältnisse der Juden vom 23. Juli 1847, abgedruckt bei: Michaelis, Rechtsverhältnisse der Juden in Preußen, S. 23.

[430] Vgl. Ironischer Kommentar der Redaktion zu dem Gesetz vom 30.6.1858 in der Allgemeinen Zeitung des Judenthums, v. 12.7.1858, Allgemeine Zeitung des Judenthums, Leipzig 1858, 22. Jg., Nr. 33, S. 450: „Welch einen Sinn hat nun noch Artikel 1, wenn Artikel 2 solche Beschränkungen auferlegt ? In der That wieder ein deutsches Mustergesetz !“

[431] Publications-Patent, die Verfassung des Norddeutschen Bundes betreffend, vom 25. Juni 1867, LVO XIV, S. 439; Verfassung des Norddeutschen Bundes, LVO XIV, S. 439, 440 ff.

[432] Trepp, a.a.O., S.. 131.

dokumentieren die eingehende Beschäftigung der lippischen Regierung mit der wirtschaftlichen und sozialen Randexistenz der lippischen Juden und der Frage, wie die Juden optimal in die lippische Gesellschaft zu integrieren seien. Die lippische Emanzipationspolitik kann jedoch unter verschiedenen Aspekten als unzulänglich angesehen werden.

- Die lippischen Reformen waren einmal nicht konsequent und nicht weitgehend genug. So wurde der Hausierhandel immer weiter zurückgedrängt und schließlich komplett verboten, was mit der persönlichen und bürgerlichen Freiheit, die Motor der Emanzipation war, schwer vereinbar ist. Der Beweis für die schlimmen Auswirkungen des Handels auf die jüdische Persönlichkeitsstruktur blieb dabei offen. Die Juden hatten jahrhundertelang unter dem Leistungsdruck gestanden, aus ihren wirtschaftlichen Tätigkeiten ein möglichst hohes Einkommen zu erzielen, da sie sich ihr Bleiberecht vom Landesherrn jährlich neu teuer erkaufen mussten. Als Resultat hatten die Juden die hierfür erforderlichen ökonomischen Fertigkeiten in weit höherem Maße entwickelt, was jedoch auch Neid und Hass der christlichen Konkurrenz auf sich zog, und die allgemeine Ansicht der Schädlichkeit des „jüdischen Handels“ verursacht haben mag.

- Die lippischen Maßnahmen zur Durchführung der Emanzipation waren zum Teil relativ realitätsfern. Die Vorstellung, die Juden zu „nützlichen und produktiven“ Berufen, insbesondere in die Handwerke zu drängen, basierte auf einer an dem alten Zunfthandwerk orientierten Vorstellung von der sozialen Ordnung und war schon zu dieser Zeit veraltet.[433] Die tatsächliche soziale und ökonomische Situation des Handwerks, das sich in den Zünften immer mehr abschottete und die Mehrzahl der Gesellen in die Armut absinken ließ und die wirtschaftlichen Erfordernisse des Industriezeitalters wurde nicht berücksichtigt.[434] Die Verbreitung des Handwerks hat auch tatsächlich nur geringen Erfolg gehabt[435]. Der soziale Aufstieg der Juden erfolgte nicht über die zünftigen Handwerksberufe oder Agrarberufe. Die Juden erreichten ihren sozialen Aufstieg auf dem Weg vom Trödel- und Hausierhandel über den Kleinladenhandel zum Geschäftshandel.[436] In der fortschreitenden Industrialisierung konnten die Juden ihre jahrhundertelange Erfahrung und ih-

[433] *„Der noch zu kaufmännische Geist der meisten Juden wird besser durch starke körperliche Arbeiten als durch die stillsitzende des öffentlichen Bedienten gebrochen werden; und für den Staat wie für ihn selbst, wird es in den meisten Fällen besser seyn, wenn der Jude mehr in der Werkstätte und hinter dem Pflug, als in den Canzleyen arbeitet.“*, Dohm, Über die bürgerliche Verbesserung der Juden, S. 119.

[434] Herzig, a.a.O., S. 247.

[435] Pohlmann, Die Verbreitung der Handwerke unter den Juden, S. 116.

[436] Richarz, Jüdisches Leben in Deutschland 1780 – 1871, S. 38.

ren Vorsprung im Bereich des Warenhandels einbringen.[437] Die lippischen Juden haben die Chancenlosigkeit des Handwerks schon relativ frühzeitig klarsichtig erkannt und dies der Regierung zur Kenntnis gebracht. Nichtsdestoweniger hat die Regierung diese Kritik ignoriert. Daneben hat die Regierung wohl auch den inneren religiösen Zusammenhalt der Juden unterschätzt und die Bereitschaft, religiöse Bräuche zugunsten eines neuen Berufes aufzugeben.

- Den Reformbestrebungen lag die Prämisse zugrunde, dass die Juden „sittlich verderbt" seien und deshalb der „Besserung" bedürften. Die Judenemanzipation wurde betrachtet als Hinführung der Juden in die sittliche Erziehung und Verbesserung.[438] Die Regierung betrachtete die Judenemanzipation als wichtige erzieherische Maßnahme, was die Erziehungsfunktion des Staates voraussetzt und in gewissem Widerspruch zu der Grundfreiheit des Menschen steht.

- Die verschiedenen beibehaltenen Handelshemmnisse stellten eine staatlich anerkannte Sondergesetzgebung dar, deren Aufhebung die Emanzipation eigentlich anstrebte. Auch der lange Fortbestand der Schutzbriefe bis 1858 ist ein Indiz für das Fortbestehen der alten Ansicht, nämlich der Ungleichheit von Juden und Christen. Der Zugang zu öffentlichen Ämtern, die mit der Ausübung richterlicher, polizeilicher und exekutiver Gewalt verbunden waren, wurde den Juden noch im Emanzipationsgesetz von 1858 verwehrt, trotz weitgehender Gleichberechtigung sollten die Juden vom öffentlichen Leben ferngehalten werden. Auch dies ist nicht ganz nachvollziehbar, hätte doch nach dem Grundgedanken der Emanzipation nur wissenschaftliche Befähigung beim Zugang zu öffentlichen Ämtern eine Rolle spielen dürfen. Das Gesetz von 1858 war insofern inkonsequent, als es die Juden nachdrücklich von jeglicher politischen Einflussnahme ausschloss, die Juden als Steuerzahler jedoch anerkannte.

- Ferner geschah die Politik der Regierung auch vor dem Hintergrund, dass *„die Güte der Regierung und der Wohlstand, den sie unparteyisch ihren Un-*

---

[437] In Hamburg waren 50 000,- in die Ausbildung jüdischer Handwerker investiert worden; dennoch gab es 1847 nur ca. 100 Meister, Herzig, a.a.O., S. 254.

[438] Auch Dohm als vehementer Befürworter der Judenemanzipation und Judenfreund ging von der sittlichen Minderwertigkeit der Juden aus: *„Der moralische Charakter der Juden ist, so wie der aller Menschen, der vollkommensten Ausbildung und der unglücklichsten Verwilderung fähig, und der Einfluss der äussern Lage [...] hiebey nur zu sichtbar. Wenn man indeß zugibt, daß die Juden in gewisser Absicht sittlich verderbt sind, so muß es doch auch dem unpartheyischen Beobachter einleuchten, daß sie durch manche andre Vorzüge sich desto vorteilhafter auszeichnen"*, Dohm, Ueber die bürgerliche Verbesserung der Juden, S. 92.

terthanen geniessen lässt, den Einfluss der Religionsgrundsätze schwächt.“[439] Eine Entfremdung der Juden von ihrer Religion, die eine wesentliche Stütze für sie war, wurde so von der Regierung doch zumindest in Kauf genommen. Hierdurch wurde eine Strukturänderung der jüdischen Gesellschaft vorbereitet, die schon angesichts ihrer geringen Größe auf die Aufrechterhaltung der Tradition und der Bräuche als Mittel zur Selbstidentifizierung angewiesen war.

- Gesetzgeberisch unterstützt wurde eine größtmögliche Angleichung der jüdischen an die christliche Bevölkerung.[440] Gemessen an den Gesichtspunkten kollektiver Minderheitenrechte wie Recht auf Bestandsschutz, auf Selbstbestimmung, auf Achtung, Schutz und Förderung der Identität[441] blieb der Schutz der Juden im 19. Jahrhundert durch die Gesetzgebung hinter dem Interesse der Regierung an einer problemlosen Anpassung zurück. Ein kollektives Recht der Juden auf Wahrung der eigenen religiösen und kulturellen Autonomie wurde nicht in Erwägung gezogen. Durch Maßnahmen wie Sprachangleichung, Verbot des „jüdischen Handels“, nachdrücklich forcierte Verbreitung von Handwerk und Agrarberufen unter den Juden griff der Staat erheblich in jüdische Tradition, Zusammenleben und Brauchtum ein.

- Die Erziehungspolitik verlief nicht durchgehend konsequent im Sinne eines wohlüberlegten gesetzgeberischen Konzepts. Auch die lippische Regierung war sich offensichtlich nicht immer sicher, welcher Weg einzuschlagen war. Mehrfach machte die Regierung bereits zugestandene Rechte rückgängig. Durch die zahlreichen Kontroll- und Genehmigungsbestimmungen behielt die Regierung die Lenkungsmöglichkeit für die religiöse und politische Entwicklung der Juden. Die lippische Regierung beschritt bei der Festlegung der gesellschaftlichen Stellung der Juden einen unklaren Mittelweg.

Die in Lippe getroffenen Maßnahmen glichen den Maßnahmen anderer deutscher Staaten. Im zeitlichen Ablauf ihrer Emanzipationspolitik hinkte die lippische Gesetzgebung bei der Änderung bzw. Aufhebung des Judenrechts insgesamt im Vergleich zu anderen Territorien allerdings hinterher. So existierte in Preußen die Bezeichnung „Schutzjude“ seit dem Edikt von 1812 nicht mehr, in Lippe hingegen noch bis zu dem Gesetz von 1858.[442] Diese Bezeichnung wurde

---

439 Dohm, Über die bürgerliche Verbesserung der Juden, Bd. I, S. 29.
440 Vgl. Pohlmann, Die Verbreitung der Handwerke unter den Juden, S. 5.
441 Niewerth, Der kollektive und der positive Schutz von Minderheiten, S. 130.
442 Resc. D. Min. des Innern vom 6. Februar 1816, abgedruckt bei Michaelis, Rechtsverhältnisse der Juden in Preußen, S. 16.

zumindest von einem Teil der Juden als beleidigend empfunden.[443] Auch die Aufhebung der Geleitbriefe 1858 kam in Lippe im deutschen Vergleich sehr spät. Lippe erließ sein Emanzipationsgesetz zu einem Zeitpunkt, als in vielen Bundesstaaten die Gleichberechtigung schon eingeführt war.[444]

Positiv hervorzuheben ist, dass die lippische Regierung sich zumindest bemühte, die Juden als beteiligte Gruppe durch Anhörung in gesetzgeberische Maßnahmen einzubinden. Allerdings hat sie die erfolgten Stellungnahmen dann oftmals nicht berücksichtigt. So hat sie die wohlüberlegten und sich als richtig erweisenden Warnungen der Judenschaft über die unzureichende Existenzsicherungsmöglichkeit durch Ausübung des Handwerks nicht berücksichtigt.

Fest steht, dass der Emanzipationsprozess in Lippe auch auf jüdischer Seite einen Reformprozess in Gang setzte, so dass der allumfassende Einfluss der Religion schwand. Verschiedene Gemeinden führten auf der Grundlage einer 1829 in Horn erlassenen Synagogenordnung Reformen ein. Trau- und Scheidungsdokumente wurden nach und nach in deutscher Sprache abgefasst. Für den Gottesdienst wurden ein Chorgesang sowie die Konfirmation für Jungen und Mädchen eingeführt.[445] Auch die innerjüdische Reform des Schulwesens mit Deutsch und Französisch als Lehrfächern hat den Anpassungsprozess der Juden an die Christen gefördert. In Lippe wurden damit ein Prozess in Gang gesetzt, der in der zweiten Hälfte des 19. Jahrhunderts in Gesamtdeutschland zu verzeichnen war: Durch die zunehmende Berührung mit der bürgerlichen deutschen Kultur und den Wissenschaften schwand die religiöse Autorität der Rabbiner in den Gemeinden, wodurch wiederum der innere Zusammenhalt der jüdischen Gemeinde geschwächt wurde. Zwischen den Juden hatte der Rabbiner mit seiner religiösen Autorität und seiner Befangenheit im Talmud und der Religion eine Ghetto-Mentalität produziert, die sich nunmehr auflöste. Gleichzeitig wandelte sich das Selbstverständnis der Juden. Die Juden selbst betrachteten sich nicht mehr als eine eigenständige Nation, sondern als Teil der deutschen Nation. Die Juden sollten aufgehen in der vaterländischen Nation. [446] *„Der Israelit ist nicht mehr*

---

443 *Bittschrift der landjudenschaftlichen Deputierten, E. Rinteln in Detmold und M. Meyer in Schwalenberg, an den Landesherrn, die Lippischen Untertanen mosaischer Konfession von den sie drückenden Lasten zu befreien und dieselben dadurch ihren christlichen Mitbürgern im Rechte wie in den Pflichten gleichzustellen*, 10.1.1847, StA Dt, L 77 A Nr. 5330 fol. 61-73, Pohlmann, Quellensammlung, Nr. 169, S. 274 ff., 275.

444 Guenter, a.a.O., S. 140, Grübel, Judentum, S. 145 f.

445 Guenter, a.a.O., S. 90; StA Dt L 75 Abt. IV, 5, Nr. 2.

446 Der *„würdige Anteil der deutschen Israeliten am Vaterländischen Kampfe"* habe bewirkt, daß sich *„Israel nicht mehr isoliert auf europäischem Boden, sondern in europäischer Gesinnung und Gesittung, in deutscher Liebe und Treue, in vaterländischer Sprache, Lebensweise, Wissenschaft und Kunst"* betrachte, zitiert nach Herzberg, a.a.O., S. 257.

Mitglied einer israelitischen Nation, sondern nur eines israelitischen Glaubens".[447] *„Wir wollen nur Deutsche sein! Wir haben und wünschen kein anderes Vaterland als das deutsche!"*[448] Im Ergebnis führte dieser Prozess im 19. Jahrhundert zur Säkularisation des Judentums, zur Aufgabe der eigenen Identität und zur fast völligen Integration ins deutsche Bürgertum.

An die Kritik der Assimilationspolitik schließt sich die Frage nach einer möglichen Alternative an. Assimilationsmaßnahmen wie Sprachangleichung und Handelsverbot entsprachen durchaus den zeitgenössischen Vorstellungen der jüdischen Reformer. Auch nach Mendelssohn mussten die Juden, um ihre Aufgabe, Wohltäter der Menschen zu sein, erfüllen zu können, aus ihrer Isolierung auf das Bildungsniveau der Umwelt gebracht werden und vor allem Deutsch sprechen.[449] Die jüdischen Intellektuellen selbst folgten Dohms „Erziehungsprogramm" und gingen teilweise über Dohms Konzept zur Emanzipation und Integration der Juden noch hinaus.[450] Mendelssohn hielt die Fortsetzung der jüdischen Existenz auf der Basis der Schutzbriefe durchaus für möglich. Zu wenig berücksichtigt erscheint Wilhelm von Humboldts staatsfernes Emanzipationskonzept, ausgehend von der Grundfreiheit des Menschen.[451] In der oben skizzierten Diskussion im autoritären aufgeklärten Deutschland, das die Judenemanzipation als wichtige erzieherische Aufgabe betrachtete, sowie in der anschließenden praktischen Umsetzung, hat seine Ansicht von der völligen Gleichstellung aller Individuen, unter Berücksichtigung ihrer individuellen Eigenart, unter Hintanstellung einer Erziehungsfunktion des Staates, soweit ersichtlich, praktisch keine Rolle gespielt.[452]

---

[447] Riesser, Über die Stellung der Bekenner des mosaischen Glaubens in Deutschland. An die Deutschen aller Konfessionen, S. 110, zitiert nach Herzig, a.a.O., S. 259.

[448] Toury, Die Revolution von 1848 als innerjüdischer Wendepunkt, in: Das Judentum in der deutschen Umwelt 1800 – 1850, S. 363.

[449] Trepp, a.a.O., S. 83.

[450] Herzig, a.a.O., S. 248; In der Schrift *Die Organisation der Israeliten in Deutschland* von Leopold Zunz und Lazar Hellwitz werden teilweise noch strengere Anforderungen an die Erziehung der Juden gestellt, wie Bindung der Heiratserlaubnis an Vorlage eines beglaubigten Lehrbriefs, Arbeitshäuser für heimatlose Arme; Die Organisation der Israeliten in Deutschland, 3. A., Arnsberg und Soest 1837.

[451] Wilhelm von Humboldt, Ideen zu einem Versuch, die Grenzen der Wirksamkeit des Staates zu bestimmen, Leipzig 1885.

[452] Vgl. Battisti, Freiheit und Bindung, S. 81.

C. Juden vor den lippischen Obergerichten im 19. Jahrhundert

I. Einleitung

Keinen Aufschluss geben die oben dargestellten judenrechtlichen Bestimmungen über die Rechtssicherheit der Juden vor den Gerichten, d.h. ob die Religionszugehörigkeit Auswirkungen auf den äußeren Ablauf des Gerichtsverfahrens oder auf die Durchsetzung ihrer Rechte als Minderheit hatte.[453] Die oben genannten Emanzipationsansätze verdeutlichen, welch geringe gesellschaftliche Achtung den Juden oft in der Einschätzung ihrer christlichen Umwelt zukam. Die Rechtswirklichkeit lag hingegen in den Händen der Rechtsprechung.

Dem geringen Bevölkerungsanteil entsprechend gab es, gemessen an der Gesamtzahl der geführten Prozesse, nur eine relativ geringe Anzahl von Entscheidungen mit jüdischer Beteiligung. Auf Rückschlüsse im Wege einer Generalisierung oder auf statistische Hochrechnungen wurde deshalb verzichtet, um die Schwelle zur Überinterpretation nicht zu überschreiten. Die Konfessionszugehörigkeit der beteiligten Partei ergab sich überwiegend direkt aus den Akten, wenn die Partei ausdrücklich als Israelit oder Schutzjude bezeichnet war. Teilweise konnte die Religionszugehörigkeit aus anderen Akten, veröffentlichten Quellen und Korrespondenz sowie Personenstandsregister erschlossen werden.[454]

---

[453] Die Frage, welche konstitutiven Merkmale erforderlich sind, um eine Bevölkerungsgruppe als Minderheit anzuerkennen, ist in der völkerrechtlichen Literatur bis heute umstritten., vgl. Ermacora, Minderheitenschutz im Rahmen der Vereinten Nationen, S. 13; Blumenwitz, Minderheiten- und Volksgruppenrecht, Bonn 1992, S. 27. Nach dem modernen völkerrechtlichen, überwiegend zugrundegelegten Minderheitenbegriff ist eine Minderheit *„eine der übrigen Bevölkerung eines Staates zahlenmäßig unterlegene Gruppe, die keine herrschende Stellung einnimmt, deren Angehörige – Bürger dieses Staates – in ethnischer, religiöser oder sprachlicher Hinsicht Merkmale aufweisen, die sie von der übrigen Bevölkerung unterscheiden, und die zumindest implizit ein Gefühl der Solidarität bezeigen, das auf die Bewahrung der eigenen Kultur, der eigenen Traditionen, der eigenen Religion oder der eigenen Sprache gerichtet ist.“* Capotorti, Die Rechte von Angehörigen von Minderheiten, VN 1980, S. 118, Anm. 30, zitiert nach Blumenwitz, Minderheiten- und Volksgruppenrecht, S. 27.

[454] Der Bestand der Personenstandsregister umfasst im Wesentlichen den Zeitraum von 1808/10 bis 1875 (Fürstentum Lippe). Nach der Verordnung der Fürstin Pauline von 1809 mussten alle lippischen Juden deutsche Familiennamen annehmen. Über ihre Personenstandsfälle wurden bei den Städten und Ämtern Register geführt. Mit Einführung des Personenstandsgesetzes für das Deutsche Reich am 01.01.1876 endeten diese Register; Reichsgesetz und lippische Ausführungsbestimmungen LVO XVI, S. 415 ff.

II. Das Lippische Gerichtswesen im 19. Jahrhundert

Im neunzehnten Jahrhundert existierte in Lippe ein dreistufiger Instanzenzug mit den Ämtern, Magistraten bzw. Stadtgerichten auf der ersten und Justizkanzlei und Hofgericht auf der zweiten Stufe.[455] Zusammen mit den Bundesterritorien Braunschweig-Wolfenbüttel, Schaumburg-Lippe und Waldeck unterstand das Fürstentum in dritter Stufe der Zuständigkeit des Oberappellationsgerichts in Wolfenbüttel, später Celle.[456]

Die obere Gerichtsbarkeit in Lippe wurde in Zivilsachen durch die Obergerichte, Hofgericht und Justizkanzlei, ausgeübt.[457] Ihnen stand die untere Gerichtsbarkeit durch regierenden Rat bzw. Stadtgericht, landesherrschaftlichen Richter und die Ämter[458] gegenüber. In den Ämtern wurden im Wesentlichen die Sachverhaltsklärung sowie Vergleichsverhandlungen durchgeführt. Sie waren primär Verwaltungsorgane. Die Prozesse wurden an den Ämtern grundsätzlich nur protokollarisch instruiert.[459] Die Ämter sollten nach mündlicher Befra-

---

[455] Die Aneinanderreihung von Gerichten in Lippe ist auch unter dem Gesichtspunkt interessant, dass „Elemente der unterschiedlichsten Zeitalter und Modernisierungsstufen unvermittelt nebeneinander existierten", Arndt, Das Fürstentum Lippe im Zeitalter der französischen Revolution 1770-1820, S. 99.

[456] Seit 1817 gab es ein gemeinschaftliches Oberappellationsgericht in Wolfenbüttel, welches im Anschluss an eine Anordnung der Bundesakte für kleinere Staaten für Braunschweig, Waldeck, Schaumburg-Lippe und Lippe als Ersatz für die fortgefallenen Reichsgerichte geschaffen worden war, vgl. den Vertrag mit dem Herzoglich Braunschweig´schen Gouvernement wegen Errichtung eines gemeinschaftlichen Oberappellationsgerichts vom 27. Januar 1816; Publicandum, die Einführung des Oberappellationsgerichts zu Wolfenbüttel betreffend, vom 24. Dezember 1816, LVO VI, S. 343 f. 1857 trat an die Stelle des bisherigen gemeinschaftlichen Oberappellationsgerichts in Wolfenbüttel das Königlich Hannoversche Oberappellationsgericht in Celle. In diesem Jahr wurde zwischen der lippischen und der Königlich Hannoverschen Staatsregierung ein Vertrag abgeschlossen über die Wahrnehmung der Geschäfte eines Gerichts dritter Instanz für das Fürstenthum Lippe durch das Oberappellationsgericht in Celle; vgl. Vertrag über die Wahrnehmung der Geschäfte eines Gerichts dritter Instanz für das Fürstenthum Lippe durch das Königlich Hannoversche Oberappellationsgericht zu Celle betr., vom 1. Juli 1857, LVO XI, S. 17 ff.

[457] Eine beabsichtigte Zusammenlegung von Hofgericht und Justizkanzlei zu einem Gericht wurde nicht verwirklicht. Zu dem Gerichtswesen in früherer Zeit, vgl. Heidemann, Das Lippische Gerichtswesen am Ausgang des 17. Jahrhunderts, Lipp. Mitt. 31, 1962, S. 130 f.

[458] Die früher für die Strafgerichtsbarkeit zuständigen Freigerichte starben im 18. Jahrhundert aus. Der letzte Freigraf starb im Jahre 1764. Im gleichen Jahr wurde an dessen Stelle ein Assessor am Peinlichen Gericht eingestellt, Heidemann, a.a.O., S. 141. Das letzte Hagengericht wurde im Jahre 1708 gehalten, vgl. Kiewning, Das lippische Hagenrecht, Lipp. Mitt., 16, 1938, S. 67 f.

[459] Verordnung, das Verfahren in Civil-Rechtssachen bei den Ober- und Untergerichten betreffend, vom 27. Februar 1816, LVO VI, S. 299 ff., § 1.

gung der Prozessparteien in Zivilsachen ein Schlichtungsurteil schriftlich erlassen und den Parteien zustellen. Die von den Ämtern erlassenen Beweisinterlokute und Beiurteile hatten die volle Wirkung eines Urteils und waren nach Ablauf der Rechtsmittelfrist vollstreckbar.[460] Bei den Ämtern war den Parteien eine Vertretung durch rechtskundige Anwälte nicht gestattet.[461] Ein Schriftwechsel vor den städtischen Gerichten war erst bei Überschreitung einer Bagatellgrenze von 25 Rtl. zulässig.[462]

In den Städten gab es in Zivilsachen[463] ursprünglich eine konkurrierende Gerichtsbarkeit zwischen dem landesherrlichen Richter und der städtischen Gerichtsbarkeit.[464] Unter *Leopold II. (1820 – 1851)* wurde die Justiz jedoch dahingehend reformiert, dass anstelle des früheren Nebeneinanders von landesherrlichem Richter und Gerichtsbarkeit des Rats ein für das Richteramt qualifizierter Stadtrichter mit zwei Beisitzern aus der Reihe des Magistrats oder der Stadtverordneten trat.[465] In Bagatellstreitigkeiten fand vor den Gerichten erster Instanz in den Städten nur ein mündliches Verfahren statt.[466]

Die Aktenverschickung ex officio war den erstinstanzlichen Gerichten untersagt. Nur wenn von einer der Parteien darum nachgesucht wurde, konnte entweder von einem auswärtigen Spruchkollegium oder von einem inländischen Untergericht die Entscheidung eingeholt werden.[467] Hingegen war bei den Obergerichten die Aktenversendung an rechtswissenschaftliche Fakultäten üb-

---

[460] Verordnung, das Verfahren in Civil-Rechtssachen bei den Ober- und Untergerichten betreffend, vom 27. Februar 1816, LVO VI, S. 299 ff., § 5.

[461] *L 84 II N 33 (1836) (Neitkemeier ./. Rosenbaum).*

[462] Verordnung das Verfahren in Civil=Rechtssachen bei den Ober- und Untergerichten betreffend, von 1816, LVO VI, S. 299 ff., § 16.

[463] Vor den Gogerichten wurden nur „Exceßsachen“, keine Zivilsachen entschieden. Eine Ausnahme bestand – vergleichbar dem heutigen Adhäsionsverfahren – dann, wenn der Zivilanspruch sich unmittelbar durch den Exzeß entschied, z.B. Schmerzensgeld oder Erstattung von Heilungskosten, vgl. Verordnung, das rechtliche Verfahren vor den Gogerichten betreffend, vom 3. Juni 1817, LVO VI, S. 361 ff.

[464] Erbstreitigkeiten, Grundstücksangelegenheiten, Verstöße gegen die landesherrlichen Gesetze und Verordnungen wurden im allgemeinen durch den herrschaftlichen Richter geregelt. Für kleinere Zivil- und Wirtschaftsstreitigkeiten war das Stadtgericht zuständig, vgl. Arndt, Das Fürstentum Lippe im Zeitalter der Französischen Revolution 1770-1820, S. 105.

[465] Kittel, a.a.O., S. 188. So entschied in dem Rechtsstreit *L 84 II L 113 (1854) (Lenzberg ./. Krameramt der Stadt Lemgo)* über die Klage des Klägers gegen die Ablehnung des Krameramts zunächst der Magistrat der Stadt Lemgo, legte anschließend die Akte jedoch dem Stadtgericht Detmold vor. Von dort gelangte der Rechtsstreit zum Hofgericht.

[466] Verordnung, das Verfahren in Civil-Rechtssachen bei den Ober- und Untergerichten betreffend, vom 27. Februar 1816, LVO VI, S. 299 ff., § 16.

[467] Verordnung, das Verfahren in Civil-Rechtssachen bei den Ober- und Untergerichten betreffend, vom 27. Februar 1816, LVO VI, S. 299 ff., § 19.

lich.[468] Das Spruchkollegium einer Universität[469] überprüfte das Urteil des Hofgerichts oder der Justizkanzlei auf dessen Rechtmäßigkeit und erließ einen abschließenden Urteilsspruch. Nach Rücksendung der Akten beraumte das Hofgericht Termin an zur Verkündung des Urteils.[470] Es konnte keine Akte mit jüdischer Beteiligung gefunden werden, in der eine Oberappellation an Wolfenbüttel oder an Celle erfolgt ist.[471] Die Aktenversendung an juristische Fakultäten war hingegen durchaus üblich.

Eine der Forderungen der lippischen Revolution von 1848 war eine umfassende Justizreform mit der Einführung der Öffentlichkeit und Mündlichkeit der Justizpflege, Unabsetzbarkeit der Richter, Aufhebung aller Exemtionen, Trennung der Rechtsprechung von der Verwaltung, kollegialische Besetzung der Untergerichte und Schwurgerichte. Zentraler Angriffspunkt der Kritik war die Verbindung mit der Verwaltung in der ersten Instanz und das geheime und schriftliche Verfahren.[472] Mit dem Fehlschlag der Revolution blieben diese Forderungen unerfüllt.[473] Jedoch wurde vor der Justizkanzlei tatsächlich meist mündlich verhandelt, wohingegen am Hofgericht ein schriftliches Verfahren vorgeschrieben war.[474]

---

[468] Die Appellanten konnten beim Hofgericht Revision einlegen mit der Bitte um Aktenversendung. Die Revisionsschrift wurde dem Revisen mitgeteilt mit der Aufforderung binnen einer Ausschlussfrist von vier Wochen eine Revisionsvernehmlassung einzureichen. Die Revisionsvernehmlassung des Revisen wurde daraufhin dem Revidenten wiederum abschriftlich mitgeteilt. Zur Abfassung des Erkenntnisses wurden die Akten auf Kosten des Revidenten an ein auswärtiges Spruchkolleg übersandt. – Die Aktenverschickung an eine deutsche Juristenfakultät oder an einen Schöppenstuhl zur Abfassung eines Endurteils war in Art. 12 der Bundesakte vorgesehen. Diese erfolgte nur in Zivilstreitigkeiten, vgl. Bekanntmachung des Bundesbeschlusses, vom 13. November 1834, die Actenverschickung an ein deutsche Juristenfacultät oder einen Schöppenstuhl betreffend, vom 16. Dezember 1834, LVO VIII, S. 112.

[469] z.B. der Ludwig-Maximilians-Universität in dem Rechtsstreit L 84 II S 447 (1868) (Lenzberg ./. Silberbach).

[470] Vgl. L 84 II S 447 (1868) (Lenzberg ./. Silberbach).

[471] In Folge der Vereinigung des Königreichs Hannover mit der Preußischen Monarchie hieß das Gericht seit 1867 Königlich Preußisches Appellationsgericht mit teilweise veränderter Zuständigkeit; siehe Bekanntmachung, die Wahrnehmung der Geschäfte eines Gerichts dritter Instanz für das Fürstenthum Lippe durch das bisherige Ober-Appellationsgericht, jetzt Königlich Preußische Appellationsgericht zu Celle betreffend, vom 23. März 1868, LVO XV, S. 29 f.

[472] Kittel, a.a.O., S. 194.

[473] Tatsächlich wurde erst 1879 eine moderne Trennung in Rechtsprechung und Verwaltung durchgeführt, Ebert, Rechtsgeschichte, S. 54-59.

[474] Arndt, Das Fürstentum Lippe im Zeitalter der Französischen Revolution 1770-1820, S. 102; Kiewning, Pauline, S. 484.

1. Die Justizkanzlei

Die Regierungskanzlei, seit 1822 Justizkanzlei[475], war das älteste Obergericht in Lippe. Die Justizkanzlei war keine eigene Behörde; vielmehr tagte einmal in der Woche die lippische Regierung in ihrer Eigenschaft als Gericht. Damit war die Kanzlei gleichzeitig Exekutiv- und Rechtsprechungsorgan. Eine verselbständigte richterliche Gewalt gab es nicht. Der Landesherr war oberster Gerichtsherr. Die Justizkanzlei war für Zivilsachen zuständig, nach Einrichtung des Hofgerichts 1593 als zweites Obergericht in konkurrierender Zuständigkeit.[476]

Die Justizkanzlei bestand aus einem Direktor, vier Räten, einem Sekretär, einem Gehilfen, einem Pedellen und vier Boten.[477] Die örtliche Zuständigkeit umfasste das gesamte Fürstentum Lippe mit Ausnahme des Schaumburg-Lippischen Erbherrlichen Amtes Blomberg. Sie war bis zu ihrer Aufhebung durch das Gerichtsverfassungsgesetz von 1877 erstinstanzlich zuständig für den Adel, die Eximierten und die Stände; gleichzeitig war sie Berufungsinstanz für die Einwohner der Städte durch Appellation und für die Untertanen des platten Landes durch Recurs.[478] Fürstin *Pauline* (1802 – 1820) bemühte sich – im Ergebnis vergeblich – um eine Erneuerung der Justiz, die eine Vereinfachung des Instanzenzugs bzw. des Verfahrens sowie die Entlastung der Obergerichte zum Ziele hatte.[479]

2. Das Hofgericht

Das Hofgericht wurde 1593 von *Simon VI.* (1563 – 1613) als Obergericht für Lippe zur Entlastung der Justizkanzlei eingerichtet; seinen Sitz hatte es seit 1609 in Detmold. Es war neben der Justizkanzlei konkurrierend für Zivilsachen zuständig, die jedoch als zweites Obergericht fortbestand. Es diente als Rechts-

---

[475] Bekanntmachung wegen veränderter Benennung der Regierungs-Canzlei vom 15. Oktober 1822, LVO VII, S. 119.

[476] Die Justizkanzlei blieb ausschließlich zuständig für Rechtsstreitigkeiten betreffend landesherrliche Hoheitsrechte und Regalien sowie für beamtenrechtliche Streitigkeiten zwischen dem Landesherrn und seinen Beamten. Eine Fusion der beiden Gerichte wurde zeitweise verworfen, verlief dann aber im Sande, Arndt, Das Fürstentum Lippe im Zeitalter der Französischen Revolution 1770-1820, S. 101.

[477] Vgl. die namentliche Aufstellung bei v. Cölln, a.a.O., S. 252.

[478] V. Cölln, a.a.O., S. 238; damit kam es vor, dass dieselben Fälle zweimal vor demselben Gericht verhandelt wurden.

[479] Seit 1804 plante Pauline eine Straffung des Instanzenzugs und eine Beschleunigung der Verfahren. Pläne für eine eigenständige Amtsgerichtsbarkeit scheiterten an der unzureichenden Personalausstattung; Arndt, Das Fürstentum Lippe im Zeitalter der Französischen Revolution 1770-1820, S. 107.

mittelgericht gegen Urteile der niederen Gerichte auf dem Lande (Recurse) und in den Städten (Appellationen).[480] Für Klagen gegen Bewohner kanzleisässiger Häuser waren die Obergerichte erstinstanzlich zuständig.[481]

Das Hofgericht stand unter landesherrlicher Leitung, die Landstände verfügten jedoch über beträchtliche Mitwirkungsrechte. Sowohl den Landständen als auch den Erbherren stand ein Assessorat am Hofgericht zu. Das Präsidium am Generalhofgericht stand abwechselnd den Landständen bzw. Erbherren und dem Landesherrn zu. In der Praxis wandten sich die Erbherren, die adligen Landherren und die Städte deshalb vorzugsweise an das Hofgericht, da sie hier die Urteilsfindung mitbeeinflussen konnten.[482]

Das sog. Generalhofgericht trat zweimal jährlich zusammen. Der Hofrichter sollte möglichst adligen Standes sein, wenigstens aber ein Rechtskundiger. Nicht der Landesherr stand also an der Spitze des Gerichts, sondern an seiner Stelle ein Hofrichter. Dieser wurde von dem Landesherrn, den Erbherren und den Landständen auf Vorschlag des Landesherrn gewählt. Dem regierenden Herrn standen zwei Stimmen, darunter das Directorial Votum, den Erbherren und den Landständen je eine Stimme zu.[483] Der erste und der zweite Stand hatten das Recht, aus ihrer Mitte jeder einen qualifizierten Deputierten zum Generalhofgericht zu ernennen.[484]
Die praktische Tätigkeit wurde von einem verkleinerten Panel ausgeübt, das unter der Bezeichnung Hofgericht tätig wurde. Dem Hofgericht gehörten Hofrichter sowie je ein rechtskundiger Rat aus der Ritterschaft und den Städten an, daneben Sekretär, Schreiber, Bote und Gerichtspedell. Dieses verkleinerte einfache Hofgericht, bei dem der ständische Einfluss noch stärker zutage trat, tagte zweiwöchentlich jeweils mittwochs. Am Hofgericht war ein schriftliches Verfahren vorgeschrieben.[485]

---

480 B. Ebert, Kurzer Abriß einer lippischen Rechtsgeschichte, Lipp. Mitt. 25, 1956, S. 27, 32 ff.

481 Vgl. L 83 B J 425 (1848) (Altendorf ./. Wiggermann); unter Kanzleisasse verstand man Landsassen, die dem Landesherrn unmittelbar unterstanden und nicht zur befreiten Reichsritterschaft gehörten, wenn sie auf ihren Gütern über eigene Untertanen verfügten und über diese auch die gerichtliche hohe und niedere Botmäßigkeit hatten, z.B. Edelleute, Ritter, Freiherren, Grafen; Deutsches Rechtswörterbuch, DRW, Stand 2004. Kanzleisassen waren der Rechtsprechung der Untergerichte entzogen und direkt den Obergerichten unterstellt. Sie konnten nur vor den Obergerichten verklagt werden.

482 Heidemann, a.a.O., S. 131.

483 B. Ebert, a.a.O., S. 32.

484 Vgl. Tit. I § 6 der Verordnung, die landständische Verfassungs-Urkunde betreffend, vom 6. Juli 1836, LVO XV, S. 179 ff.

485 Arndt, Das Fürstentum Lippe im Zeitalter der französischen Revolution 1770-1820, S. 102.

Zusätzlich besaß das Hofgericht eine obergerichtliche Gerichtsbarkeit über das Amt Blomberg. In der Regel entschied das einfache Hofgericht nur die angebrachten Prozesse und erkannte bloß in summarischen und weniger bedeutsamen Angelegenheiten, indem alle wichtigen Sentenzen und Interlokute bis zum halbjährlich tagenden General-Hofgericht ausgesetzt blieben, es sei denn, dass in einer Sache die beiden Parteien einen Spruch vom einfachen Hofgericht selbst oder durch Verschickung der Akten verlangten.[486]

An beiden Obergerichten war eine bestimmte Anzahl von Prokuratoren (ursprünglich zwölf) und Advokaten (ursprünglich sechs) zugelassen. Wie die Justizkanzlei wurde auch das Hofgericht durch das Gerichtsverfassungsgesetz von 1877 aufgehoben.

3. Gerichtsverfassung und Verfahren vor der Justizkanzlei und dem Hofgericht

Fragen der Gerichtsverfassung und des Verfahrens vor den Obergerichten richteten sich im neunzehnten Jahrhundert nach der 1593 erlassenen, mehrfach modifizierten Hofgerichtsordnung (HGO),[487] nach der Audienz- und Kanzleiordnung von 1617[488] sowie nach der Prozessordnung von 1816[489] bzw. später nach der umfassenderen Prozessordnung von 1859.[490] Praktisch bedeutsam war ferner das Gesetz, die Verwaltung der freiwilligen Gerichtsbarkeit betreffend, von 1859.[491]

a. Rechtsquellen

Durch den Westfälischen Frieden von 1648 hatte das Heilige Römische Reich Deutscher Nation einen Großteil seiner Macht zugunsten der Territorialstaaten verloren, bis es mit Niederlegung der Kaiserkrone durch Kaiser Franz II. 1806 schließlich unterging. Als Folge erstarkte die Gesetzgebungskraft in den Territorien. Dies führte in Deutschland zu dem Rechtszustand, dass sich neben den bestehenden Reichsgesetzen partikulare, besondere Verfahrensordnungen entwi-

[486] V. Cölln, a.a.O., S. 238.
[487] Hofgerichtsordnung 1593, LVO I, S. 175 ff.
[488] Canzleyordnung 1617, LVO I, S. 315 ff., Canzleyordnung von 1660, LVO I, S. 434 ff., Canzleyordnung von 1664, LVO I, S. 449 ff., Canzleyordnung von 1728, LVO I, S. 826 ff., Canzleyordnung von 1770, LVO II, S. 356 ff.
[489] Verordnung, das Verfahren in Civil-Rechtssachen bei den Ober- und Untergerichten betreffend, vom 27. Februar 1816, LVO VI, S. 299 ff.
[490] Gesetz, das Verfahren in bürgerlichen Rechtsstreitigkeiten bei en Ober- und Untergerichten des Landes betreffend, vom 12. April 1859, LVO XII, S. 178 ff.
[491] Gesetz, die Verwaltung der freiwilligen Gerichtsbarkeit betreffend, nebst Tax-Ordnung, vom 12. April 1859, LVO XII, S. 286 ff.

ckelten. Für diese war charakteristisch, dass sie sich mit der Aufstellung von Grundsätzen zur Beantwortung bestimmter Fragen begnügten und lediglich Rahmenvorschriften enthielten, also keine umfassenden, abschließenden Vorschriften für das gesamte Verfahren.[492] Der Rechtspraxis wurde damit für die tatsächliche Gestaltung des Prozesses ein weiter Freiraum gelassen. Dem Bedürfnis nach einer einheitlichen Rechtsgrundlage entsprechend entwickelte die deutsche Prozessrechtswissenschaft einen abstrakten, einheitlichen Prozess, den sog. *Gemeinen Zivilprozess*. Dabei handelte es sich um ein nur in der Lehre entwickeltes, nirgends kodifiziertes Regelwerk, welches neben den Verfahrensordnungen der Territorien und Städte bestand.[493]

Gegen Ende des 18. Jahrhunderts und während des gesamten 19. Jahrhunderts wurden in Deutschland bedeutsame Prozessrechtsreformen vollzogen, die sich die Beseitigung der immer stärker empfundenen Mängel der Gemeinrechtlichen Prozessgrundsätze zum Ziel gesetzt hatten und die in einem unterschiedlichen Maße den bisherigen Rechtszustand änderten.[494] In Lippe fanden diese Reformbestrebungen in der Lippischen Verfahrensordnung von 1816[495] sowie in der Prozessordnung von 1859[496] Ausdruck. Die Regeln des Gemeinen deutschen Zivilprozesses wurden von den Gerichten ergänzend angewandt, soweit es kein geschriebenes oder ungeschriebenes Landesrecht gab.[497]

An materiellem Recht galten im Fürstentum das Gemeine Recht, die in den Landesverordnungen veröffentlichten landesrechtlichen Vorschriften und die partikularrechtlichen Vorschriften. Die Fürstin Pauline empfahl allen Rechtsgelehrten des Fürstentums auch das Studium des Code Napoléon: *„[...] empfehlen Wir das anhaltende und gründliche Studium dieses so sehr merkwürdigen und dem Geist der Zeiten vorzüglich entsprechenden Gesetzbuchs allen Rechtsgelehrten hiesigen Fürstenthums“*[498]. Der Code Napoléon wurde in dem konservativen Rheinbundmitglied Lippe jedoch nicht als Zivilgesetz eingeführt.

b. Einlegung des Rechtsmittels

Die Obergerichte waren für die von der Jurisdiktion der Untergerichte befreiten Personen und Sachen die erste Instanz und die zweite Instanz für die Rechts-

---

492 Engel, Beweisinterlokut und Beweisbeschluss im Zivilprozess, S. 40.

493 Engel, a.a.O., S. 41.

494 Musielak, Grundlagen der Beweislast im Zivilprozess, S. 266.

495 Verordnung, das Verfahren in Civil-Rechtssachen bei den Ober- und Untergerichten betreffend, vom 27. Februar 1816, LVO VI, S. 299 ff.

496 Gesetz, das Verfahren in bürgerlichen Rechtsstreitigkeiten bei den Ober- und Untergerichten des Landes betreffend, vom 12. April 1859, LVO XII, S. 178 ff.

497 Musielak, Die Grundlagen der Beweislast im Zivilprozess, S. 265.

498 Verordnung, den Code Napoleon betreffend, vom 9. August 1808, LVO V, S. 233 f.

streite, welche bereits von einem Untergericht entschieden worden waren. Neue Tatsachen und Beweismittel konnten in zweiter Instanz nicht vorgebracht werden. Sie waren nur bei Zurückverweisung an die erste Instanz zulässig.[499] Die Akten wurden vom Hofgericht regelmäßig direkt beim Ausgangsgericht angefordert.[500] Der Amtsauditor vertrat dabei sowohl jüdische als auch christliche Parteien vor Gericht.

Die Rechtsmittelfrist betrug 90 Tage.[501] Das Rechtsmittel musste rechtzeitig beim Ausgangsgericht interponiert werden und sodann die Appellations-/Recursbegründungsschrift bei der Justizkanzlei bzw. dem Hofgericht eingereicht werden.[502] Die Vorladung vor Gericht erfolgte durch schriftliche Ladung der Parteien von Amts wegen. Bei Vorliegen ausreichender Gründe, wie z.B. Krankheit einer Partei, konnte der Gerichtstermin verschoben werden.[503]

War zu befürchten, dass der beklagte Schuldner Vermögenswerte vor der Verhandlung beiseite schaffen würde, konnte das Gericht als einstweilige Maßnahme zur Sicherung der klägerischen Ansprüche das Vermögen des Schuldners beschlagnahmen oder den Schuldner zur Leistung einer Sicherheit *(Caution)* auffordern. Eine Kaution war vorgeschrieben bei auswärtigen Klägern zum Schutz des Prozessgegners hinsichtlich dessen Kostenerstattungsanspruchs und der Gerichtskosten.[504]

Unentschuldigtes Nichterscheinen hatte für den Säumigen zur Folge, dass ihm die Verfahrenskosten auferlegt werden konnten. Die Kosten des Rechtsstreits wurden i.ü. je nach Ausgang des Verfahrens den Parteien auferlegt. Die unterliegende Partei hatte der obsiegenden Gegenpartei die entstandenen Kosten zu erstatten.

Hofgericht und Justizkanzlei überprüften als Rechtsmittelgericht regelmäßig die erstinstanzliche Entscheidung nicht vollständig, sondern nur bzgl. der Punkte, deretwegen der Appellant/Recurrent das Rechtsmittel eingelegt hatte.[505] Das Hofgericht konnte sowohl das erstinstanzliche Urteil aufheben und zur ander-

---

[499] Gesetz, das Verfahren in bürgerlichen Rechtsstreitigkeiten bei den Ober- und Untergerichten des Landes betreffend, vom 12. April 1859, LVO XII, S. 178 ff. § 95 Abs. 1.
[500] *L 84 II K 294 (1858) (Lenzberg ./. Kordwahr).*
[501] Verordnung, das Verfahren in Civil-Rechtssachen bei den Ober- und Untergerichten betreffend, vom 27. Februar 1816, LVO VI, S. 299 ff., § 10; *L 84 II S 231 (1840) (Scheuer ./. Marx).*
[502] *L 83 B K 719 (1858) (Adler ./. Klasing).*
[503] Hofgerichtsordnung 1593, LVO I, S. 224 Tit. II, S. 224 Tit. IV.
[504] Hofgerichtsordnung 1593, LVO I, S. 231 Tit. VI.
[505] *L 84 II L 121 (1856) (Lenzberg ./. Meyer).*

weitigen Verhandlung und Entscheidung an das erstinstanzliche Gericht zurückverweisen als auch eine eigene Sachentscheidung treffen, wenn die Sache zur Endentscheidung reif war.[506]

c. Beweismittel

Der Richter musste sein Urteil auf Beweise stützen können. Zugelassene Beweismittel waren Augenschein, Zeugenaussage, Urkunde, Sachverständigengutachten und der Eid.[507] Die Verfahrensordnung von 1816 beschränkte den freien Beweisantritt durch Zeugen dahin, dass Zeugenbeweise erst nach Erlass eines entsprechenden Beweisurteils des Gerichts angetreten werden konnten.[508] Urkunden mussten hingegen von den Parteien ohne gerichtliche Aufforderung sofort vorgelegt werden, um den Gang des Verfahrens abzukürzen.

Die von dem Richter festgelegte Beweisfrist war immer peremptorisch. War über den Beweis erkannt worden, und war entweder die Beweisfrist verstrichen oder der angetretene Beweis mißlungen, so war eine Erneuerung oder Wiederholung des Beweises nicht mehr zulässig. Dies galt auch dann, wenn von einem unterrichterlichen Erkenntnis appelliert oder der Recurs ergriffen wurde.[509] Eine Vorlage von neu aufgefundenen Beweismitteln war ausnahmsweise zulässig bei Wiedereinsetzung in den vorigen Stand. Die beweisführende Partei war in diesem Fall gehalten, den Restitutionseid dahin, dass ihr jenes Beweismittel vorher nicht bekannt gewesen sei, abzuleisten.[510]

Die Aussage des Zeugen erfolgte in der Regel mündlich vor dem Gericht und zwar bis zur Änderung durch die Gerichtsordnung von 1859 in Abwesenheit der Parteien. Eine Person war grundsätzlich zum Erscheinen, zur Aussage und zur Eidesleistung verpflichtet (Zeugnispflicht). Der Eid als Beweismittel spielte eine zentrale Rolle. Das Gericht konnte zur Klärung der Rechtslage von beiden oder auch nur von einer Partei die Ableistung eines Eides verlangen. Es gab verschiedene Formen des Eides; die wichtigsten waren Ergänzungs- oder Reini-

---

[506] *L 84 II K 294 (1858) (Lenzberg ./. Kordwahr).*

[507] Hofgerichtsordnung 1593, LVO I, S. 247, Tit. XXVI.

[508] *„Die bei den hiesigen Gerichten bisher statt gefundene freiwillige Beweisantretung dient in der Regel nur zur Verwirrung und Verzögerung der Processe. Dieselbe soll daher künftig im ordentlichen Proceß nicht mehr zugelassen, vielmehr der Beweis nie eher angetreten werden, bis ein Urteil deshalb ergangen und das Beweistema gehörig festgesetzt ist."* Verordnung, das Verfahren in Civil-Rechtssachen bei den Ober- und Untergerichten betreffend, vom 27. Februar 1816, LVO VI, S. 299 ff., § 43.

[509] Verordnung, das Verfahren in Civil-Rechtssachen bei den Ober- und Untergerichten betreffend, vom 27. Februar 1816, LVO VI, S. 299 ff., §§ 47 f.

[510] Verordnung, das Verfahren in Civil-Rechtssachen bei den Ober- und Untergerichten betreffend, vom 27. Februar 1816, LVO VI, S. 299 ff., § 49.

gungseid.[511] Eine vorsätzlich falsche Zeugenaussage konnte eine Anklage wegen Meineid zur Folge haben, worüber die Parteien vor der Eidesleistung belehrt wurden.[512]

d. Prozessgrundsätze

Die Prozessgrundsätze waren teils gesetzlich verankert, teils entstammten sie dem Gemeinen deutschen Recht. In der Hofgerichtsordnung ausdrücklich normiert war die Eventualmaxime,[513] nach der alles auf einmal in jedem Abschnitt des Verfahrens vorzubringen war.[514] Sie diente als Mittel gegen die Prozessverschleppung und zwang die Parteien zur Konzentration des Prozessstoffs. Die Geltung der Eventualmaxime erstreckte sich auf sämtliche Einreden, peremptorische und dilatorische. Sie ordnete dem Parteivorbringen einen festen Platz in der Reihenfolge Klageerhebung, Klageerwiderung, Replik, Duplik zu[515] und zwang die Parteien durch Androhung der Präklusion dazu, auf jeden Angriff und jede Verteidigung uno actu zu reagieren.[516] Nicht ausdrücklich festgelegt waren die weiteren Prozessrechtsgrundsätze aus dem Gemeinen deutschen Zivilprozess: die Grundsätze der Verhandlungsmaxime, Schriftlichkeit, formale Beweistheorie und das Prinzip der Beweistrennung (sog. Beweisinterlokut).[517]

Der überwiegende Teil der vorliegend untersuchten Entscheidungen erging nach formellem Beweisrecht. Unter anderem diese Unbeweglichkeit des Gemeinen Prozesses[518] führte im Laufe des 19. Jahrhunderts zu grundlegenden Reformbestrebungen[519] und Entwürfen einer einheitlichen deutschen Zivilprozessordnung.[520]

---

511 Engel, Beweisbeschluß und Beweisinterlokut, S. 50.

512 Hofgerichtsordnung 1593, LVO I, S. 239, Tit. XVI.

513 Die HGO schrieb in Titul V., § 7 vor: „*Solche und dergleichen verzüglich Auszüge und Exceptiones, sollen für Befestigung des Kriegs vorgewandt werden, und damit in Darthuung solcher Exception, kein Verzug der Sachen böslich oder gefährlich gesucht, sollen dieselbe nicht nach und nach, sondern wie im nächstvorgehenden Titul vermeldet, alle mit einander auf ein Termin und in einer Schrift vorgebracht, und die Parteien hernach damit nicht weiter zugelassen oder gehört werden.*“

514 Gensler, Handbuch, S. VIII.

515 Gensler, a.a.O., S. VIII.

516 Engel, Beweisinterlokut, S. 45.

517 Wach, Handbuch, S. 132.

518 Wach, Handbuch, S. 132 f.; Schmidt, Lehrbuch, S. 93; Schulte, Die Entwicklung der Eventualmaxime, S. 13.

519 Vgl. Allgemeine bürgerliche Prozessordnung für das Königreich Hannover, Dahlmanns, Neudrucke Bd. I, S. 67 ff.; Entwurf einer Prozess-Ordnung in bürgerlichen Rechtsstreitigkeiten für den Preußischen Staat, 1. Bd. Entwurf, 2. Bd. Motive, Berlin 1864.

520 Vgl. Hellweg, Geschichtlicher Rückblick über die Entstehung der deutschen Civilprozess-Ordnung, AcP 61, 78 ff.

e. Verfahrensablauf

Bei Streitsachen mit einem Wert unter 25 Rtl. fand, um zu verhindern, dass die Prozesskosten den Streitwert erschöpften oder sogar überstiegen, sowohl vor den Untergerichten als auch bei den Obergerichten ein Verfahren nur mündlich zum Protokoll statt, ohne Zulassung von Schriftsätzen, wobei die anwaltliche Vertretung zulässig blieb.[521]

An den Untergerichten fand i.ü. ein schriftliches Verfahren nur in wichtigen Sachen statt;[522] ansonsten wurde nur mündlich zu Protokoll verhandelt, – sog. protokollarisches Verfahren. Bei den Amtssitzungen waren keine Anwälte zugelassen.[523] Die Parteien waren vor den Ämtern zum persönlichen Erscheinen verpflichtet.[524] Im Falle der Verhinderung konnten sie sich jedoch auf Antrag durch einen Mandatarius, der kein Anwalt war, vertreten lassen.

Der Prozess war in der Regel in drei Verfahrensabschnitte gegliedert, die jeweils durch Urteil oder Beweisinterlokut abgeschlossen wurden. Alle zu einem bestimmten Abschnitt des Prozesses gehörigen Angriffs- und Verteidigungsmittel waren nach Abschluss dieses Stadiums durch Urteil ausgeschlossen.[525] Der erste Verfahrensabschnitt enthielt den Schriftwechsel. Er diente der Sammlung, Erörterung und Würdigung des tatsächlichen Vorbringens der Parteien. Der Beklagte verteidigte sich durch rechtshindernde oder rechtsvernichtende Einwendungen. Falls er sich auf die Klage einließ oder er zur Antwort verurteilt wurde, waren damit alle zum ersten Verhandlungsabschnitt gehörigen Verteidigungsmittel präkludiert.[526] Der zweite Verfahrensabschnitt diente der Erörterung und Feststellung der entscheidungserheblichen streitigen Tatsachen. Im dritten Verfahrensabschnitt folgte das Beweisverfahren. Darin mussten die Parteien mit ihren Behauptungen die Angabe der Beweismittel verbinden; neue Behauptungen durften jedoch nicht eingebracht werden.[527] Das Anerbieten eines Gegenbeweises war ausgeschlossen. Die Beweisinterlokute legten jeweils zum

---

[521] Verordnung wegen des Verfahrens in Klagsachen, deren Gegenstand nicht über 25 Rtl. an Werth beträgt, vom 3. November 1801, LVO IV, S. 34 f.

[522] Verordnung wegen des Verfahrens in Klagsachen, deren Gegenstand nicht über 25 Rtl. an Werth beträgt, vom 3. November 1801, LVO IV, S. 34 f., 35.

[523] Ausnahmen galten bei Rechtsstreitigkeiten entfernter Ausländer, wenn ein Syndicus für eine Stadt oder Gemeinde erschien oder wenn der Anwalt eigene Angelegenheiten vortrug, Verordnung, das persönliche Erscheinen der Partheien an den Ämtern betreffend, vom 25. Februar 1812, LVO VI, S. 95 ff., Nr. 2.

[524] Verordnung, das persönliche Erscheinen der Partheien an den Ämtern betreffend, vom 25. Februar 1812, LVO VI, S. 95 ff.

[525] Planck, Beweisurteil, S. 33.

[526] Planck, a.a.O., S. 43; Schulte, Die Entwicklung der Eventualmaxime, S. 4.

[527] Planck, a.a.O., S. 44 f.

Schluss eines Verfahrensabschnitts, nach Sammlung des gesamten Parteivorbringens, Beweissatz, Beweislast und Beweisfrist fest. Der Natur nach war es ein *bedingtes Endurteil*, welches die Entscheidung des Rechtsstreits nur noch vom Ausgang der Beweisaufnahme abhängig machte.[528] Daraus erklärt sich, dass vorliegend zahlreiche Appellationen oder Recurse zu den Obergerichten sich gegen die von erstinstanzlichen Gerichten auferlegten Beweisinterlokute richteten.

Das Beweisinterlokut bedeutete die Bejahung der Erheblichkeit einer Behauptung durch besondere Entscheidung.[529] Es zeigte, dass derjenige Prozessabschnitt geschlossen war, dessen Stoff den Gegenstand der Entscheidung abgab. Alles, was die Parteien in jenem Abschnitt vorzutragen berechtigt waren, war beendet; eine weitere Vermehrung oder Veränderung des Stoffes stand ihnen nicht mehr frei.[530] Es konnten also keine neuen Klaggründe, keine neuen Einreden, keine neuen Repliken etc. vorgetragen werden. Es bestand somit ein Zwang für die Parteien, schon vor dem Beweisantritt Angriff und Verteidigung abzuschließen. Damit korrespondierte der Zwang für das Gericht, durch das Beweisinterlokut in dem gleichen Zeitpunkt alles eventuell zu beurteilen.[531]

Der Kläger konnte sich nicht mit dem Leugnen von peremptorischene Einreden oder der der litis contestatio[532] vorausgegangenen dilatorischen Einreden begnügen, sondern musste zugleich die dagegen gerichteten Repliken vortragen.[533] Ebenso schnell musste der Beklagte die Repliken und der Kläger etwaige Dupliken beantworten.[534]

---

528 Planck. a.a.O., S. 228; Wetzell, System des ordentlichen Civilprocesses, S. 976 ff.; Schulte, a.a.O., S. 8.

529 Auf heutiges Prozessrecht übertragen indizierte es die Bejahung der Schlüssigkeit einer Klage. Denn indem es, unter Verwerfung unzulässiger oder unerheblicher Angriffs- oder Verteidigungsmittel, die beweisbedürftigen Tatsachen bestimmte, erkannte es in Bezug auf diese die Schlüssigkeit des Klag- oder Abweisungsantrages an, Goldschmidt, Der Prozess als Rechtslage, S. 431; anders heute: die Bejahung der Erheblichkeit einer Behauptung wird nur in den Gründen der über den Antrag, zu deren Begründung sie bestimmt ist, ergehenden Entscheidung begründet, soweit diese mit Gründen zu versehen ist. Bedarf diese, wie insbesondere der Beweisbeschluss, keiner Begründung, so bedarf es insoweit auch die Bejahung der Erheblichkeit der Behauptung nicht, Goldschmidt, a.a.O.

530 Planck, Das Beweisurtheil, S. 342.

531 Nur für die Appellationsinstanz wurde eine Ausnahme zugelassen, sog. beneficium nondum deducta deducendi und nondum probata probandi.

532 Kaser, Das Römische Zivilprozessrecht, S. 215 ff., 218-222.

533 KGO v. 1521 Tit. XIX § 5; KGO v. 1523 Tit. III § 1; KGO v. 1555 Teil III Tit. XXIV § 2 i.V. m. Tit. XXV, zitiert nach Schulte, a.a.O., S. 5.

534 KGO v. 1555 Teil III Tit. XXIX § 3; zitiert nach Schulte, a.a.O., S. 6.

f. Die formelle Beweistheorie

Die untersuchten Entscheidungen der lippischen Gerichte wurden meist nach formellem Beweisrecht gefällt. Die sog. formale Beweislehre war aus der Schriftlichkeit und Nichtöffentlichkeit erwachsen, um der Gefahr richterlicher Willkür vorzubeugen. Sie legte, abzielend auf eine förmliche juridische Wahrheit, den Wert eines Beweismittels, etwa der Glaubwürdigkeit eines Zeugen, den Beweiswert einer Urkunde oder divergierender Sachverständigengutachten, im Voraus fest.[535] Es galt der Grundsatz, dass zwei Zeugen vollen Beweis begründeten.[536] Ein Zeuge erbrachte einen Halbbeweis. Die Überzeugung des Richters von der Wahrheit oder Unwahrheit der Aussage spielte grundsätzlich keine Rolle.[537]

Sinn und Zweck dieser formellen bzw. legalen Beweistheorie war die Rechtssicherheit, d.h. die Berechenbarkeit der richterlichen Entscheidung. Dadurch, dass das Gesetz selbst vorschrieb, wann eine Tatsache als wahr anzusehen sei, wurde dem Urteil die notwendige gesetzliche Autorität verliehen. Zudem glaubte man, nur so ausreichend gegen richterliche Willkür geschützt zu sein.[538]

Ergab die Berechnung, dass der Beweis in vollem Umfang geführt bzw. nicht geführt war, erging sofort ein der Klage stattgebendes oder die Klage abweisendes Endurteil. War der Beweis hingegen nur unvollständig geführt worden, legte das Gericht in Abhängigkeit vom Beweisergebnis von Amts wegen entweder dem Beweisführer zur Vervollständigung des Beweises einen Ergänzungseid oder der Gegenpartei zur Vernichtung des Beweises einen Reinigungseid auf. Dabei kam der Beweisführer zum Eid, wenn er zumindest halben Beweis erbracht hatte. Die Gegenpartei kam zum Eid, wenn weniger als halber Beweis erbracht worden war. Die Einzelheiten waren insoweit streitig. Die Frage danach, ob für den Ergänzungseid gerade halb oder etwas mehr bewiesen sein müsse, wurde im Laufe der Zeit allerdings dadurch obsolet, dass die Wahl zwischen Ergänzungs- und Reinigungseid zunehmend im Ermessen des Gerichts stand, das sich dabei vor allem von Gerechtigkeitserwägungen leiten ließ.[539]

---

535 Patermann, Die Entwicklung des Prinzips der freien Beweiswürdigung im ordentlichen deutschen Zivilprozess in Gesetzgebung und Lehre, S. 17.

536 Endemann, Zivilprozessrecht, S. 874.

537 Vgl. Marburger, Wissenschaftlich-Technischer Sachverstand und richterliche Entscheidung im Zivilprozess, S. 27.

538 Marburger, a.a.O., S. 27; Patermann, a.a.O., S. 61.

539 Engel, a.a.O., S. 49 f.

III. Prozesse vor der Justizkanzlei und vor dem Hofgericht

1. Zuständigkeit der staatlichen lippischen Gerichte

Die Zuständigkeit staatlicher Gerichte erstreckte sich in Zivilsachen, mit Ausnahme der dem Rabbiner vorbehaltenen Streitigkeiten (vgl. hierzu oben B.III.4), sowohl auf innerjüdische Streitigkeiten als auch auf gemischt jüdisch-christliche Auseinandersetzungen.[540] Nach der Hofgerichtsordnung von 1593 und der Kanzleiordnung von 1613 waren die lippischen Obergerichte für „*Real- und Personalfürderungen*" auch unter den Juden zuständig.[541] Die lippischen Gerichtsordnungen von 1816 und 1859 enthielten keine Sonderbestimmungen für jüdische Einwohner. Weder waren sie in dem Exemtionskatalog der Untergerichte aufgeführt noch existierten Sondervorschriften etwa hinsichtlich Immunität oder Exterritorialität von Juden. In keinem Fall hat eine jüdische Prozesspartei die Unzuständigkeit des staatlichen lippischen Gerichts gerügt. Dies deutet darauf hin, dass die Juden die staatliche Autorität für sich im Verhältnis zu den jüdischen Gerichtsverfahrensgesetzen als vorrangig bindend betrachteten.

2. Weitere Zulässigkeitsvoraussetzungen

Die Anforderungen an die Zulässigkeit der Klage richteten sich auch bei innerjüdischen bzw. gemischt-jüdischen Streitigkeiten nach der lex fori, d.h. dem Gemeindeutschen und dem lippischen Prozessrecht.

Von den durchgesehenen Klagen wurde keine Klage einer jüdischen Partei als unzulässig abgewiesen. Die Parteifähigkeit bzw. Prozessfähigkeit der jüdischen Partei ist an keiner Stelle in Zweifel gezogen worden.[542] Juden waren sowohl aktiv als auch passiv in vollem Umfang parteifähig. Auch die Parteifähigkeit

---

540 Hingegen sieht das rabbinische Recht eine Zuständigkeit jüdischer Gerichte vor unter anderem für Ehestreitigkeiten und Nachlasssachen, Fassel, Mosaisches Civilrecht, § 3.

541 Innerjüdische zivilrechtliche Streitigkeiten fielen in den Kompetenzkatalog von HGO 1593 und Canzleyordnung 1614, vgl. HGO 1593 Tit. I, LVO I, S. 221 „*Diesem unserm Hofgericht sollen in Real- und Personalfürderungen oder Actionen und andern denselben angehörigen Implorationen alle unser Grafschaft Unterthane [...] besprochen werden. [...] So wollen wir auch, da ein den andern unser Unterthanen Actione Iniuriarum civiliter zu beklagen, daß er solche vor unserm Hofgerichte vorzunehmen bemächtigt seyn sol, und sollen solche Action und Sache in dem Fall von unserm Hofgericht auch auf- und angenommen werden*". Ausgenommen von der Zuständigkeit des Hofgerichts waren Strafsachen und Ehesachen.

542 So werden in *L 84 II S 284 (1848) (Schlüter ./. Braun)* vor dem Amt Brake Parteifähigkeit, Prozessfähigkeit und Postulationsfähigkeit als selbstverständlich vorausgesetzt. Auf die gerichtsbezogenen und streitgegenstandsbezogenen Sachurteilsvoraussetzungen geht auch in den anderen untersuchten Prozessen keines der Gerichte je ein. Bzgl. der Zulässigkeitsvoraussetzungen waren Juden den Christen somit gleichgestellt; ebenso *L84 II E 80 (1847)*.

von minderjährigen jüdischen Beklagten wurde ohne weiteres bejaht. In einem Titel namentlich bezeichnete jüdische Parteien waren zur Vollstreckung berechtigt, und entsprechende Vollstreckungsaufträge jüdischer Gläubiger wurden ohne weiteres durchgeführt.

Die ordnungsgemäße Klage-/Rechtsmittelerhebung erfolgte durch Juden und Christen mittels Einreichung der Klageschrift bzw. einer Appellationsbegründungs-/Recursschrift. Diese enthielt die Bezeichnung der Parteien und des Gerichts sowie die bestimmte Angabe des Gegenstandes und des Grundes des erhobenen Anspruchs. Die Bezeichnung der Parteien und ihrer gesetzlichen Vertreter erfolgte in der Praxis nach Namen, Stand oder Gewerbe, Wohnort und Parteistellung. Eine Unterscheidung findet sich in vielen Akten allerdings insoweit, als die jüdische Partei ausdrücklich als „Israelit" bzw. „Schutzjude" bezeichnet ist.[543] Zumindest in den Fällen, wo es auf die Glaubensverhältnisse nicht ankam, konnte diese Bezeichnung als Diskriminierung gedeutet werden, da hierdurch impliziert wurde, in der Bezeichnung „Schutzjude"/ „Israelit" liege etwas, was der gesonderten Umschreibung bedürfe. Von verschiedenen Juden wurde die Bezeichnung als Diskriminierung empfunden.[544] Andererseits erfüllte die Bezeichnung auch einen prozessualen Zweck, da Juden den Eid nicht in christlicher Form leisteten, und eine entsprechende ausdrückliche Kennzeichnung Verfahrensfehler verhinderte.[545]

---

[543] Offenbar gab es auch beim Hofgericht keine einheitliche Praxis, ob die Religionszugehörigkeit der Parteien im Rubrum angegeben werden sollte oder nicht. Z.B. weist in *L 84 II G 149 (1852)* das Rubrum auf die Glaubensrichtung nicht hin ("gegen den Handelsmann"). Anders die Recursbegründung ("gegen den Israeliten"). Dies lässt den Schluss darauf zu, dass das Hofgericht um eine wertfreie Entscheidung bemüht ist. – In einer innerjüdischen Streitigkeit *(L 84 II S 278 (1847) (Stahl ./. Hamlet)* bezeichnete der jüdische Kläger den Beklagten ausdrücklich als "Israeliten".

[544] *„Aber nicht nur diese aus dem Schutzverhältnis entstehenden besonderen Abgaben sind es, welche den Israeliten drücken, sondern auch in eben dem Maße die bloße Benennung „Schutzjude", wodurch er sich in den Augen seiner Mitbürger zurückgesetzt und herabgewürdigt siehet. Mit Unwillen empfängt er die Erlasse und Bescheide der Behörden, worin ihm fast regelmäßig dieses traurige Prädikat beigelegt wird, welches ihn stets an seine schmachvolle bürgerliche Stellung erinnern muß. Noch tiefer empfindet er dieses, wenn er einem Ausländer gegenübersteht oder wenn er in einem andern Staat zu irgendeinem Zwecke ein Dokument produciren muß, worin das erniedrigende Wort „Schutzjude" seinen Stand bezeichnet [...]"*, aus der Bittschrift der landjudenschaftlichen Deputierten, E. Rinteln in Detmold und M. Meyer in Schwalenberg, an den Landesherrn, die Lippischen Untertanen mosaischer Konfession von den sie drückenden Lasten zu befreien und dieselben dadurch ihren christlichen Mitbürgern im Rechte wie in den Pflichten gleichzustellen, 10.1.1847, StA Dt, L 77 A Nr. 5330 fol. 61-73, Pohlmann, a.a.O., Nr. 169, S. 274 ff., 275.

[545] Zum Judeneid vgl. oben B.V.2.o.

Die Schriftsätze jüdischer Prozessbeteiligter unterschieden sich nicht von denen christlicher Prozessbeteiligter. Sie enthielten gleichmäßig die Angabe der zur Begründung dienenden tatsächlichen Verhältnisse, die Erklärung über die tatsächlichen Behauptungen des Gegners sowie die Bezeichnung der Beweismittel, deren sich die Parteien zum Nachweis oder zur Widerlegung der tatsächlichen Behauptungen bedienen wollten. War die Partei durch einen Anwalt vertreten, so enthielt der Schriftsatz die Unterschrift des Anwalts. Am Schluss der jeweiligen Appellations-/Recursbegründung bzw. Klage stand ein bestimmter Antrag an das Obergericht.

Die Verfahren wurden in deutscher Sprache geführt. Es ist kein Hinweis darauf gefunden worden, dass die Juden hierdurch wegen sprachlicher Probleme in ihrem rechtlichen Gehör verletzt worden sind. Hilfen für Verfahrensbeteiligte, die der deutschen Sprache nicht mächtig waren, sahen die lippischen Prozessordnungen von 1816 oder 1859, Hofgerichtsordnung oder Kanzleiordnung zwar nicht vor. In keiner der Aktenprotokolle erweist sich aber ein Jude, der Partei ist, als der deutschen Sprache nicht mächtig. Da die mangelnde Beherrschung der deutschen Schrift öfter von jüdischen Prozessparteien einredeweise, etwa um die Wirksamkeit eines Vertrages zu Fall zu bringen, vorgebracht wird, ist davon auszugehen, dass eine jüdische Partei eine unzureichende sprachlich-akustische Verständigung ebenfalls als Einwand geltend gemacht hätte.[546]

Fristverlängerungen wurden den jüdischen Prozessparteien gewährt.[547] Begründeten Anträgen auf Wiedereinsetzung in den vorigen Stand wurde stattgegeben.[548]

Juden konnten offenbar genauso wie Christen ein Unterstützungsgesuch einreichen, um Prozesskostenhilfe zu erhalten.[549] Insgesamt wurden die Juden soweit ersichtlich hinsichtlich der Zulässigkeitsvoraussetzungen bei einem gerichtlichen Verfahren als gleichberechtigte Mitglieder der Rechtsgemeinschaft angesehen. Den jüdischen Klägern stand der Rechtsweg zu den staatlichen ordentlichen Gerichten unter den gleichen Voraussetzungen offen wie den Christen.

---

[546] Die Regelung geht aber z.B. über die Vorschriften der § 184 GVG, 142 III ZPO hinaus; danach genügt es, wenn einem Schriftstück in fremder Sprache eine deutsche Übersetzung beigefügt wird.

[547] *L 83 B J 386 (1844/45) (Ahrensberg ./. Kirchner).*

[548] *L 83 B A 247 (1870) (G. Arensberg ./. Klingenberg).*

[549] HGO 1593, Tit. XXI, LVO I, S. 215; Das Circulare an die Aemter, die Unterstützungs-Gesuche betreffend, vom 3. Juli 1804, LVO IV, S. 109 enthalten keine Unterscheidung nach Konfessionszugehörigkeit.

3. Anwendbares Recht

Die Gerichte wandten sowohl für die rechtliche Beurteilung innerjüdischer Streitigkeiten als auch für die rechtliche Beurteilung gemischt jüdisch-christlicher Auseinandersetzungen das Gemeine Recht sowie das kodifizierte Recht des Landes Lippe an.[550] Die Geltung lippischen Rechts zugunsten mosaischen Rechts wird in keinem einzigen Rechtsstreit in Zweifel gezogen.[551] Nur der Prozesseid wurde nach jüdischem Ritus geleistet.[552] Es konnten auch nur Stellen im Zusammenhang mit dem Prozesseid gefunden werden, in denen sich jüdische Prozessparteien auf abweichende, spezifische Vorschriften des jüdischen Rechts berufen. So behauptet der jüdische Kläger in dem Rechtsstreit *L 83 B H 1053 (1871) (Hirschfeld, Witwe ./. Aschoff)* die Unwirksamkeit eines Eides eines jüdischen Zeugen, da dieser noch einmal ausdrücklich von dem Rabbiner über die Folgen eines Falscheides hätte aufgeklärt werden müssen.[553] Außer im Zusammenhang mit dem Eid wird die Anwendbarkeit jüdischen Rechts jedoch an keiner Stelle ernsthaft erwogen.

Für die Juden vor den lippischen Obergerichten galt somit ausschließlich das lippische Recht. Die Juden waren damit wie alle anderen Bürger des Landes Lippe durch das geschriebene und Gemeine Recht geschützt.

4. Zeugnisfähigkeit

Das spätrömische Recht unter Kaiser Justinian hatte Ketzer und Juden vom Zeugnis gegen Christen ausgeschlossen, denn gegen rechtgläubige Christen sollten Ungläubige kein Zeugnis ablegen dürfen. Als Zeuge konnte ein Jude nur dann in den Gerichten auftreten, wenn er Zeugnis gegen einen Juden ablegte. Hingegen konnte ein Christ jederzeit wirksam Zeugnis gegen ihn ablegen.[554]

---

[550] Vgl. z.B. *L 84 II S 284 (1848) (Schlüter ./. Braun):* Der zugrundeliegende Warenkaufvertrag sowie die Bindungswirkung des Schuldscheins wird von dem Amt Brake wie dem Hofgericht ausschließlich nach deutschem Recht beurteilt. Es werden keine jüdischen Sonderregelungen angewandt oder erwähnt.

[551] In keiner seiner Entscheidungen überprüft das Gericht die Anwendbarkeit eines fremden, jüdischen Rechts durch die jüdischen Parteien, vgl. *L 84 II P 80 (1846) (Paradies ./. Goldstein)*.

[552] Kisch, The Jews in Medieval Germany, S. 137 ff.

[553] Der Einwand wurde wohl zu Recht abgewiesen, da § 61 Abs. 2 Gerichtsordnung 1859 eine vorherige Belehrung des Schwörenden durch einen Geistlichen seines Bekenntnisses nur für Ausnahmefälle nach dem Ermessen des Gerichts vorsieht, Anhaltspunkte für eine solche Ausnahmesituation in dem betreffenden Fall jedoch nicht vorlagen.

[554] Dohm, a.a.O., Bd. I, S. 50; Novell. 45 c. 1; Stobbe, Die Juden in Deutschland während des Mittelalters, S. 148. Auch nach kanonischem Recht waren Juden unfähig, ein gerichtliches Zeugnis gegen Christen abzulegen, Can. X. de Iudaeis et Haeret.

Juden im mittelalterlichen Deutschland waren, abgesehen davon, dass man schon früh Sondervorschriften für den Eid entwarf, in der Zeugnisfähigkeit grundsätzlich nicht beschränkt.[555] An verschiedenen Stellen finden sich allerdings Beweisregeln, dass in christlich-jüdischen Streitigkeiten, wenn der Jude der Beklagte ist, ein aus jüdischen und christlichen Zeugen gemischtes Zeugnis zulässig ist, hingegen gegen christliche Beklagte nur Christen als Zeugen zugelassen sind.[556] *Stobbe* begründet dies damit, dass der Jude sich dem Christen gegenüber nicht bloß in einer niedrigeren Stellung befand, sondern dass er auch einer anderen Nation angehörte und deshalb, wie andere Fremde, gegen einen Deutschen kein vollgültiger Zeuge war.[557]

Für den Beweis gegen einen Juden sollte mindestens ein Jude, der dabei gewesen war, verfügbar sein.[558] Auch wenn der Jude nicht durch die Aussage von lauter Christen überführt werden konnte, bleibt als Ungleichbehandlung, dass der Jude danach den Christen nur mit (ausschließlich) christlichen Zeugen überführen konnte.

Offenbar als Folge der unmittelbaren Anwendung des römischen Rechts wurde jüdischen Zeugen im deutschen Reich nachfolgend von verschiedenen Rechtsgelehrten die Zeugnisfähigkeit abgesprochen. So verneint Pufendorf die Zeugnisfähigkeit jüdischer Zeugen. Nach ihm sind Juden nur unter Einschränkungen zum Erfüllungseid zugelassen, nämlich dann, wenn mindestens ein halber Beweis schon erbracht ist und wenn zur gerichtlichen Sicherheit nicht mehr viel fehlt. So heißt es bei Pufendorf, Observationes I, *„Judaei, utpote Christianis infestissimi, ad testimonium contra Christianos non admittuntur. Constat praeterea, eosdem religioni non ducere, Christianos decipere, damnoque afficere.*

[555] Stobbe, a.a.O., S. 150 unter Verweis auf das Privileg König Heinrichs IV. für die Speyerer Juden: *„Wenn ein Christ mit einem Juden Streit hat, so mag jeder nach seinem Gesetz zu Recht stehen und den Beweis führen; [...] sondern der Jude schwöre nach seinem Gesetz und mag durch kein Zeugnis überführt werden."*

[556] Nach fränkischen Schutzbriefen sollte, für den Fall, dass ein Christ gegen einen Juden klagte, der christliche Kläger drei christliche und drei jüdische Zeugen vorführen. In dem entgegengesetzten Fall, dass der Jude Kläger war, sollte der Kläger den Beweis mit lauter christlichen Zeugen führen, Stobbe, a.a.O., S. 151 unter Verweis auf Rozière n. 27: *Quod si Christianus causam vel litem contra eos habuerit, tres idoneos testes Christianos et tres Hebraeos similiter idoneos in testimonium suum adhibeat, et cum eis causam suam judicet; et si illi causam vel litem contra Christianum habuerint, Christianos testes in testimonium sibi assumant, et cum eis eum convincant.* – Eine ähnliche Vorschrift enthält der Schwabenspiegel. Ein geschützter Jude konnte somit nur dann verurteilt werden, wenn er durch drei jüdische Zeugen belastet wurde. Die jüdischen Herren wurden davor geschützt, dass Sklaven gegen sie aufgehetzt wurden, Aronius, Regesten, S. 31.

[557] Stobbe, a.a.O., S. 152.

[558] Stobbe, a.a.O., S. 151.

Merito igitur judex cavet, ne Judaeum contra Christianum ad jusjurandum suppletorium admittat, nisi quidem plus quam semiplena probatio jam sit facta, cui ad fidem juridicam non multum desit, adeoque suspicio perjurii cesset.[559] Eine Einschränkung macht Pufendorf dort, wo die Wahrheit nicht anders zu erlangen ist; in diesem Fall dürfen jüdische Zeugen zusammen mit Christen Zeugen sein, wenn sie den Christen zustimmen: *„[...] contra Christianos orthodoxos haeretici vel qui Judaicam superstitionem colunt, testes esse non possunt, sive utraque pars orthodoxa sit, sive altera, ut in L. 21.C.de haeret, nominatim expressum est. Quod merito ita accipiendum est, nisi veritas aliter haberi non posit, Brunnen ad. Cit, L. 21, n.4, vel Judaici testes cum Christianis ad supplenda et adjuvanda horum dicta producantur, quo casu, si Christianis consentiant, nulla in eos suspicio cadit."*[560] Auch Dohm beklagt im Zusammenhang mit der Beweisfähigkeit jüdischer Zeugen, die harten Verfügungen des römischen Rechts seien übernommen worden.[561] Der Praxis des kaiserlichen Reichskammergerichts entsprach es allerdings, Juden vor Gericht den Erfüllungseid zuzugestehen.[562]

Grundsätzlich wurde die vom römischen Recht statuierte Regelung durch das neuere Gemeine Recht und die Partikularrechte beseitigt. Voraussetzung der Zeugnisfähigkeit war eine „genaue Ermessensprüfung der individuellen Verhältnisse“[563], – Wahrnehmungsfähigkeit, keine Störung der Geisteskraft, Mündigkeit.[564] Bzgl. der Beweisfähigkeit von Zeugen unterschied das Gemeine Recht *verwerfliche* Zeugen, welche als Zeugen gar nicht verhört, vielmehr alsbald verworfen werden sollten, solche, welche, wenn sie verhört worden waren, ganz und gar *unglaubwürdig* blieben, und solche, welche für *verdächtig* gelten mussten.[565] Geschwisterkinder, Geschwister der Eltern, Stiefverwandte, Paten, Verschwägerte, Ehegatten und Verlobte galten allgemein als verdächtig.[566] Im Wesentlichen war jedoch die Aufstellung einer Stufenleiter der Glaubwürdigkeit in das *richterliche Ermessen* gestellt.[567] Die Zeugnisfähigkeit von Zeugen, die zu der

---

[559] Pufendorf, Observationes juris universi, Bd. I, S. 294 (Observatio CX) *(Ad Judaeus contra Christianum ad jusjurandum suppletorium admittatur).*

[560] Pufendorf, a.a.O., Bd. I, S. 293 (Observatio CIX) *(De Judaeis testibus contra Christianos).*

[561] Dohm, Über die bürgerliche Verbesserung der Juden, Bd. II, S. 308 f.

[562] Mynsinger, Observat. Centur V. Obs. VI, S. 382, zitiert nach v. Dohm, a.a.O., Bd. II, S. 309.

[563] vgl. Endemann, Beweislehre des Zivilprozesses, S. 217.

[564] Endemann, Beweislehre des Zivilprozesses, S. 204.

[565] Endemann, a.a.O., S. 204.

[566] Es erfolgt keine Differenzierung nach weiteren Kriterien; Endemann, a.a.O., S 209.

[567] Vgl. Endemann, a.a.O., S. 210 *"Thatsächlich herrscht über den nicht wegzuleugnenden möglichen Einfluss der Blutsverwandtschaft oder Schwägerschaft das konkrete Ermessen, welches nur noch den Schritt zu thun hat, dass es auch Aszendenten- und Deszendentenzeugnisse, die nicht mehr als unzulässig angesehen werden sollten, nach den Umständen würdigt."* – Eine

Partei in einem privatrechtlichen Dienstverhältnis standen, wurde nach Ermessen angenommen.[568] Bzgl. der Beeinträchtigung der Beweisfähigkeit durch eigenes Interesse unterschied man, ob der Zeuge an dem Ausgang des Prozesses interessiert, ob das Interesse ein mittelbares oder unmittelbares war, wo das nähere Interesse begann und das entferntere Interesse aufhörte, welcher Art das Interesse war etc. Ein unmittelbares Interesse am Ausgang des anhängigen Prozesses hatten die Parteien selbst; ein mittelbares wurde angenommen bei Regresspflichtigen, Legataren und all denen, welche als Intervenienten aufgetreten waren oder hierzu berechtigt waren.[569]

Bei gegebener Zeugnisfähigkeit stand am Ende der Vernehmung die *formelle Berechnung des Beweisergebnisses* durch bindende Beweisregeln. Die Ableistung des Zeugeneides begründete eine Präsumtion für die Wahrhaftigkeit des an sich fähigen Zeugen.[570] Je nach Beweisergebnis wurde dem Beweisführer ein Ergänzungseid oder der Gegenpartei ein Reinigungseid zur Vernichtung des Beweisergebnisses auferlegt. Mit der Auferlegung des Eides wurde das Endurteil eventualiter verbunden.[571]

In *Endemann*, Beweislehre des Zivilprozesses, von 1866 wird ausgeführt: *"Andere Gründe der Unfähigkeit wie die der Ketzer, Juden, Exkommunizierten, aus dem Gewerbe oder anderen Lebensverhältnissen (z.B. Reichtum, Armut) hergenommene haben teils ihre Bedeutung gewechselt oder sind niemals mehr gewesen, als Hinweisungen auf die genaue Ermessensprüfung der individuellen Verhältnisse."*[572] Ebenso stellt *Wetzell* fest, dass die vom römischen Recht statuierte Ausschließung der Ketzer und Juden vom Zeugnis gegen Christen sowie die Unfähigkeit der Exkommunizierten nach kanonischem und die der Rechtlosen und Geächteten nach deutschen Recht durch das neuere Gemeine Recht und die Partikularrechte beseitigt worden seien.[573]

Die lippischen Schutzbriefe enthielten zur Zeugnisfähigkeit bzw. zu Beweisregeln der Schutzjuden keinerlei Angaben. Zu dem Rechtszustand in Lippe wird je-

---

freundschaftliche oder feindschaftliche Beziehung des Zeugen zu der Partei sollte bei der Prüfung seiner Wahrheitsliebe berücksichtigt werden, Wetzell, a.a.O., S. 186.

568 Das aus einem Dienstverhältnis hervorgehende eigene Interesse des Dienenden versuchten die Gerichte durch Unterscheidungen nach Gattungen der Dienstleute und Art der Streitigkeit zu lösen; Strippelmann, S. 656.

569 Wetzell, System des ordentlichen Civilprocesses, S. 180.

570 Der Eid war erlassen in Bagatellstreitigkeiten und wenn die Parteien darauf verzichteten, Wetzell, a.a.O., S. 184.

571 Engel, a.a.O., S. 49.

572 Endemann, a.a.O., S. 217.

573 Wetzell, System des ordentlichen Civilprocesses, S. 185.

doch in zwei Quellen die mangelnde Zeugnisfähigkeit beklagt. In seiner Eingabe von 1840 beklagt der Vorsteher der lippischen Judenschaft, dass die Juden überhaupt kein bzw. kein völlig glaubwürdiges Zeugnis gegen Christen ablegen könnten und beruft sich auf das geltende Gemeine Recht. Konkret heißt es *„Der Jude soll z.B. gegen den Christen gar kein gültiges, oder doch nach der mildern, aber in der That eben so sehr kränkenden Ansicht der Rechtslehrer, welche das schreiende Unrecht zwar einsehen, aber nicht Muth genug haben, das verjährte Vorurtheil ganz und gar zu bekämpfen, kein völlig glaubwürdiges Zeugniß ablegen können"*.[574] In einer Bittschrift von 1847 beklagen zwei landjudenschaftliche Deputierte, dass ihr gerichtliches Zeugnis aufgrund ihrer Religion noch immer als ein verdächtiges gebrandmarkt werde.[575] Eine derartige fehlende Zeugnisfähigkeit war allerdings im lippischen Prozessrecht nicht gesetzlich normiert.[576]

1857 gehörte dieser Rechtszustand offenbar der Vergangenheit an, da keine entsprechenden Klagen mehr laut wurden und nur pauschal auf das Verschwinden von Benachteiligungen in der Zivilgesetzgebung hingewiesen wird.[577]

---

[574] Spanjer Herford, Emancipations-Gesuch der Israeliten des Fürstentums Lippe, Lemgo 1840, S. 26.

[575] *Bittschrift der landjudenschaftlichen Deputierten, E. Rinteln in Detmold und M. Meyer in Schwalenberg, an den Landesherrn, die Lippischen Untertanen mosaischer Konfession von den sie drückenden Lasten zu befreien und dieselben dadurch ihren christlichen Mitbürgern im Rechte wie in den Pflichten gleichzustellen*, 10.1.1847, StA Dt, L 77 A Nr. 5330 fol. 61-73, abgedruckt bei Pohlmann, Quellensammlung, Nr. 169, S. 274 ff., 275.

[576] Nach jüdischem Recht war ein Nichtjude nur eingeschränkt zeugnisfähig: Nichtjuden galten als nicht ganz glaubwürdige Zeugen, § 115. Nach Fassel ist die Vorschrift bzgl. der Zeugnisfähigkeit von Nichtjuden jedoch restriktiv zu interpretieren:„Hinsichtlich Rechten und Pflichten der Rechts- und Tugendlehre ist durchaus kein Unterschied zwischen Juden und Nichtjuden, so es keine Götzendiener sind. Der Nichtjude ist daher nicht von der Tora als nicht gültiger Zeuge erklärt; auch seine Glaubwürdigkeit wird nicht bezweifelt, auch für ihn spricht die Vermuthung der Unbescholtenheit, § 114; sondern die Verdächtigung hat nicht ihren Grund, weil der Nichtjude nicht der jüdischen Religion angehört, sondern weil er nicht dem jüdischen Rechte und nicht dem jüdischen Gerichte unterstehet"; Fassel, Das mosaisch-rabbinische Gerichtsverfahren, S. 79. Die mangelnde Zeugnisfähigkeit des Nichtjuden hat nach Fassel folgende Ursache: Nach rabbinischem Gesetz ist die Sanktion für eine falsche Zeugenaussage die, dass dem Zeugen das widerfährt, was er durch seine falsche Aussage wollte, dass dem von der falschen Aussage getroffenen widerfahren sollte. Nach rabbinischen Gesetzen untersteht der Nichtjude nicht der jüdischen Gerichtsbarkeit. Denn das rabbinische Gesetz bildete sich zu einer Zeit aus, wo die Juden keine Macht mehr über die Nichtjuden hatten. Den Nichtjuden konnte also eine Strafe wegen falscher Zeugenschaft nicht treffen. Und dass einem Nichtjuden die nichtbeschworene Aussage vor einem jüdischen Gerichte abgelegt, so gar heilig sein sollte, ist nicht zu vermuten. Der Aussage des Nichtjuden fehlte somit die äußere und die innere Garantie, und darum war die Aussage nicht ganz glaubwürdig, möge sie für oder gegen einen Juden oder für oder gegen einen Glaubensgenossen sein, Fassel, a.a.O., S. 79.

[577] In der Ausführlichen Erklärung der Juden zu den auf dem Landtag getroffenen Vereinbarungen; Ablehnung von Entschädigungszahlungen, 27.12.1857, StA Dt, L 77 A Nr. 5331 fol.

Dass der Beweisantritt selbst durch Juden erfolgte, hatte auf die Entscheidung des Gerichts jedoch keinen Einfluss. In der Entscheidung *L 83 B N 151 (1857) (Abt ./. Noltemeier)* trat der jüdische Kläger Moses Abt aus Schwalenberg Beweis durch christliche Zeugen an, nämlich u.a. den Auditor Hausmann. Die Appellation des Beklagten Noltemeier gegen ein Beweisinterlokut des Amtes Schieder wurde daraufhin abgewiesen.

Nach der Gerichtsordnung von 1859[578] konnten die Parteien und deren Vertreter im Regelfall der Vernehmung der Zeugen beiwohnen und nach Beendigung des Verhörs durch Vermittlung des Richters zulässige Fragen an die Zeugen richten.[579] Dieses Fragerecht ist von jüdischen Parteien auch ausgeübt worden.[580] Soweit ersichtlich sind hinsichtlich Juden und Christen dieselben Vorschriften über die Befangenheit von Zeugen angewandt worden.[581]

5. Aufnahmeverfahren, Aufenthaltsrecht, Ausweisung, Heiratsvorschriften

Die Geleiterteilung durch den Landesherrn mittels Schutzbrief war ein wirksames Kontrollinstrument zur Regelung von Aufnahme und Aufenthalt der lippischen Juden und zu ihrer zahlenmäßigen Regulierung. Auch die Heiratsverbote dienten dem Zweck der Bevölkerungskontrolle; durch strenge Beschränkungen bei der Eheschließung gelang es, das natürliche Wachstum zu reduzieren. In der Praxis haben diese gesetzlichen Regelungen offenbar zufriedenstellend funktioniert. Rechtsstreitigkeiten über das Aufnahmeverfahren der Juden, Streitigkeiten wegen Entziehung bzw. Nichtverlängerung des Aufenthaltsrechts oder Ausweisung finden sich in den Gerichtsakten der lippischen Obergerichte im 19. Jahrhundert nicht.[582]

226-250, Pohlmann, Quellensammlung, Nr. 181, S. 298 ff., 300 heißt es z.B. rückblickend: *„Vor dem Forum der Kriminalgerichte wurde schon längst zwischen Juden und Christen keinerlei Unterschied mehr gemacht. Wer einen Juden mordete oder beraubte, wurde nicht gelinder bestraft, als wer dasselbe Verbrachen an einem Christen beging, nicht bloß etwa, wenn und weil der Jude Schutz und Geleit bezahlt hatte, sondern weil man durch den Unterschied der Religion keinen Unterschied vor dem Strafgesetze begründet erachtete. Auch in der Civilgesetzgebung verschwand eine Benachteiligung des Juden vor dem Christen nach der andern, [...]"*.

[578] Die Gerichtsordnung von 1859 regelt in §§ 60 ff. die Person des Schwörenden ohne Differenzierung nach Konfessionszugehörigkeit.

[579] Gesetz, das Verfahren in bürgerlichen Rechtsstreitigkeiten bei den Ober- und Untergerichten des Landes betr., vom 12. April 1859, LVO XII, S. 178 ff., § 46.

[580] Vgl. *L 83 B H 1053 (1871) (Hirschfeld, Witwe ./. Aschoff).*

[581] *L 84 II S 447 (1868) (Lenzberg ./. Silberbach)*

[582] Vgl. hierzu Frey, Rechtsschutz der Juden gegen Ausweisungen im 16. Jahrhundert, Frankfurt 1983.

6. Handelstätigkeit

Der zahlenmäßig größte Teil der Rechtsstreitigkeiten erwuchs aus der Handelstätigkeit der Juden. Dies entspricht der überragenden Bedeutung, die der Handel für die Juden einnahm. Die gefundenen Akten bezeugen für Lippe ganz überwiegend den weniger gewinnträchtigen Kleinhandel.

Der Umfang der erlaubten Handelstätigkeit ergab sich für die Schutzjuden zuallererst aus den ihnen verliehenen Schutzbriefen. Unter Berufung auf Ortsgewohnheiten oder „Observanzen“ wurden ihre ökonomischen Entfaltungsmöglichkeiten durch Verbote des Handels mit bestimmten Warenarten dabei auf kommunaler Ebene erheblich eingeschränkt.[583] In den einzelnen lippischen Ämtern und Städten galten teilweise wesentlich voneinander abweichende rechtliche Regelungen.[584]

Oftmals war der Handel mit bestimmten Warenarten auch durch kommunale Bestimmungen nicht ausdrücklich geregelt, was zu diversen Rechtsstreitigkeiten zwischen den Juden und den Ämtern führte. So wurde in Lemgo zwischen dem Kaufmannsamt und der Witwe Lenzberg mehr als sechs Jahre prozessiert, ob letztere mit Leinsamen handeln dürfe. Der Schutzjude Rinteln prozessierte mit dem Krameramt in Detmold, ob er sich auf Höckerwaren zu beschränken habe. Ebenfalls wird von einer ähnlichen Klage des Krameramts in Blomberg gegen den Schutzjuden Arensberg berichtet, dass derselbe sich auf den Handel mit Höckerwaren zu beschränken habe.[585]

Gem. § 10 der Verordnung von 1809[586] sollten Handelsbücher, alle Verträge und sonstigen Urkunden sowohl bei Verhandlungen von Juden mit Christen als auch bei innerjüdischen Verhandlungen in deutscher Sprache geführt werden.[587]

---

[583] Pohlmann, Quellensammlung, S. 226.

[584] Vgl. Antrag der landjudenschaftlichen Deputierten auf Aufhebung der bestehenden Handelshemmnisse v. 16.1.1839, StA Dt, L 77 A Nr. 5341 fol. 80-92, abgedruckt bei Pohlmann, Quellensammlung, Nr. 152, S. 233 ff.

[585] Diese Fälle werden erwähnt in dem Antrag der landjudenschaftlichen Deputierten, daß in die neue Städteordnung, die auf dem Landtag 1843 beschlossen werden soll, die von einigen Ämtern eingebrachten Anträge, den Handel der Juden nach den jeweiligen Ortsgewohnheiten beschränkt zu halten, nicht aufgenommen werde, 11.12.1842, StA Dt., L 77 Nr. 5329 fol. 168-171; Pohlmann, Quellensammlung, Nr. 157, S. 256 f., 257.

[586] Verordnung, den Bevölkerungszustand der Juden betreffend, von 28.11.1809, LVO V S. 268 ff.

[587] Die Verordnung lautet in dem hier interessierenden Teil (§ 10): "*Die Handlungsbücher, wo wie alle Contracte, Eheberedungen und sonstige Urkunden und Verhandlungen der Juden mit Christen, und auch unter sich, jedoch mit Ausnahme der zwischen Hiesigen und fremden Juden auswärts geschlossenen Verhandlungen, müssen von dem Anfange künftigen Jahres an*

Die Regierung wollte dadurch sicher stellen, dass die Juden auf dem Weg zum vollen Bürgerrecht sich ihrerseits mehr der Kultur der Umwelt anpassten. Nur diejenigen Juden sollten kaufmännische Gewerbe ausüben können, die der deutschen Sprache mächtig waren. Ob die Regelung in der Praxis allerdings immer befolgt wurde, ist zweifelhaft, da in mehreren Entscheidungen die meist kaufmännische jüdische Partei darauf hinweist, der deutschen Sprache bzw. der lateinischen Schrift nicht mächtig zu sein.[588]

a. Warenhandel

(1) Der Ausgangsrechtsstreit zu *L 84 II S 284 (1848) (Schlüter ./. Braun)* betraf eine Forderung aus einem Schuldschein für Warenlieferung. Der Käufer Schlüter hatte dem jüdischen Verkäufer Braun in Brake für erhaltene Manufaktur einen Schuldschein über einen Betrag von 51 Rtl. ausgestellt. Nachdem Schlüter nach Lieferung der Ware nicht zahlte, war er auf die Klage des Braun aus dem Schuldschein vom Amt Brake auf Kaufpreiszahlung verurteilt worden.[589] Hiergegen wandte sich der Recurs des Schlüter. Der Recurrent rügte sowohl formelle als auch materielle Mängel. Insbesondere machte er geltend, von dem jüdischen Verkäufer zur Ableistung der Unterschrift durch arglistige Täuschung veranlasst worden zu sein. Er bat in seinem Recursantrag, entweder unter Beseitigung des amtlichen Dekrets die Klage abzuweisen oder ein den Akten entsprechendes Beweisinterlokut zu erlassen.[590] Das Hofgericht befand, das Amt habe die Einrede der arglistigen Täuschung nicht hinreichend geprüft und verwies zur weiteren Sachverhaltsaufklärung zurück.

---

bey Strafe, daß sie widrigenfalls keine Beweiskraft haben, noch ein Klagerecht begründen sollen, in deutscher Sprache geführt und errichtet werden. Die bis dahin in hebräischer oder jüdisch-deutscher Sprache, oder mit jüdischen Characteren geschriebenen Handlungsbücher und Beweisurkunden sollen künftig, wenn etwa ihre Proction erforderlich seyn wird, zugleich in deutschen Uebersetzungen , oder in Umschreibungen mit deutschen Characteren, deren Uebereinstimmung mit dem Originale beglaubigt seyn muß, bey den öffentlichen oder gerichtlichen Behörden eingereicht werden; in welchem Falle vorerst auf die Originale noch Rücksicht genommen werden soll, in sofern ihrer Glaubwürdigkeit in sonstiger Hinsicht nichts entgegen steht."

[588] Vgl. *L 84 II P 80 (1846) (Paradies ./. Goldstein), L 83 B A 247 (1870) (G. Arensberg ./. Klingenberg).*

[589] Das Amt Brake als territorialer Verwaltungsbezirk Fürstentums Lippe war erstinstanzlich zuständig für lokale Streitigkeiten. Der Rechtsstreit wurde vor dem Amt Brake in einem sog. Exekutiv-Prozess geführt. Der Exekutiv-Prozess war ein summarisches Verfahren, dem heutigen Urkundsprozess vergleichbar, und als schnelleres und einfacheres Verfahren recht beliebt. In dieser Prozessart wurden die meisten Bagatellsachen an Untergerichten abgewickelt. Die Rechte des Beklagten waren drastisch eingeschränkt, wie im heutigen Urkundsverfahren erging die Entscheidung jedoch nur vorläufig. Dem jüdischen Kläger stand somit ebenso wie den Christen die Möglichkeit des Exekutivprozesses offen.

[590] Zum Beweisinterlokut s.o. unter C.II.3.f.

Der christliche Recurrent Schlüter stellte sich in seiner Recursbegründung als Opfer einer Verschwörung jüdischer Händler gegen ihn dar, um seine Einrede, die von ihm stammende Unterschrift auf dem Schuldschein sei arglistig erschlichen worden, glaubhaft zu machen: *"... muß hier bemerkt werden, daß [erg.: Schlüter] ein kränklicher und höchst gutmütiger Mensch ist, welcher, umgeben von eigennützigen Menschen, Spitzbuben und Gaunern, öfters in große Gefahr geriet. Angebliche Freunde vereinigen sich mit schlechten Juden und Judengenossen, und betrügen den Beklagten in großartiger Weise um sein Vermögen."*[591]

Auch wenn möglicherweise der Recurrent durch diese Formulierungen in der vorliegenden christlich-jüdischen Streitigkeit Parteilichkeit des Gerichts zugunsten der Christen erwartete, wurde diese Erwartung doch nicht erfüllt. In ihren Entscheidungsgründen gingen weder das Amt Brake noch das Hofgericht auf die Polemik des Beklagten ein. Sie wurde auch nicht als Argument für die Glaubwürdigkeit des Beklagten zugelassen. Das Hofgericht verwies den Rechtsstreit zur weiteren Sachverhaltsaufklärung zurück, wies jedoch nicht – wie vom Beklagten beantragt – die Klage unter Aufhebung des erstinstanzlichen Dekrets ab.

(2) In der Sache *L 84 II G 123 (1844) (Goldstein ./. Antze)* hatte der jüdische Kläger Goldstein vor dem Amt Salzuflen Klage erhoben gegen den Amtauditor Antze als curator ad lites des Lohgerbers König wegen Kaufpreisforderung und Darlehensrückzahlung. Das Amt Salzuflen legte dem Kläger den Beweis für den Klagegrund auf, den er durch zwei Zeugen antrat. Der judex a quo betrachtete den angetretenen Beweis dennoch als mißlungen.

In seiner Appellation rügte Goldstein zunächst, die Äußerung des ersten Zeugen sei inhaltlich unrichtig protokolliert worden. Ferner rügte er einen Verstoß gegen die Hofgerichtsordnung, da der Gegner, der Sohn des Richters, mit den Aussagen der abgehörten Zeugen bekannt gemacht worden sei. Goldstein war der Ansicht, der judex a quo habe notwendig auf ein Suppletorium erkennen müssen, jedoch nicht den Beweis für mißlungen erachten dürfen.

Nach den Regeln des Gemeinen Deutschen Zivilprozesses legte, falls ein Beweis nur unvollständig geführt war, das Gericht von Amts wegen entweder dem Beweisführer zur Vervollständigung des Beweises einen Ergänzungseid oder der Gegenpartei zur Vernichtung des Beweises einen Reinigungseid auf. Der Beweisführer konnte den Beweis dann vervollständigen, wenn er mindestens halben Beweis erbracht hatte, der Gegner den Beweis durch Reinigungseid vernichten,

---

[591] *L 84 II S. 284 (1848)* Klageerwiderung S. 11.

wenn nicht einmal der halbe Beweis erbracht war.[592] Die Entscheidung zwischen Erfüllungs- und Reinigungseid fiel allerdings im Laufe der Zeit immer mehr in das richterliche Ermessen, das sich dabei vor allem von Gerechtigkeitserwägungen leiten ließ.[593]

Das Hofgericht entschied gegen Goldstein und wies die Appellation ab. Die Beschwerde des Klägers sei unbegründet, da *"die Möglichkeit sich über die Rechtmäßigkeit der klagbar gemachten Forderungen Auskunft zu verschaffen nicht ausgeschlossen erscheint und nur die innere Überzeugung [...] von der Wahrheit oder dem Nichtwahrseyen der streitigen Thatsache in Betracht kommt"*.[594]

Im 19. Jahrhundert entwickelte sich die Beweislehre vom arithmetischen Beweis hin zur Einräumung größerer richterlicher Freiräume dahingehend, dass der Richter die Frage der Wahrheit einer tatsächlichen Behauptung zu bejahen hatte, wenn er als besonnene, gewissenhafte und lebenserfahrene Person die gewonnene Wahrscheinlichkeit als ausreichend ansah. Die Erwägungen des Hofgerichts zeigen eine Hinwendung zu einer freien richterlichen Beweiswürdigung. Diese wirkte sich vorliegend zuungunsten des jüdischen Klägers aus. Die Präklusion von Einreden und Beweismitteln entsprach der Eventualmaxime.

(3) Hintergrund des Rechtsstreits *L 84 II G 149 (1852) (Braun ./. Gröntze)* war eine Klage des jüdischen Kaufmanns Braun aus Brake gegen den Colon Gröntze zu Entze auf Kaufpreiszahlung aus Warenlieferung vor dem Amt Brake. In dem Rechtsstreit verweigerte der beklagte Käufer die Zahlung unter Hinweis auf Lieferung eines aliud bzw. mangelhafte Lieferung, obwohl er unstreitig die Ware rügelos angenommen und ohne Mängelanzeige über ein halbes Jahr behalten hatte. Er war der Ansicht, der vorgelegte Schuldschein sei wegen der Mangelhaftigkeit der Ware nicht durchsetzbar. Gröntze unterlag in erster Instanz und recurrierte zum Hofgericht. Er sei durch den Bescheid graviert, weil seine negative Litiscontestation, die gekauften Betten nicht erhalten zu haben, nicht berücksichtigt worden sei.[595] Zusätzlich war er der Ansicht, bzgl. des Teils des eingeklagten Kaufpreises, der nicht in dem Schuldschein verbrieft gewesen sei, habe keine Verurteilung erfolgen dürfen. Der Exekutivprozess sei unstatthaft gewesen, da nicht die gesamte Klageforderung durch Urkunden nachgewiesen worden sei *"Sobald in einer Klage zwei oder mehrere Forderungen geltend gemacht werden, von welchen, wenn auch nur eine, den Executivproceß nicht begründet, so kann ein Verfahren nach den Regeln des Executivprovesses nicht eingeleitet werden, es*

---

[592] Engel, Beweisinterlokut und Beweisbeschluß im Zivilprozeß, S. 49.
[593] Wetzell, a.a.O., S. 277 ff.
[594] *L 84 II G 123 (1844) (Goldstein ./. Antze)*, Bescheid des Hofgerichts vom 26.02.1845.
[595] *L 84 II G 149 (1852) (Braun ./. Gröntze)*, S. 4.

müssen vielmehr die für den ordentlichen feierlichen Process gegebenen Vorschriften beobachtet werden".[596]

Das Hofgericht entschied als Generalhofgericht zugunsten des jüdischen Recursen und bestätigte das erstinstanzliche Urteil in vollem Umfang. Der Recurrent habe die nicht verbriefte Differenzforderung in der Ausgangsinstanz anerkannt. Entgegen der Ansicht des Beklagten sei vorliegend gar nicht im Exekutivprozess verfahren worden: *"erledigt sich dadurch, daß solches hier gar nicht der Fall gewesen ist, indem die Sache, wie das bei den Aemtern stets geschieht, in dem unbestimmten summarischen Verfahren terminlich verhandelt ist"*[597]. Der Recurrent hätte sich höchstens darüber beschweren können, dass seine Einrede verworfen worden sei. Im übrigen bekenne der Beklagte ausdrücklich in dem Schuldschein, dass er den Kaufpreis "schuldig geworden" sei. Damit räume der Beklagte jedoch sowohl den Kauf als auch den Empfang ein. Nach Ansicht des Hofgerichts traf den Beklagten eine Rügepflicht nach Erhalt der Ware. Indem er die Ware über ein halbes Jahr behalten habe, ohne sie zu beanstanden, hätte er höchstens Anspruch auf eine "Preisvereinbarung".

(4) Der Vorwurf der Befangenheit eines Richters wurde nicht im Zusammenhang mit der Religionszugehörigkeit erhoben. Die Juden sahen sich in erster Linie in ihrer Rolle als Prozesspartei.

In dem Rechtsstreit *L 84 II P 80 (1846) (Goldstein ./. Paradies)* rügte der jüdische Kläger die Parteilichkeit des Richters zugunsten der anderen jüdischen Partei sowie eine Verletzung der richterlichen Hinweispflicht.

Bei dieser Entscheidung handelte es sich um eine Appellation des Schutzjuden Paradies in Lage, Kläger, gegen den Schutzjuden Goldstein. Der Kläger Paradies hatte den Beklagten Goldstein im Wege des Rückgriffs aus einer Bürgschaft in Anspruch genommen. Er hatte sich für den Beklagten bei der Witwe Meyer in Detmold verbürgt und war im Jahre 1842, also vier Jahre zuvor, in Anspruch genommen worden. Der Beklagte erhob nunmehr die Einrede der Verjährung. Das Stadtgericht erkannte gegenüber dem Kläger auf Beweis seiner Behauptungen und ließ dem Gegner den Gegenbeweis nach, namentlich auch dafür, dass der Kläger die Bürgschaft ohne seine Zustimmung oder Aufforderung geleistet habe, in welchem Falle die Einrede der Verjährung Platz greifen würde.

In seiner Appellation rügte der Kläger zunächst Befangenheit des erstinstanzlichen Richters und unterstellte diesem eine "advocatorische Absicht", nämlich den

---

[596] *L 84 II G 149 (1852) (Braun ./. Gröntze)*, S. 7 f..
[597] *L 84 II G 149 (1852) (Braun ./. Gröntze)*, Bescheid vom 28.10.1852.

Antrag im günstigsten Sinne auszulegen.[598] Der Richter habe zu Unrecht die Einrede der Verjährung als durch den Beklagten erhoben betrachtet. Auch rügte er einen Verstoß gegen die richterliche Hinweispflicht: Der judex a quo habe ihm gegenüber deutlich machen müssen, dass er diese Einrede als erhoben betrachte. Ferner hätte der Richter hierüber eine replikatorische Erklärung veranlassen müssen. In der Sache selbst sei die Forderung nicht verjährt: Die 10jährige Verjährung passe nicht, weil sich die Forderung auf das Protokoll des Magistrats in Detmold stütze, also keine unverbriefte sei; zumindest passe sie nicht für die drei letzten Zahlungen von 1837, 1839 und 1842.[599] Das Hofgericht beraumte Termin zur mündlichen Verhandlung an. Der weitere Verlauf geht aus den Akten nicht hervor.

Die Entscheidung zeigt, dass die durch die Verordnung von 1809 normierten Formvorschriften in der Praxis eingehalten wurden. Die maßgeblichen Vertragsdokumente wurden auch bei innerjüdischen Geschäften in deutscher Sprache abgefasst. Den Einwand des Beklagten Paradies, er habe die deutsche Schrift nicht lesen können, lässt das erstinstanzliche Gericht unberücksichtigt. Ferner war auch in dieser innerjüdischen Streitigkeit das Stadtgericht als erste Instanz, nicht Hofgericht oder Justizkanzlei als fürstliche Gerichte, zuständig.

(5) Der Rechtsstreit *L 84 II S 349 (1853) (Stahl ./. Hamlet)* gewährt Einblick in die Alltagsorganisation jüdischer Händler. Der Kläger Stahl berief sich auf spezielle jüdische Handelsbräuche. Bei den jüdischen Handelsgehilfen sei es Brauch, unter der Bezeichnung eines Handelsknechts zu arbeiten, in Wirklichkeit aber Geschäftsteilhaber zu sein. Deshalb sei auch eine hälftige Gewinnbeteiligung verabredet worden. Der Sache nach beschuldigte er seinen ehemaligen Compagnon Hamlet der Unterschlagung und des Betrugs. Das Hofgericht folgt der Argumentation des Klägers, nach jüdischen Handelsbräuchen sei er kein Handelsknecht, sondern gleichberechtigter Partner gewesen, ohne dies näher auszuführen.

(6) Im Vorfeld des Rechtsstreits *L 84 II S 447 (1868) (Lenzberg ./. Silberbach)* hatte die Klägerin, die Fa. M. Lenzberg, Lemgo, dem beklagten Juden Silberbach

---

[598] *„Sollen diese [erg.: Einwendungen des Klägers] alle abgeschnittene seyen weil der Richter – der die dunkeln Reden des Beklagten in dem ihm günstigsten Sinne auslegen, d. h. seinen Anwalt darstellen will – diese advocatorische Absicht nicht verräth, sondern die Dunkelheit unaufgehellt läßt und die Replik nicht darauf leitet, sondern ohne zu dupliciren mit seinem Bescheide plötzlich den Faden abschneiden will ? Ist das Parteien-Gleichheit wenn der Richter für den Beklagten eine unklare Vernehmlassung dictirt, dem Kläger nicht einmal andeutet was er darunter verstehe, eine gründliche Instruction der Sache vermeidet und nun in dem Bescheide plötzlich aus jenem Dunkel die verborgenen Speitzen hervortreten läßt ?", L 84 II P 80 (1846) (Goldstein ./. Paradies) S. 8 f.*

[599] *L 84 II P 80 (1846) (Goldstein ./. Paradies) Bl. 10 d. A..*

aus Schötmar mit einer Anzeige wegen Wechselfälschung gegen den Vater des Beklagten gedroht.

Im Einzelnen lag folgender Sachverhalt zugrunde: Die Klägerin / Appellatin hatte im Dezember 1865 gegen den Vater des Beklagten eine Wechselklage auf Zahlung von 300 Rtl. erhoben. Auf dem Wechsel befand sich auch eine Unterschrift des Beklagten. Als der Vater des Beklagten die titulierte Forderung nicht zahlte, nahm die Klägerin den Beklagten in Anspruch. Dieser behauptete, die Unterschrift auf dem Wechsel sei gefälscht, stellte jedoch einen neuen Schuldschein über 125 Rtl. aus. Aus diesem Schuldschein erwirkte die Klägerin gegen den Beklagten ein Zahlungsurteil auf Zahlung von 125 Rtl. zzgl. 6 % Zinsen. Der Beklagte machte geltend, der betreffende Schuldschein sei in sittenwidriger Weise von der Klägerin erschlichen worden.[600] In der Sache selbst argumentierte der Beklagte, bei dem unterschriebenen Schuldschein handele es sich um eine Bürgschaft. Das Amt Schötmar qualifizierte hingegen die vom Beklagten unterzeichnete Urkunde als Schuldanerkenntnis. Das Dokument enthalte ein Zahlungsversprechen und genüge allein als Klagegrund. Durch das Zahlungsversprechen werde die Beweislast auf den Schuldner gewälzt. Es genüge zur Entkräftigung jedoch nicht, das Vorhandensein der Wechselakzepte und die Ausstellung der Wechselklage zu leugnen, weil beides durch die registrierten Akten widerlegt sei, sondern ein Irrtum, Betrug oder eine Fälschung der Akzepte hätte behauptet werden müssen. Das Anerkenntnis einer eigenen Verbindlichkeit schließe die Einrede einer Bürgschaft aus. Auch die Art und Weise, wie die Schuld getilgt werden solle, spreche gegen eine Bürgschaft.

Das erstinstanzliche Urteil wurde zunächst durch das Amt Schötmar, sodann durch das Generalhofgericht und schließlich durch das juristische Spruchkollegium der Universität München bestätigt.

Zunächst bestätigte das Generalhofgericht das erstinstanzliche Urteil des Amtes Schötmar: Der Klaggrund ergebe sich ohne weiteres aus dem von dem Beklagten als echt anerkannten Schuldschein. Es unterliege keinem Zweifel, dass der Beklagte durch diese Urkunde nicht eine Bürgschaft für eine fremde Schuld übernommen habe, sondern eine bereits auf ihn in Gemeinschaft mit seinem Vater lastende Wechselschuldverbindlichkeit anerkannt und zur pflichtmäßigen Tilgung

---

[600] "Appellant erklärte bei dieser Gelegenheit den Klägern, daß ihm der Sachverhalt fremd, ihm namentlich kein Decret insinuiert sei, er auch fragliche Wechsel nicht (3) acceptiert habe und wenn auf denselben dennoch sein Name stehe, die desfollsige Unterschrift gefälscht sei. Die Drohung der Kläger, sofort gegen Marcus Silberbach eine criminelle Untersuchung wegen Wechselfälschung beantragen zu wollen, brachte mich dazu, jenen die mit der Klage producirte Urkunde vom 5ten Januar 1866 auszustellen", L 84 II S 447 (1868) (Lenzberg ./. Silberbach), Bl. 3 f. d. A.

derselben weitere Garantien gegeben habe; es sei auch gerechtfertigt, dass eine Entscheidung über die von der Ehefrau des Beklagten erhobene Intervention bis zur Rechtskraft des Erkenntnisses eines Hauptprozesses bzw. bis zur etwaigen Stellung von Anträgen auf Vollstreckung aus dem ehelichen Gemeingute ausgesetzt gewesen sei.

Die Appellanten legten gegen diese Entscheidung Revision ein. Daraufhin wurden die Akten nach München weitergeleitet. Das Urteil des lippischen Hofgerichts wurde daraufhin durch die juristische Fakultät der Universität München bestätigt: *"Daß vorstehendes Urtheil den Rechten und den uns zugeschickten Acten gemäß sei, bestätigen wir Senior, Professoren und Doctoren des Spruchcollegiums der Königl. Ludwigs Maximilians – Universität urkundlich des beigedruckten größeren Insinuels und der eigenhändigen Unterschriften des Seniors und des Universitäts-Sekretärs."*[601]

Den jüdischen Prozessparteien stand vor Gericht der Zugang zu sämtlichen Instanzen, auch zu der Revision durch eine juristische Fakultät im Wege der Aktenversendung offen.

(7) Jüdische Verkäufer haben sich zu ihrer Absicherung oft zusätzlich ein abstraktes Schuldanerkenntnis ausstellen lassen. Soweit ersichtlich wurden diese von den Gerichten regelmäßig als wirksam erachtet.

In der Entscheidung *L 83 B J 466 (1853) (Arensberg ./. Kamp)* ging es um die Vollstreckung eines jüdischen Colonialwarenhändlers, Gumpel Arensberg aus Alverdissen, aus einem Zahlungsurteil gegen die Arbeiterin Kamp. Die Justizkanzlei entschied zugunsten des jüdischen Klägers und Recurrenten. Der Widerspruch des Recursen gegen die Executionsvollstreckung wurde zurückgewiesen.

Im Einzelnen lag folgender Sachverhalt zugrunde: Zwischen Kläger und Beklagter war ein Kaufvertrag über Kaffee und andere Waren zu einem Kaufpreis von 25 Rtl. abgeschlosssen worden. Für die Kaufpreisschuld gab die Käuferin zusätzlich ein Schuldanerkenntnis ab. Da die Käuferin nicht zahlte, beantragte der Kläger gegen die Beklagte die Exekution. Der Bruder der Beklagten erhob Widerspruch gegen die Exekutionsvollstreckung. Er behauptete, die Kamp habe nicht wirksam kontrahieren können, da sie seit 1847 unter Curatel gestellt gewesen sei. Hiervon habe der Kläger auch Kenntnis gehabt. Denn er selbst habe dies dem Kläger mitgeteilt, worauf dieser erwidert habe, „es sey gut“. Das Amt Sternberg erließ dem Bruder der Beklagten daraufhin durch Protokollbescheid den Beweis

[601] L 84 II S 447 (1868) (Lenzberg ./. Silberbach), Urteil des königlichen Spruchkollegiums Universitat. Ludovico. Maxim. vom 20. Mai 1871.

auf, dass er vor Entstehung der eingeklagten Schuld dem Kläger von der Betreuung seiner Schwester Anzeige gemacht habe, und dass dieser daraufhin erwidert habe, „es sey gut". Gegen diesen Bescheid richtete sich der Recurs des Klägers. Das erstinstanzliche Gericht habe nicht geklärt, (a) ob überhaupt eine Curatelbestellung stattgefunden habe, (b) ob dieselbe eine freiwillige oder gerichtlich angeordnete gewesen sei und (c) ob eine gerichtlich angeordnete Curatel Dritten gegenüber wirksam sei, wenn sie – was unstreitig war – nicht durch das Regierungsblatt oder eventuell sonst öffentlich bekannt gemacht worden sei.[602]

Die Justizkanzlei folgte der Rechtsansicht des jüdischen Klägers mit Erwägungen über den Verkehrsschutz und wies den Widerspruch des Recursen gegen die Exekutionsvollstreckung zurück. Die Aufhebung der Dispositionsfähigkeit hätte gerichtlich bekannt gemacht oder doch zumindest in offizieller Weise eine Mitteilung darüber erfolgen müssen. *„Da aber die Wirksamkeit einer gerichtlich über einen fast dispositionsfähigen Menschen angeordnete Curatel in Rücksicht auf dritte Personen nur dann eintritt, wenn die Aufhebung der Dispositionsfähigkeit gerichtlich bekannt gemacht worden ist, oder doch in offizieller Weise eine Mittheilung darüber an die Beteiligten gemacht worden ist, beides im vorliegenden Fall nicht stattgefunden hat und der dem Recurrenten angeblich von dem [erg.: Bruder der Verklagten] geschehenen Mittheilung eine der offiziellen Bekanntmachung gleichkommende Wirkung nicht beigelegt werden kann, indem der Recurrent durch dieselbe von dem Umstand der Dispositionsbeschränkung keine Gewißheit erteilt und ihm die Außerachtlassung jener Mittheilung umso weniger zum Nachtheile gereichen darf, als ja das Amt selbst, wie die amtliche Bescheinigung vom 22. Feb. 1848 dennoch die Selbständigkeit des Recursen angenommen sehen muß. Demnach der dem Recursen auferlegte Beweis als widerlegt erscheint."*[603]

(8) In dem Rechtsstreit *L 83 B A 240 (1870) (Dr. Heldmann ./. G. Arensberg)* klagte der Konkursverwalter Dr. Heldmann als Curator im Konkurs des Färbers Kirchhof in Bösingfeld gegen den jüdischen Kaufmann Arensberg in Alverdissen auf Bezahlung gelieferter Ware und Färberarbeit. Der Beklagte erhob die Einrede der Verjährung. Dennoch gab das erstinstanzliche Gericht der Klage statt. Der Beklagte erhob daraufhin Appellation zur Justizkanzlei. In seiner Appellationsschrift warf der Beklagte dem iudex a quo Voreingenommenheit vor, dieser würde das Anerkenntnis nur leugnen, um den Eid zurückzuschieben. Die Justizkanzlei entschied zugunsten des jüdischen Beklagten und wies unter Aufhebung des Amtsbescheids die Klage ab unter Hinweis auf die Verjährung: *„Da der Klä-*

---

[602] L 83 B J 466 (1853) (Arensberg ./. Kamp) Bl. 7 d. A.

[603] L 83 B J 466 (1853) (Arensberg ./. Kamp) Bescheid der Justiz-Canzlei vom 24. Februar 1853.

ger auf die vorgeschützte Einrede der Verjährung nur erwidert hat, dieselbe greife nicht Platz, weil Verklagter gemahnt sei und wie daselbst anerkannt habe, ohne weiter zu bemerken, wann und in welcher Weise dies Anerkenntnis erfolgt sein soll, Verklagter deshalb mit Recht sich beschwert, daß diese allgemeine Behauptung der Unterbrechung der Verjährung bei Feststellung des Beweisresoluts Berücksichtigung gefunden hat und ihm angesonnen ist, einen Eid in der unbestimmten Fassung auszuschwören, wie es in dem Bescheid vom 6. April d. J. enthalten ist, so wird der ebenbenannte Bescheid des Amtes Sternberg aufgehoben und Kläger nunmehr auf Grund der Einrede der Verjährung mit der erhobenen Klage unter Verurtheilung in die Kosten abgewiesen."[604]

(9) In dem Rechtsstreit *L 83 B A 247 (1870) (G. Arensberg ./. Klingenberg)* war die Aufrechenbarkeit einer Forderung des Appellanten gegen die Forderung des Appellaten streitig. Die Justizkanzlei folgte der Argumentation des jüdischen Beklagten und hielt dessen Aufrechnungseinwand für begründet. Die vom Kläger kompensationsweise geltend gemachte Gegenforderung sei bis zu einem die Forderung des Beklagten übersteigenden Betrage in den adregistrirten Akten aufrechnungsfähig. Sonstige Gründe stünden der Zulässigkeit der Kompensationseinrede nicht entgegen. § 21 des Anwaltsgesetzes spreche selbst dem Anwalt einer zum Armenrechte zugelassenen Partei das Recht zur unmittelbaren Einforderung seiner Gebühren von dem zu deren Erstattung verurteilten Gegner nur unter dem ausdrücklichen Vorbehalt etwaiger Aufrechnungseinreden desselben zu. Dem Gerichtsfiskus stehe eine Befugnis zur direkten Einziehung der einer Partei gestundeten Sporteln von deren Gegenpartei unter Ausschließung des Compensationsrechts der letzteren überhaupt nicht zu. Deshalb wurden die Bescheide des Amtes Arnsberg, soweit sie dem Kläger die Zahlung der festgesetzten Prozesskosten unberücksichtigt seiner Compensationseinrede aufgegeben hatten, aufgehoben.

(10) In der Sache *L 83 B J 432 (1849) (Krueger ./. H. Arensberg)* wehrte sich der jüdische Beklagte / Recurrent, Hirsch Arensberg aus Talle, gegen die Rückzahlung einer Konventionalstrafe. Nach seiner Darstellung hatte er Forderungen gegen die Schrödersche Konkursmasse in Vahrenholz erworben und diese an den Kläger, den Müller Kristian Krueger in Stockhausen, verkauft, wobei eine Anzahlung in Höhe von 85 Rtl. geleistet worden sei, – ein Betrag, der von beiden Parteien als Vertragsstrafe ausgemacht worden sei. Das Ausgangsgericht hatte entschieden, zwischen den Parteien sei zwischenzeitlich ein Aufhebungsvertrag zustande gekommen und Arensberg habe kein Zurückbehaltungsrecht bzgl. der an

[604] L 83 B A 240 (1870) (Dr. Heldmann ./. G. Arensberg) Bescheid der Justiz-Canzlei auf die Appellation vom 10. Mai 1869.

ihn geleisteten 85 Rtl. Die Justizkanzlei gewährte dem Arensberg Wiedereinsetzung in den vorigen Stand.

(11) Teilweise erstritten jüdische Gläubiger zwar obsiegende Zahlungsurteile, konnten diese aber wegen Vermögenslosigkeit des Schuldners nicht durchsetzen.

In dem Rechtsstreit *L 83 B J 449 (H. Arensberg ./. Hagemann)* warf der jüdische Gläubiger / Kläger dem Beklagten als Drittschuldner Kollusion mit dem Schuldner vor. Arensberg hatte im Wege der Lohnpfändung die Forderung seines Schuldners Reineke gegen den Beklagten Hagemann gepfändet. Das Ausgangsgericht erließ ein Erkenntnis dahingehend, dass der Beklagte schuldig sei, den vom 22. Dezember 1847 bis zur Quittierung des Dienstes Petri 1848 von Reineke verdienten Lohn an den Kläger auszuzahlen, für eine längere Dienstzeit des Schuldners bei dem Beklagten der Kläger jedoch beweispflichtig sei. Auch für einen höheren Lohn sei der Kläger beweispflichtig. Soweit ersichtlich war diese rechtliche Würdigung im Einklang mit geltenden Beweisregeln. Der weitere Ausgang des Rechtsstreits geht aus den Akten nicht hervor.

(12) In dem Rechtsstreit *L 84 II S 314 (1849) (Kahn ./. Schlüter)* wirkte sich zu Gunsten der jüdischen Partei aus, dass das Hofgericht die Eventualmaxime sehr streng handhabte.

In der Ausgangsinstanz hatte der jüdische Kaufmann Rußmann Kahn aus Brake geklagt gegen den Ökonomen Karl Schlüter in Brake, gesetzlich vertreten durch dessen Kurator in Lemgo. Das Amt Brake hatte ein Beweisinterlokut erlassen, gegen welches der christliche Beklagte zum Hofgericht rekurrierte. Das Hofgericht entschied jedoch zugunsten des jüdischen Klägers.

Der Kläger Kahn hatte im Namen des Schlüter ein Service bestellt. Das Service war an den Kahn geliefert worden, der es an den Käntner weitergegeben hatte. Kahn war von dem Verkäufer auf Kaufpreiszahlung in Anspruch genommen worden und nahm nunmehr den Schlüter im Wege des Rückgriffs in Anspruch.

Das Amt instruierte die Sache bis zur Replik, und erließ, ohne Verfügung einer Duplik oder weiteren Vernehmlassung[605], ein Beweisinterlokut. Darin macht das Amt Brake die endgültige Verurteilung des Recurrenten abhängig von (1) dem Auftrag des Recurrenten an den Recursen, (2) dass der Preisbetrag tatsächlich 48 Rtl. betrug und (3) dass der Kaufpreis von dem Recursen tatsächlich verauslagt wurde.

---

[605] Klageerwiderung.

Der Recurrent war der Ansicht, das Interlokut sei sowohl formell als auch materiell rechtswidrig. Ihm sei zu Unrecht die Verhandlung der Duplik und die Gelegenheit, seine Einreden spezieller vorzutragen, entzogen worden. Die Klage sei zu unbestimmt, da daraus nicht ersichtlich sei, dass der Recurse durch des Recurrenten Schuld Zahlung hätte leisten müssen. Für den Recursen habe keine Notwendigkeit bestanden, eine Schuld von ihm zu bezahlen. Da das Service in seinem Namen bestellt worden sei, sei ein Vertragsverhältnis nur zwischen ihm und dem Verkäufer Schweimer begründet worden. Der Recurse hätte den Verkäufer dazu anhalten müssen, zuerst die Klage gegen ihn, den Recurrenten auszuführen. Stattdessen habe der Recurse sich beeilt, eine condemnirende Sentenz gegen sich herbeizuführen. Schließlich habe er dieselbe noch durch den Zusatz, dass er sich für die Zahlung verbürgt habe, worum er – Schlüter – ihn unstreitig nicht gebeten habe, motiviert.

Die Klage sei auch unter dem Gesichtspunkt einer *negotiorum gestio* unbegründet, da der Recurse ihn von keiner wirklichen, auf rechtskräftigem Erkenntnisse beruhenden, sondern wider seinen Willen nur von einer höchst litigiösen Schuld befreit habe. Schließlich habe der Recurse zwar einen Auftrag zur Bestellung, nicht aber zur Empfangnahme der Waren erhalten.

Das Hofgericht begründete die Zurückweisung des Recurses damit, dass der Recurrent lediglich den Klagegrund bestritten habe, ohne jedoch peremptorische Einreden hinzuzufügen. Deshalb habe es einer Duplik auf die replikatorische Erklärung des Recursen, dass er auf den seiner Klage untergelegten Behauptungen beharre, nicht bedurft, da neue Tatsachen in der Duplik doch nicht hätten vorgebracht werden dürfen. Das Beweisinterlokut entspreche dem Vorbringen des Recursen völlig und enthalte für den Recurrenten keine Beschwerden, da derselbe als Mandant schuldig sei, den Recursen als Mandatar für alle durch Ausführung des Auftrages entstandenen Kosten schadlos zu halten. Im übrigen sei auch die Recursfrist nicht unbedeutsam versäumt.

Der Fall zeigt auch, dass nicht alle christlich-jüdischen Rechtsstreitigkeiten im Wege harter Konfrontation durchgeführt wurden, vielmehr bezeichnet der Recurrent den Recursen als „ehrenwerten Mann". In diesem wie auch in den anderen untersuchten Rechtsstreitigkeiten traten die jüdische Partei dem christlichen Prozessgegner als gesellschaftlich gleichwertig gegenüber.

(13) In der Rechtssache *L 84 II G 141 (1848) (Goldmann ./. Brandes)* entschied das Hofgericht antragsgemäß zugunsten des jüdischen Klägers. Der Jude L. Goldmann aus Bösingfeld klagte gegen den Amtsrendanten Brandes in Sternberg auf Kaufpreiszahlung. Dieser weigerte sich, den Kaufpreis zu zahlen, da die Sa-

che – nach der Übergabe – bei ihm untergegangen sei. Angesichts der bei diesem Sachverhalt klaren Rechtslage ließ das Hofgericht die Klageschrift an den Beklagten zustellen mit der Aufgabe, entweder den Kaufpreis zzgl. Kosten für den nötig gewordenen hofgerichtlichen Bescheid sofort zu bezahlen oder rechtserhebliche Einreden zu erheben. Da hier die Akte endet, ist zu vermuten, dass der Beklagte den Kaufpreis tatsächlich umgehend gezahlt hat und die erstinstanzliche Zahlungsverweigerung nur dem Hinhalten des jüdischen Verkäufers diente.

b. Viehhandel

Diverse Streitigkeiten behandeln Probleme, die sich im Zusammenhang mit Viehkauf ergaben. Dem Rechtsstreit *L 84 II N 108 (1871) (Herzberg ./. Niedermeier)* lag eine Klage des Israeliten Salomon Herzberg gegen den Colon Niedermeier wegen Herausgabe eines Rindes bzw. Schadensersatz zugrunde. Der Kläger Herzberg behauptete, bei dem Beklagten ein Rind gekauft zu haben, welches aber nicht geliefert worden sei. Vor dem Amt Blomberg gab der Kläger als Beweis die Eidesleistung an. Der Beklagte behauptete hingegen, der Kaufvertrag sei nur aufschiebend bedingt geschlossen worden.

Das Amt Blomberg entschied, die Ehefrau des Beklagten sei schuldig über den dahin normierten Eid, da diese den Handel mit dem Kläger verabredet habe. Gegen das Ergebnis des Beweisverfahrens richtete sich die Appellation des Beklagten zum Hofgericht: *"Der Appellat hat aber in der Klage im Protocolle vom 25. October v. J. behauptet, er habe mit mir den Verkaufscontract abgeschlossen und er hat mir darüber den Eid deferiert; ich habe ihm als Kläger gegenüber litem contestirt und die Verhandlungen bestanden, nur ich bin seine Gegenpartei: Meine Frau ist weder induciert noch ist ihr irgendeine Aufforderung zum Beitritt zugegangen."*

Der weitere Ausgang des Rechtsstreits geht aus den Akten nicht hervor. In der Rechtssache rügte der christliche Beklagte einen Verstoß gegen die Verhandlungsmaxime zu seinen Ungunsten, zugunsten des jüdischen Klägers. Dies belegt, dass Vorwürfe der fehlerhaften Verfahrensleitung sowohl von jüdischer als auch von christlicher Seite erhoben wurden. Soweit ersichtlich, ist jedoch ein solcher Vorwurf nirgends mit der Religionszugehörigkeit in Verbindung gebracht worden.

c. Kredithandel

Die rechtlichen Möglichkeiten der Juden zum Kredithandel ergaben sich zunächst aus den Geleitbriefen. Daneben erließ die Regierung verschiedene mehrfach modifizierte Verordnungen zu Höchstzinssätzen, Höchstlaufzeiten und Registrierungserfordernis.[606] Jüdische Kreditgeber durften Zinsen nehmen, die christlichen Kreditgebern als Wucher verboten waren, – eine Besserstellung, die von vielen Juden als zweischneidig angesehen wurde.[607] Schuldverschreibungen, die für Juden ausgestellt wurden und über einen Betrag von 25 Rtl. hinausgingen, bedurften bis 1841 grundsätzlich der amtlichen Registrierung, damit sie durchsetzbar waren[608], – eine Ungleichbehandlung, die von der jüdischen Bevölkerung als kränkend, *„der Moral und dem Zeitgeist Hohn sprechend, sowie dem gemeinschaftlichen Verkehr und Vertrauen hemmend entgegentretend“* angesehen wurde.[609]

Die Geldleiheverordnungen dürften auf Regierungsseite getragen gewesen sein von ökonomischen Erfordernissen und Praktikabilitätserwägungen sowie von dem Bemühen, den christlichen Darlehensnehmern ausreichenden Schutz zukommen zu lassen.[610] Auch barg der von den Juden ausgeübte Kredithandel aus Sicht der Regierung ein gewisses Risiko. In Anbetracht der landwirtschaftlich geprägten Struktur des Landes und der oft weitgehenden Illiquidität der Bauern

---

[606] Vgl. Verordnung wegen der von den Juden zu verleihenden Gelder v. 18.4.1769, LVO S. 323; v. 24.10.1769, LVO II S. 341; Bekräftigung, dass Schuldverschreibungen von Christen an Juden nur Gültigkeit haben, wenn sie obrigkeitlich bestätigt sind, v. 30.6.1781, LVO II S. 766; Änderung der Verordnung vom 30.6.1781: Möglichkeit der direkten Darlehensvergabe an Edelleute, Schriftsässige, herrschaftliche Bediente und Pächter adeliger und schriftsässiger Güter, v. 4.5.1790, LVO IV S. 18 f.

[607] In seiner Eingabe von 1840 nennt der Vorsteher der lippischen Judenschaft diese Besserstellung ein *„gehässiges Privilegium“*, Herford, Emancipations-Gesuch der Israeliten des Fürstenthums Lippe, S. 24.

[608] *„[...] Den Vorstehern der Judenschaft wird hiermit befohlen, in allen Synagogen im Lande bekannt machen zu lassen, daß ‚falls ein Jude einem Christen, er sey Bürger oder Bauer, künftig mehr als fünf und zwanzig Rtl. vorzuschießen gesonnen sey, er darüber die Schuldverschreibung gerichtlich bei dem Magistrat und respectiven Amte, worunter der Empfänger des Geldes steh, in dessen Gegenwart errichten lassen, oder im Contraventionsfalle gewärtigen soll, daß nicht nur das Anlehn für unerforderlich erkläret, sondern der Contravenient auch dem Befinden nach mit der auf die wucherliche Contracte gesetzten Strafe beleget werde.“*, Verordnung wegen der von Juden zu verleihenden Gelder v. 18.4.1769, LVO II S. 323. Ausgenommen waren Edelleute, Schriftsässige, herrschaftliche Bedienstete und Pächter, die auch Privat-Schuldscheine ausstellen konnten: *„[...] so haben Wir in Absicht derselben, auf Beyraht Unserer getreuen Stände von Ritterschaft und Städten, Edelleute, Schriftsäßige, herrschaftliche Bediente und Pächter herrschaftlicher, adlicher und schriftsäßiger Güter von gedachter Verordnung, die sonste der übrigen Unterthanen wegen überall ihre verbindliche Kraft behält, hiermit ausnehmen, mithin um jede bessere Absicht zu erreichen, diesen gestatten wollen, daß sie, auch ohne gerichtlieche Verschreibung, Anlehne von Juden aufnehmen und darüber Privat-Schuldscheine verbindlich ausstellen können.“*, Änderung der Verordnung vom 30.6.1781: Möglichkeit der direkten Darlehensvergabe an Edelleute, Schriftsässige, herrschaftliche Bediente und Pächter adeliger und schriftsässiger Güter v. 4.5.1790, LVO IV S. 18 f.

[609] Herford, a.a.O., S. 26.

[610] Pohlmann, Quellensammlung, S. 78.

liefen die Juden eine erhebliche Gefahr, im Fall von Mißernten ihre Gelder nicht zurückgezahlt zu bekommen und damit auch ihre Abgaben nicht entrichten zu können.[611] Gegen die Bestimmungen der Verordnungen scheint in der Praxis häufig verstoßen worden zu sein.[612]

Die gefundenen Akten stammen aus einer Zeit, als das jüdische Sonderrecht für den Kredithandel bereits beseitigt war. Andererseits zeigen die Akten, dass auch zu dieser Zeit in der lippischen Landbevölkerung durchaus noch eine Nachfrage nach jüdischer Geldleihe bestand.

(1) Der Rechtsstreit *L 84 II S 405 (1858) (Hüttenhaus ./. Steinberg)* beinhaltet eine Appellation des Aron Steinberg aus Hohenhausen, Beklagter und Appellant, gegen den Colon Hüttenhaus in Eichholz, Kläger und Appellat. Der Kläger hatte vor dem Amt Hohenhausen Klage gegen Steinberg erhoben. Er, Hüttenhaus, habe von der Mutter des Beklagten, der Witwe W. Steinberg in Hohenhausen, zwei Darlehen zu je 100 Rtl. aufgenommen und auf seine Grundgüter eingravieren lassen. Der jüdische Beklagte als Bevollmächtigter habe jedoch die Darlehen nicht vollständig ausbezahlt, sondern vielmehr mehrere Schuldposten des Klägers in Abzug gebracht. Da der Kläger jedoch ausgepfändet wurde, erhob er gegen den Beklagten Klage auf Schadensersatz. In erster Instanz wurde der jüdische Beklagte antragsgemäß verurteilt.

Seine hiergegen gerichtete Appellation stützte der Beklagte unter anderem darauf, dass seine Einrede der fehlenden Kaution für die Prozesskosten zu Unrecht abgewiesen worden sei. Es sei amtsbekannt, dass der Kläger durch seine und seiner Ehefrau Verschwendungssucht sein Vermögen ruiniert und seine Stätte überschuldet habe. Wenn es also in der sententia contra quam heiße, er habe sein Vorbringen, dass des Appellaten Grundbesitz nicht genügende Sicherheit biete, nicht substantiirt, so widerlege sich diese Decretur durch die Acten. *„Wollte etwa judex a quo deren, was ich als amtsbekannt bezeichnet habe und was in der That amtsbekannt ist z. B. aus dem Hypothekenbuche sofort ersichtlich ist, richterliche Notiz nicht nehmen, so mußte er darüber ein Verfahren eintreten und bzw. Beweis fordern. Da aber bekanntlich anticipirte Beweise gesetzlich unstatthaft sind, so konnte ich den erhobenen Einwand unmöglich besser formulieren als ich dies gethan habe. Auch hat ja der Appellat gar nicht behauptet, daß meine Einrede nicht motiviert sei, sondern er hat nur die irrtümliche Ansicht ausgesprochen, daß er, weil er Grundbesitzer sei, selbst dann*

---

[611] Scholl, Juden und Judenrecht im Herzogtum Pfalz-Zweibrücken, S. 31.

[612] Stellungnahme der Vorsteher der lippischen Judenschaft zu den Verordnungen von 1769, 1781 und 1790 über die Darlehensvergabe v. 16.4.1804, Stadtarchiv Lemgo, A 3682, abgedr. bei Pohlmann, a.a.O., Nr. 76.

keine Caution für die Proceßkosten zu bestellen hätte, wenn sein Grundbesitz genügende Sicherheit nicht biete.“[613]

Das Hofgericht verwarf die Appellation. Der Besitz von Grundeigentum befreie jedenfalls solange von der Stellung einer Kaution, wie nicht der Beklagte glaubhaft bescheinige, dass besondere Umstände vorlägen, wegen derer ihm jener Besitz ihm keinesfalls ausreichende Sicherheit biete. An einer solchen glaubhaften Bescheinigung fehle es vorliegend aber. Der Beklagte hatte erstinstanzlich behauptet, der Grundbesitz des Beklagten sei nicht genügend, aber keine weiteren Angaben hierzu gemacht. Deshalb hatte das Amt Hohenhausen diese Einrede als nicht ausreichend substantiirt abgewiesen. Diese Entscheidung wurde vom Hofgericht gebilligt.

(2) In der Entscheidung *L 83 B N 127 (1853) (Arensberg ./. Nolting)* klagte der Schutzjude Gumpel Arensberg aus Almena gegen den Einlieger Nolting aus Almena auf Darlehensrückzahlung. Der Beklagte erhob die Einrede der Erschleichung. Bereits im Jahre 1842 sei auf Betreiben des Klägers und anderer Gläubiger sein gesamtes Vermögen gepfändet worden. Von dem Verkauf des Vermögens habe er nie wieder etwas gehört; eine Rechnungslegung sei nicht erfolgt. Er vertrat die Ansicht, der Kläger habe nicht eher von neuem die Vollstreckung beantragen können, als bis er nachgewiesen habe, dass er – der Beklagte – wiederum zu besserem Vermögen gekommen sei. Das erstinstanzliche Gericht, das Amt Sternberg, folgte dem nicht und verfügte die zwangsweise Beitreibung des Betrags. Der Recurs des Beklagten hatte keinen Erfolg.

In seinem Recurs beschwerte sich der Beklagte über die ihm nachteilige erstinstanzliche Entscheidung: *„Es ist das ganze Verfahren des Amts Sternberg und es sind die durch dessen Requisitionen veranlasste Verhandlungen auch materiell ungerecht, nichtig und jedenfalls als widerruflich aufzuheben, weil, wie ich in der Einrede der Erschleichung vom 13. Sept. 1848, auf welche noch heute ein Bescheid nicht erteilt ist, nachgewiesen habe, im Jahre 1842 auf Instanz des Klägers wegen dieser Forderung der Concurs wider mich erkannt ist, ich damals zum beneficio cessionis bonorum gelassen und mein ganzes Vermögen vom Amtsdiener Tölle in Empfang genommen wurde.“* [614] Die Justizkanzlei entschied dennoch zugunsten des jüdischen Klägers.

---

613 *L 84 II S 405 (1858) (Hüttenhaus ./. Steinberg) Bl. 6 f. d.A.*

614 *L 83 B N 127 (1853) (Arensberg ./. Nolting) Bl. 7 d. A.*

7. Handwerk

Ein besonderes Anliegen der Integrationsbemühungen der lippischen Regierung war, die als einseitig empfundene Berufsstruktur unter den Juden durch eine gezielte Förderung des Handwerks auszugleichen. Dieses Bestreben erhielt Unterstützung auch durch führende Juden, die hierdurch auch die Möglichkeit sahen, *als Juden*, d.h. ohne Aufgabe ihres Judentums oder Taufe, normale anerkannte lippische Mitbürger zu werden. Der jüdische Rechtsanwalt Nathan Spanjer Herford gründete 1841 den „Verein zur Beförderung des Handwerks unter den Israeliten", der sich u.a. die Vermittlung von Lehrstellen zur Aufgabe machte und diese Anpassung an die gesellschaftliche und berufliche Umwelt finanziell unterstützte.[615] Trotz des hohen Anreizes eines kostenlosen Geleits blieb die Maßnahme hinter den Erwartungen zurück. Dies war zurückzuführen einmal auf die unzureichende Berücksichtigung organisatorischer Probleme, die sich bei der Beschäftigung jüdischer Lehrlinge in christlichen Handwerksbetrieben ergaben, wie Einhaltung der jüdischen Speisevorschriften oder der jüdischen Feiertagsregelung. Daneben entsprach diese Ausbildungspolitik jedoch im Zeitalter der Industrialisierung nicht mehr den tatsächlichen Bedürfnissen des Marktes, der an den angebotenen Handwerken bereits eine Übersättigung aufwies und Bauern und Handwerker zu den stagnierenden Berufsgruppen zählte.[616] Auch bestand eine starke innere Bindung der Juden an Traditionen und an das von den Vätern ererbte Gewerbe, die allein durch finanzielle Leistungen nicht aufgehoben werden konnte. Die überwiegende Anzahl der Juden blieb auch in Lippe erfolgreich in ihren traditionellen Berufen, Handel und Gewerbe.

Die jüdischen Handwerker blieben insgesamt immer eine sehr kleine Gruppe. Jüdische Handwerker – Lohgerber, Drechsler, Sattler, Seifensieder, Buchbinder, Färber – finden sich in den Akten bis auf solche von Lohgerbern nur selten. Werden Rechtsstreitigkeiten von Handwerkern erwähnt, so entspringen diese nicht dem Handwerk, sondern anderen Gewerben.[617] Viele Handwerker betrieben andere Gewerbe als Zweitgeschäft nebenher, da der Handwerksberuf allein ihre Existenz offenbar nicht sichern konnte.

---

[615] StA Dt, L 77 A Nr. 5384 fol. 7.

[616] Von den Juden, die sich zum Erlernen eines Handwerks entschlossen, lebten viele in äußerster Armut, vgl. Pohlmann, Die Verbreitung der Handwerke unter den Juden, S. 82. Insofern war es nur nachvollziehbar, dass die Juden es vorzogen, ihrer altbewährten Handelstätigkeit nachzukommen, mit der sie zumindest ihren Lebensunterhalt sichern konnten.

[617] Z.B. nennt *L 83 B J 386 (1844/45) (Ahrensberg ./. Dr. Kirchner)* den Färber Katzenstein als Darlehensgeber. In *L 84 II L 277 (1855)* klagte der Drechsler Katz auf Provision aus Maklervertrag.

8. Zunftwesen

Zu den typischen lippischen Zünften gehörten Kramer, Bäcker, Schneider, Schuhmacher, Schmiede und Tischler. Der Widerstand der Zünfte gegen die Aufnahme von Juden endete erst mit der Einführung der vollen Gewerbefreiheit beim Eintritt Lippes in den Norddeutschen Bund. Bis dahin wehrten sich die Zünfte massiv gegen die Aufnahme jüdischer Gewerbetreibender.

In der Sache *L 84 II L 113 (1854) (Lenzberg ./. Krameramt der Stadt Lemgo)* hatte der jüdische Kläger Joseph Lenzberg erfolglos die Aufnahme in das Krameramt Lemgo beantragt und schließlich das Amt beim Magistrat in Lemgo auf Aufnahme in die Zunft verklagt. Das beklagte Krameramt erhob nicht näher belegte Vorwürfe gegen den jüdischen Kläger dahingehend, er habe den Befähigungsnachweis (Lehrbrief) durch Bestechung erkauft.

Das beklagte Amt argumentierte, der Kläger sei als Israelit nicht berechtigt, die Aufnahme in die Zunft zu fordern. Hilfsweise behauptete es die Mangelhaftigkeit des vorgelegten Lehrbriefs. Der Magistrat gab daraufhin dem beklagten Amt auf, eine bestimmte Erklärung über die Qualifikation des Klägers abzugeben, mit dem ausdrücklichen Hinweis, eine solche solle ohne Rücksicht auf die Religion erfolgen. Neben der inhaltlichen Unrichtigkeit machte das Amt daraufhin geltend, der Kläger habe bei seiner Mutter gelernt, welche einen Vieh- und Fruchthandel betrieben habe, und habe somit nicht zünftig gelernt. Der Magistrat sandte die Akten daraufhin an das Stadtgericht Detmold. Dieses verurteilte das beklagte Amt, den Kläger in das Krämeramt aufzunehmen und ihm die Kosten zu erstatten. Das Amt appellierte gegen das Erkenntnis des Stadtgerichts Detmold zum Hofgericht.

Das Detmolder Stadtgericht hielt es – zugunsten des jüdischen Klägers – für die Gültigkeit des Lehrbriefs für nicht erforderlich, dass die Ausbildung bei einem zünftigen Meister erfolgt sei. Vielmehr sei entscheidend, dass der Lehrling sich die erforderlichen Kenntnisse und Geschicklichkeiten zu eigen gemacht hätte. Demgegenüber hatte das Amt argumentiert, es käme immer darauf an, ob jemand zunftmäßig gelernt habe, nicht darauf, ob er sich die erforderlichen Geschicklichkeiten zu eigen gemacht habe: *"Sollte man Letzteres annehmen, so würde einestheils ein Lehrbrief gar nicht erforderlich sein, anderentheils würden in vielen Fällen vielleicht Wochen genügen." [...]. "Namentlich ist es ja bekannt, daß Juden sehr leicht die zu einem Kaufmannsgeschäft erforderlichen s.g. Geschicklichkeiten capiren."*[618] *"[...] und halten uns umso mehr zur Zulassung [sc.: mit dem Gegenbeweis] berechtigt, als eingegangener Erkundigung*

---

[618] *L 84 II L 113 (1854) (Lenzberg ./. Krameramt der Stadt Lemgo)* Bl. 19 d. A.

zufolge von jenem Sternfeld dergleichen Lehrbriefe gegen Geld und gute Worte mehr zu erwirken sind."[619]. Neben dem Aufgreifen des typischen Klischees vom Juden als geborenem Händler unterstellte das beklagte Krameramt dem Kläger, sich die fragliche Ausbildungsbescheinigung illegal, durch Zahlung einer Geldsumme an die zuständige Behörde, aber nicht durch Leistung verschafft zu haben, weswegen die formelle Gültigkeit ohnehin unerheblich sei. Es wurden jedoch keine Beweise angeführt.

In der Appellation beharrte das Krameramt ferner nachdrücklich darauf, die Religion des Klägers mache eine Aufnahme in die Zunft unmöglich. Es widersprach der Ansicht des Stadtgerichts, der von den Beklagten aus der Religion hergeleitete Weigerungsgrund sei bereits durch die Verfügung des Magistrats zurückgewiesen worden. Die Verfügung des Magistrats besage lediglich, dass, insofern die Weigerung des Krämeramts, den Kläger aufzunehmen, sich auf die Aufhebung der Grundrechte beziehe, dieselbe für unstatthaft erklärt werden *müsse*. Sie erkläre sie aber nicht tatsächlich für unstatthaft. Eine solche Unstatthafterklärung habe auch nur in Form eines ordnungsmäßigen Bescheids mit Angabe der Parteien, Parteirollen und des Streitgegenstandes ergehen können.

Zur Unterstützung ihrer Argumentation führten die Beklagten weiterhin an, dass Juden sich auf Grundrechte nicht berufen könnten.[620] *„Es handelt sich lediglich darum, ob der § 16 des Gesetzes vom 10. Januar 1849, die Bekanntmachung der Grundrechte des deutschen Volkes betreffend, noch zu Recht besteht. Selbiger stellt die Juden in Betracht der bürgerlichen und staatsbürgerlichen Rechte den Christen gleich. Auf Grund dieses Gesetzes ist, wie der Magistrat zu Lemgo in der Verfügung vom 3. August v. J. bemerkt, Appellat in den dortigen Bürgerverband aufgenommen. Das Gesetz vom 17. Oktober 1851, die Bekanntmachung des Bundesbeschlusses vom 23. August 1851, die Aufhebung der Grundrechte betreffend, hebt nun aber die Grundrechte auch für unser Land wieder auf. Was den passus dieses Bundes-Beschlusses anlangt: `Die Regierungen derjenigen Staaten, in denen Bestimmungen der Grundrechte durch besondere Gesetze ins Leben gerufen sind, sind verpflichtet, sofort die erforderlichen Einrichtungen zu treffen, um diese Bestimmungen außer Wirksamkeit zu setzen` pp. [...] so bemerken wir, daß hier zu Lande gar kein derartiges besonderes Gesetz bestanden hat, welches hätte außer Wirksamkeit gesetzt werden können, indem ja das Gesetz vom 10. Januar 1849 kein solches ist, welches Bestimmungen der Grundrechte ins Leben ruft, sondern ein solches, welches die letztere bekannt macht und, wie es in selbigem wörtlich heißt, erläutert. Der fragliche passus dieses Gesetzes fällt sonach auch nicht weg, und mußte man eventuell doch je-*

[619] *L 84 II L 113 (1854) (Lenzberg ./. Krameramt der Stadt Lemgo)* Bl. 22 d. A.
[620] *L 84 II L 113 (1854) (Lenzberg ./. Krameramt der Stadt Lemgo)* Bl. 12 ff. d. A.

denfalls zugeben, daß eben das Gesetz vom 17. Oktober 1851 die in Rede stehende Bestimmung der Grundrechte außer Wirksamkeit setzt. Dasselbe besagt ja: 'Der Bundes-Beschluss werde Nomine Serenissimi zur allgemeinen Beachtung bekannt gemacht.' Wir sind also keineswegs verpflichtet, einen Juden in unsere Zunft aufzunehmen; ein solcher hat vor den Grundrechten ein Recht dazu nicht gehabt und hat es nach Aufhebung der Grundrechte nicht mehr." [621]

Das beklagte Amt vertrat die Ansicht, Juden könnten sich zum Zeitpunkt (1854) nicht auf Grundrechte stützen und berief sich auf die Rückkehr zum voremanzipatorischen Rechtszustand. Hingegen durfte nach Magistrat und Stadtgericht die Religionszugehörigkeit für die Aufnahme in die Zünfte keine Rolle mehr spielen.

Die Unterstellung des Betrugs und Urkundenfälschung wird im gesamten Akteninhalt durch keinerlei Tatsachen belegt. Die tendenziösen antijüdischen Äußerungen des beklagten Krameramts wurden von den staatlichen Instanzen ignoriert.

9. Maklervertrag

(1) In dem innerjüdischen Rechtsstreit *L 84 II E 80 (Eichenmann ./. Arnsberg)* klagte Eichenmann gegen den Beklagten vor dem Amt Barntrup auf Provisionszahlung aus Vermittlung eines Handelskontrakts. Er habe mit dem Beklagten vereinbart, dass dieser an ihn, den Kläger, ein Honorar von 20 Rtl. zahlen müsse, für den Fall, dass der Gastwirt Frewert ihm einen Auftrag für die Anschaffung von Waren übertrage. Obwohl der Vertrag mit dem Frewert zustande gekommen sei, habe der Beklagte die fällige Provision jedoch nicht gezahlt. In erster Instanz erlegte das Amt dem Kläger Eichenmann den Beweis auf, dass das von ihm behauptete Versprechen in der von ihm angegebenen Weise erteilt worden sei. Hiergegen richtete sich dessen Recurs. Der Recurs wurde vom Hofgericht als unbegründet verworfen. Entgegen der Ansicht des Klägers habe der Beklagte nicht den Vertragsabschluss eingeräumt. Die Beweislast für den Abschluss des streitigen Vertrages liege aber beim Kläger.

Nach dem Beweisrecht des Gemeinen deutschen Zivilprozesses trug der Kläger die Beweislast für die klagbegründenden Tatsachen und der Beklagte die Beweislast für den Tatbestand einer Einrede.[622] Dementsprechend ging das Hofge-

---

[621] Auch in *L 84 II L 95 (1850) (Lieblich ./. Feger)* hatte das Amt Lage die Ansicht vertreten, die Gleichstellungsklausel sei zu keiner Zeit in Kraft getreten.

[622] Engel, Beweisinterlokut und Beweisbeschluss im Zivilprozess, S. 60; Endemann, Zivilprozessrecht, S. 681: "Wer ein Recht geltend macht, sei es als Kläger in Gestalt einer Klage, als

richt davon aus, dass der Kläger / Recurrent den Abschluss des Vertrages beweisen musste, was dem Recurrenten jedoch nicht gelungen war. Da der Beweis dem Recurrenten nicht gelungen war, war die Klage abzuweisen.

Der Kläger charakterisiert sich in der Klageschrift selbst als Israelit, obwohl die Religionszugehörigkeit normalerweise nur beim Beklagten genannt wurde. In seinen Entscheidungsgründen geht das Gericht mit keinem Wort auf die Religionszugehörigkeit der Beteiligten ein.

(2) Nach der Hofgerichtsordnung war eine Partei, deren Wohnsitz außerhalb des Gerichtsbezirks lag, zur Stellung einer Prozesskostensicherheit verpflichtet.[623] Die Erfüllung dieser Prozessvoraussetzung wurde gleichmäßig von Juden und Christen verlangt. In dem Rechtsstreit *L 84 II K 277 (1855) (Katz ./. Grotegut)* lehnte das Hofgericht eine Ausnahme von dem Erfordernis der Sicherheitsleistung zugunsten des jüdischen Klägers ab. In dem Fall hatte der Handelsmann und Drechsler Katz in Brake den Colon Grotegut in Welsdorf auf Provisionszahlung aus Maklervertrag in Anspruch genommen. Das Amt Hohenhausen erlegte dem Kläger die Zahlung einer Kaution auf und wies, als dieser dies ablehnte, die Klage kostenpflichtig ab. Hiergegen richtete sich die Appellation des Klägers. Die Appellation des Klägers blieb ohne Erfolg.

(3) Der Rechtsstreit *L 84 II K 294 (1858) (Lenzberg ./. Kordwahr)* behandelte eine Appellation des Colonen Kordwahr auf dem Gröchtenhofe bei Lemgo, Beklagter, gegen den Joseph Lenzberg in Lemgo. Der jüdische Kläger Lenzberg war als Grundstücksmakler für den Beklagten tätig geworden. Vor dem Stadtgericht Lemgo nahm er den Beklagten Kordwahr auf Zahlung von 100 Rtl. in Anspruch. Er behauptete, Kordwahr habe ihm versprochen, eben diese Summe an ihn zu zahlen, für den Fall dass er, der Beklagte, den Gröchtenhof kaufen würde. Dieses Versprechen habe er auch akzeptiert. Der Beklagte seinerseits behauptete, er habe dem Kläger sowie einem von diesem benannten Dritten, Ohle, 150 Rtl. versprochen, wenn diese ihm den Gröchtenhof für 19500 Rtl. verschafften. Die Zahlung sei mithin an eine Gegenleistung des Klägers geknüpft gewesen. Durch die Vermittlung des genannten Ohle habe er schließlich den Hof gekauft, und an diesen auch 150 Rtl. für die Vermittlung gezahlt. Der Be-

Verklagter in Gestalt einer Einrede, als Kläger in Gestalt einer Replik usw., hat die bestrittenen tatsächlichen Voraussetzungen desselben zu beweisen."

[623] HGO 1593 Tit. VI, LVO I, S. 231 *„Von Caution, Vorstand und Sicherheit"*. Pohlmann, Juden in Lippe, S. 79 f., weist darauf hin, dass Klagen erst angenommen wurden, wenn, auf Antrag des Beklagten, eine Kaution in Höhe des Streitwerts oder eine Person innerhalb des Gerichtsbezirks als Bürge gefunden werden konnte. Nach Lage der Dinge sei für einen jüdischen Kläger nur ein Jude als Bürge in Betracht gekommen. Dies dürfte in der Praxis häufig der Fall gewesen sein, die HGO normiert dieses Erfordernis allerdings nicht.

klagte bestritt, dass ein *grundloses* Klageversprechen geleistet worden wäre. Die Summe sei an die Gegenleistung – die Vermittlungstätigkeit des Klägers – geknüpft gewesen, die nicht erbracht worden sei. Auch bei nicht vereinbarter Gegenleistung sei aber kein Klagerecht begründet, da die causa debendi fehle.

Das Stadtgericht Lemgo legte dem Kläger den Beweis auf, dass der Beklagte ein bedingtes Schenkungsversprechen abgegeben habe. Dem Beklagten stehe der direkte Gegenbeweis offen. Das Hofgericht traf hingegen eine andere rechtliche Würdigung. Zwischen den Parteien sei kein bedingtes Schuldversprechen, sondern ein *Maklervertrag* zustande gekommen. Es hob den Bescheid des Stadtgerichts auf und wies die Klage ab. Die Voraussetzungen für einen Provisionsanspruch aus diesem Maklervertrag lägen nicht vor, da der Kläger keine kausale Maklerleistung erbracht habe. Nach den eigenen Ausführungen des Klägers habe der Beklagte das Colonat ohne die Vermittlung des Klägers erworben.

Vorliegend ließ das Hofgericht die Klage schon an einem schlüssigen Klagevortrag scheitern und nahm damit zur Beweislast nicht Stellung. Diese Auffassung erscheint richtig. Auch entspricht die rechtliche Würdigung des Hofgerichts (Maklervertrag und keine bedingte Schenkung) daneben eher den Realitäten des Geschäftslebens und der Lebenswahrscheinlichkeit.[624]

(4) In dem Rechtsstreit *L 84 II S 278 (1847) (Lenzberg ./. Stahl)* klagte der Kläger Lenzberg vor dem Amt Hohenhausen auf Zahlung von Maklerprovision gegen den Israeliten Abraham Stahl aus Alverdissen. Das Amt lehnte die Klage auf Maklerlohn schließlich als unbegründet ab.

Der Beklagte legte einen Restitutionseid ab. Ausschlaggebend für die Abweisung war, dass die Klage als nicht schlüssig erachtet wurde. Beide Gerichte wiesen die Klage ab. Die Ansicht des Gerichts, die Klage sei nicht schlüssig, erscheint vorzugswürdig. Die Worte des zwischen Kläger und Beklagten geschlossenen Vertrages waren durchaus unklar und interpretationsbedürftig. Die Interpretation des Gerichts hielt sich im Rahmen der vier Auslegungsmethoden. Die Interpretation des Gerichts zuungunsten des Klägers Lenzberg ist jedoch die naheliegende Auslegung nach Wortlaut, Sinn und Zweck. Der vom Kläger

[624] Die Entscheidung zeigt ferner die große Bedeutung, die das Römische Recht für die Rechtsfindung im 19. Jahrhundert vor den lippischen Gerichten spielte. Oftmals berufen sich die Parteien auf Stellen des Römischen Rechts zur Auslegung des geltenden Rechts. Der Beklagte beruft sich auf mehrere Stellen des Römischen Rechts, welche nach seiner Ansicht mit dem herrschenden Recht übereinstimmen.

dem Vertragstext beigelegte Sinn bedeutete eine Verbiegung des Wortlauts. Insbesondere enthielt der Vertrag keinen Verzicht auf eine kausale Maklerleistung.

(5) In dem Rechtsstreit *L 83 B N 151 (1857) (Abt ./. Noltemeier)* zog das Hofgericht den Grundsatz von Treu und Glauben zugunsten des jüdischen Klägers heran. Kläger war der jüdische Handelsmann Moses Abt aus Schwalenberg, der den Beklagten Noltemeier aus Schieder auf Zahlung von Maklerprovision in Anspruch nahm.

Das Amt Schieder erlegte dem Kläger den Beweis auf, dass der Beklagte ihm beim Abschluss des Vertrages über den dem Verklagten vom Noltemeierschen Colonate gebührenden Brautschatz die Provision *unbedingt* versprochen habe. Dem Beklagten wurde der Gegenbeweis nachgelassen. Nach Anhörung der vom Kläger angebotenen Zeugen verurteilte das Amt Schieder den Beklagten zur Zahlung. Hiergegen richtete sich die Appellation des Beklagten zum Hofgericht.

Der Kläger hatte den ihm auferlegten Beweis durch Darlegung außergerichtlicher Erklärungen und Geständnisse, die nach seiner Darstellung der Beklagte abgegeben hatte, versucht zu erbringen, – u.a. durch Aussagen christlicher Zeugen. Auf die Zeugenaussagen hin hatte das Amt Schieder der Klage stattgegeben. Der Beklagte war der Ansicht, der Beweis hätte für völlig mißlungen erklärt werden müssen; schlimmstenfalls hätte auf einen Reinigungseid erkannt werden müssen. Er kritisierte, das erstinstanzliche Gericht habe die Zeugenaussagen falsch gewürdigt. Keinesfalls habe die Zeugenvernehmung ergeben, dass er sein Provisionsversprechen unbedingt abgegeben habe.

Das Hofgericht folgte den Ausführungen des Appellanten nicht. Dieser habe in seiner Klageerwiderung eingeräumt, dass er dem Appellaten eine Maklergebühr von 10 Rtl. für seine Bemühungen bei einer Verhandlung zugesichert habe, welche zwischen ihm und seinem Bruder, dem verstorbenen Noltemeier, über die Höfe stattfinden sollte. Der Appellant wolle jedoch diese Zusicherung nunmehr nur für den Fall erteilt haben, dass er die bedungene Abfindung erhalte, wogegen der Appellat behauptet habe, dass ihm die 10 Rtl. für den Fall versprochen seien, dass der Vertrag zustande käme. Unter diesen Umständen dürfe der dem Appellaten aufgelegte Beweis, dass der Appellant ihm die 10 Rtl. *unbedingt* versprochen habe, nicht so verstanden werden, dass jener den Mangel *jeder* denkbaren Bedingung nachzuweisen habe. Vielmehr obliege ihm nur darzuthun, dass die Zusicherung unter den von ihm angegebenen Modalitäten erfolgt sei und er diese erfüllt habe. Ferner verstehe es sich auch von selbst, dass, wenn der Vertrag in rechtsbeständiger Weise zustande gekommen sei, und der Appellant aus freien Stücken die Erfüllung erlassen habe, er hieraus einen Weigerungsgrund für Zahlung der fraglichen Maklergebühr nicht herleiten könne, da ja dann der Appellat alles getan habe, was von ihm gefordert werden konnte.[625]

Das Hofgericht bestätigte damit das erstinstanzliche Zahlungsurteil für den jüdischen Kläger unter Heranziehung des Gedankens des *venire contra factum proprium* und wies die Appellation zurück. Nach seiner Ansicht hätte es eines Beweisinterlokuts nicht mehr bedurft. Da der Appellant die Auflösung des Hauptvertrags selbst verursacht habe, dürfe er dies nach Treu und Glauben nicht mehr als Grund anführen, weshalb er dem Appellaten nicht mehr zur Zahlung verpflichtet sei.[626]

(6) In dem Rechtsstreit *L 83 B K 719 (1858) (Adler ./. Klasing)* entschied die Justizkanzlei zugunsten der jüdischen Partei bei der Frage der Auslegung eines Vertrages. Das Ausgangsgericht – das Stadtgericht Salzuflen – hatte die Klage des jüdischen Maklers, Salomon Adler aus Schötmar, für begründet erachtet. Die hiergegen gerichtete Appellation blieb erfolglos.

Der Text der Maklervertragsurkunde zählte vier Lieferungsgeschäfte auf, gab die vom Kläger zu beanspruchende Provision an, fügte aber am Schluss die Bedingung hinzu: *"wenn [erg. der Beklagte] etwas dran verdient."* Der Beklagte räumte ein, mit dem Kläger einen Maklervertrag geschlossen zu haben; eine Provision sei jedoch bezüglich jedes der vier Liefergeschäfte nur für den Fall vereinbart worden, dass er etwas an dem Geschäft verdiene. Die in der Urkunde aufgeführte Vertragsbedingung "dass er etwas verdiene" beziehe sich nach Schriftbild und Positionierung in der Urkunde auf sämtliche in der Urkunde enthaltenen Lieferungsgeschäfte. Dieser Fall sei jedoch nicht eingetreten, da jene für ihn sehr unvorteilhaften Geschäfte nicht reüssirt oder zustande gekommen seien. Das erstinstanzliche Gericht legte dem Beklagten den Beweis dafür auf, dass sich der Zusatz auf sämtliche Geschäfte beziehe, dass also die Provision nur dann verwirkt sein sollte, wenn er bei den vom Kläger abgeschlossenen Handelsgeschäften etwas verdiene.

---

[625] *L 84 II N 151 (1857) (Abt ./. Noltemeier) Urteil des Hofgerichts vom 4. Februar 1859.*

[626] *L 84 II N 151 (1857) (Abt ./. Noltemeier) Urteil des Hofgerichts vom 4. Februar 1859: „Der darin liegende Mangel, daß das Bekundete Geständniß nur als ein außergerichtliches angesehen werden kann, durch die gegenständlichen Erklärungen des Appellanten in der Vernehmlassung zur Genüge beseitigt wird, wo er eingeräumt hat, daß der Vertrag zwischen ihm und seinem Bruder in der beabsichtigten Art zu Stande gekommen sei, er aber später letzteren von seinem Versprechen entbunden habe, hiernach die Bedingung, wonach nach seiner Behauptung die Zahlung der Maklergebühr geknüpft war, durch ihn selbst vereitelt ist, wogegen Appellat alles gethan hat, um ihm die Summe von 400 Rtl.zu verschaffen; bei diesem Eingeständniß es eines Interlocuts nicht mehr bedurft häte: so findet die Appellation nicht statt."*

Hiergegen richtete sich die Appellation des Beklagten. Seine Beschwer sah der Beklagte darin, dass der Kläger mit der Klage nicht abgewiesen, hilfsweise, dass dem Kläger nicht der Beweis auferlegt war, dass die Worte des Dokuments sich nach Absicht beider Parteien auf sämtliche Posten, nicht nur auf den 4. Posten beziehen sollten. Unstreitig hatte der Beklagte bei den drei erstgenannten Lieferungshandlungen Verluste erlitten.

Einmal habe es nicht in seiner Absicht gelegen, dem Kläger für den Fall eines Verlustgeschäftes eine ansehnliche Provision zuzusichern. Zum anderen spreche der Wortlaut der Urkunde und auch der Begriff "Provision" gegen eine derartige Vereinbarung. Eine Provision werde nämlich überall und namentlich im hiesigen Lande erst dann gezahlt, wenn die betreffenden Lieferungsgeschäfte zustande kämen. Dies sei aber nicht der Fall gewesen, da der geschuldete Hafer im vorliegenden Fall nicht geliefert worden sei. Zudem enthalte aber die besagte Urkunde noch eine andere Bedingung, bei deren Eintreten die Provision erst verwirkt sein sollte, die nämlich, wenn er, der Beklagte, an den jeweiligen Lieferungsgeschäften etwas verdiene. Der Richter erster Instanz wolle diese Bedingung nur auf den vierten Posten beziehen; er halte diese Ansicht jedoch für irrig. Es sei gar kein Grund vorhanden, diese Bedingung bloß auf den letzten Posten zu beziehen und dies als die Absicht der Parteien zu präsumieren.

Der Beklagte berief sich dabei auf eine systematische und teleologische Auslegung des Vertragstextes sowie die Auslegung nach objektivem Empfängerhorizont. Hätte sich die Bedingung nur auf den letzten Posten beziehen sollen, wäre dies in der Vertragsurkunde ausdrücklich so festgehalten worden.

Das Hofgericht verwarf die Appellation. Der Appellant habe den *Grund der Klage*, nämlich, dass er dem Appellaten für Vermittlung der einzelnen, in Frage stehenden Käufe die eingeklagten Gebühren versprochen habe, eingestanden.[627]

---

[627] *„Hieraus ergebe sich aber, daß die vom Appellanten als Einwand vorgeschützte Behauptung jener besonderen Vereinbarung nicht etwa als verneinende Einlassung, sondern als wahre Einrede, nämlich als Behauptung einer Vereinbarung, durch welche das ursprüngliche Rechtsverhältnis zu Gunsten des Imploraten, jetzige Appellanten, abgeändert sein soll, erscheine und mithin der Beweis derselben nach bekannten processualischen Grundsätzen über die Beweislast, dem letzteren [erg. = dem Appellanten] auferlegt werden muß; wie solches denn auch vom Amtsgerichte geschehen ist. [...] Da nun aber diese Urkunde, deren Inhalt keineswegs ohne weiteres für die Ansicht des Appellanten spricht, vielmehr ihrem Sinn nach ein bestens zweifelhaft genannt werden muß, nicht als klares gerichtliches Geständnis, sondern höchstens als Beweismittel hinsichtlich des derselben zu Grunde liegenden Rechtsgeschäfts, nämlich der zum Beweise verstellten fragl. besonderen Vereinbarung, angesehen werden kann, dennoch dieselbe nach den Bestimmungen des Proceßrechts ihre eigentliche Berücksichtigung erst in der Beweisinstanz verdient; so ist dem Appellanten keine Beschwerde dadurch erwachsen, daß das selbe*

(7) In der Entscheidung *L 83 B J 425 (Altendorf ./. Wippermann)* klagte der jüdische Stadtschreiber Altendorf aus Detmold gegen den Gastwirt Wippermann in Lemgo auf Provisionszahlung wegen Kreditvermittlung.

Der Kläger behauptete, der Beklagte habe ihm den Auftrag erteilt, ihm ein Kapital von 3400 Rtl. zu verschaffen und ihm hierfür eine Provision von 25 Rtl. versprochen sowie die Erstattung von Auslagen für einen von ihm zu erwirkenden obergerichtlichen Hypothekenbuchauszug. Auftragsgemäß habe er ihm das gewünschte Kapital in Höhe von 3400 Rtl. verschafft. Dieses sei Anfang des Jahres dem Beklagten durch den Kaufmann Hoffmann in Lemgo ausbezahlt worden. Der Beklagte behauptete demgegenüber, dem Kläger nur unter der Bedingung eine Provision versprochen zu haben, dass das Geld nicht in Lemgo aufgenommen werde. Da er sich an den Kaufmann Hoffman aber auch hätte selbst wenden können, bestehe ein Provisionsanspruch nicht. Mit der Anforderung eines Hypothekenbuchauszugs habe er den Kläger nicht beauftragt.

Das Hofgericht gab dem Kläger auf, zum Gegenbeweis darzutun, dass ihn der Beklagte zur Anschaffung des betreffenden Kapitals beauftragt und ihm eine Vergütung von 25 Rtl. versprochen habe, ohne eine Beschränkung hinsichtlich des Orts, wo das Geld auszuleihen sei, hinzuzufügen. Das Hofgericht beraumte Termin zur Erklärung des Beklagten auf den angetragenen Eid, eventuell zur Abnahme desselben an. Der Beklagte erschien in dem betreffenden Termin nicht. Der Kläger war persönlich erschienen und bat, das angedrohte Präjudiz der Eidesverweigerung zu realisieren und den Beklagten klagantragsmäßig zu verurteilen. Der Eid wurde vom Hofgericht daraufhin in Gemäßheit des Präjudizes als verweigert und der dem jüdischen Kläger auferlegte Beweis als erbracht angesehen. Der Beklagte wurde antragsgemäß verurteilt.

---

nicht schon in der gegenwärtigen Lage der Sache in der von ihm gewünschten Art berücksichtigt worden [...]. Die weitere, eventuelle Beschwerde endlich, welche dahin geht, daß nicht dem Appellaten der Beweis auferlegt ist, daß die Worte des Documents v. 9. Sept. v. J.: 'wenn Herr Klasing was dran verdient' – sich nach Absicht der Parteien nur auf den letzten und vierten, nicht aber auf die drei ersten Posten der Berufung beziehen sollen, ist ebenfalls ersichtlich unbegründet. Denn abgesehen davon, daß es an sich schon ein auffallendes und nicht zu rechtfertigenden Begehren ist, Beweis aufzuerlegen, über den Sinn und die Auslegung einer Urkunde, die selbst nur als Beweismittel in Betracht kommt, ergibt sich die Unzulässigkeit der Beschwerde sofort daraus, daß in Wirklichkeit mit derselben bezweckt wird, die Beweislast dem Appellaten aufzubürden, wo wie, wie oben erwähnt, den Regeln des Proceßrechtes gemäß dem Appellanten obliegt. Da sich demnach beide erhobenen Beschwerden als unbegründet herausstellen, so hat die Appellation verworfen werden müssen"; L 83 B K 719 (1858) (Adler ./. Klasing) Bescheid des Hofgerichts vom 11. November 1858.

10. Nachbarstreitigkeiten

Juden und Christen wohnten räumlich beieinander, teilweise Tür an Tür, woraus verschiedentlich Nachbarstreitigkeiten erwuchsen.

(1) In der Entscheidung *L 84 II Z 6 (1847) (Zurheiden ./. Stamfort)* ging es um eine Klage des Schullehrers Zurheiden in Stemmen gegen den Schutzjuden Stamfort wegen eines Gartens. Dem lag folgender Sachverhalt zugrunde: Das von Stamfort bewohnte Haus war früher die Dorfschule gewesen und vor 28 Jahren an den Schuhmacher Peik in Stemmen verkauft worden. Von diesem hatte es Stamfort zwölf Jahre zuvor gekauft. Daneben war das dem Kläger gehörende Brakhagische Colonat gelegen und davon durch einen nach Könemanns Hofe von der Chaussee ablaufenden Fahrweg und durch einen freien Platz getrennt. Bereits der Vorbesitzer hatte das Wohnhaus durch einen 12-13 Fuß großen Vorbau vergrößert. Zurheiden behauptete nun, Stamfort selbst habe sich eigenmächtig den zwischen dem Vorplatz und dem Brakhagenschen Vorplatz befindlichen Raum zugeeignet, indem er eine bestimmt bezeichnete Stelle mit einer Mauer umgeben habe und sie jetzt als Garten benutze. Eine Genehmigung für die Anlage habe er nicht erhalten. Der Kläger und Recurrent vor dem Hofgericht fühlte sich durch die Anlage beschwert, da dieselbe ihn daran hindere, Ackergeräte seines Colonats, wie bisher immer geschehen, auf den Platz zu stellen.

Das Beweisinterlokut des Amtes Vahrenholz erlegte dem Kläger auf, sein Recht an dem Platze zu beweisen. Diesen Beweis trat er durch einige Zeugen an, der Beklagte seinerseits stellte einige Gegenbeweiszeugen. Nach der Zeugenvernehmung erging ein neuerer Amtsbescheid dahin, dass dem Stamfort der Reinigungseid dahin auferlegt wurde, wie er nicht wisse, auch nicht glaube, dass seitens des Vorgängers des Klägers während eines Zeitraums von 30 Jahren vor der Zeit der Gartenanlage zurück gerechnet auf dessen Platze Wagen und Pflug in der Meinung eines Rechts dazu hingestellt worden sei. Aufgrund dieses Reinigungseides des Stamfort wurde die Klage abgewiesen.

Das Hofgericht verwarf den ausgeführten Recurs und bestätigte die Entscheidung des Amtes Vahrenholz. Dem Recurrenten sei durch das Beweisinterlokut der Beweis auferlegt worden, dass ihm das Recht zustehe, auf dem streitigen Platze sein Ackergerät unterzustellen. Allein die Tatsache, dass es sich um einen öffentlichen Platz handele, erbringe einen solchen Beweis jedoch nicht.

Das erstinstanzliche Gericht erachtete vorliegend die von dem Juden gestellten Zeugen für glaubwürdiger. In Verbindung mit dem von dem Recursen geleisteten Reinigungseid führte dies zur Abweisung der Klage. Auf die von dem Beklagten aufgestellte Behauptung, der Recurse habe einen falschen Reinigungseid abgelegt, und zwar in besonders perfider, kaum vorstellbarer Weise ("hätte es kaum für möglich gehalten"), gingen weder das Amt Vahrenholz noch das Hofgericht ein.

(2) In dem Rechtsstreit *L 83 B S 816 (1854) (Altendorf ./. Stavenüter)* war Ursache des Streits eine Auseinandersetzung zwischen zwei Mietparteien, dem christlichen Particulier Stavenüter und dem jüdischen Rabbiner Fahrenbach, die sich um die Benutzung des Dachbodens stritten. Der Kläger, der Israelit Altendorf, verwaltete das Haus. Er erhob Klage aufgrund einer entsprechenden Beschwerde des Rabbiners.

Nachdem das Stadtgericht ein Beweisinterlokut zu Lasten des Beklagten erlassen hatte, hob das Hofgericht diesen Bescheid auf und wies die Klage des Altendorf ab. Da unstreitig der Mietvertrag die Grundlage des zwischen den Parteien bestehenden Rechtsverhältnisses bilde, bedürfe es keines Interlokuts. Nach dem Mietvertrag sei an den Appellanten Stavenüter die "2. und 3. Etage nebst Bodenraum" vermietet. Diese Formulierung lasse zwar nicht klar erkennen, ob der ganze Bodenraum vermietet – wie vom Appellanten behauptet – oder nur die Benutzung desselben gestattet sei. Der Auslegung des Appellanten, dass der gesamte Bodenraum vermietet sei, gebühre der Vorzug, weil dies bzgl. der Räume, an denen dem Appellanten nur die Mitbenutzung zugestanden worden sei, ausdrücklich im Mietvertrag erwähnt worden sei.

11. Immobilienerwerb

Der Immobilienerwerb und -besitz war für jüdische Einwohner an vielen Orten erlaubt. Offenbar verfügte eine gewisse Anzahl von Juden auch über die erforderlichen finanziellen Mittel. Zumindest in wirtschaftlicher Hinsicht befand sich ein Teil der lippischen Juden in der ersten Hälfte des 19. Jahrhunderts damit auf gleicher Ebene wie die Christen.

(1) In dem Rechtsstreit *L 84 II V 55 (1853) (Katz ./. Vorwerk)* klagte der jüdische Kaufmann Lehmann Katz vor dem Amt Brake gegen den Colon Vorwerk in Brake auf Kaufpreiszahlung aus Grundstücksverkauf. Der Beklagte erhob die Mängelgewährleistungseinrede dahingehend, dass das Land nicht die vereinbarte Größe habe. Das Amt Brake erließ einen Bescheid zugunsten des Katz: Der Beklagte habe das fragliche Land nicht nach Maß gekauft, der Kaufpreis von 150 Rtl. sei vielmehr für das ganze Land vereinbart worden und der Kläger habe einen bestimmten Flächeninhalt nicht garantiert. Auch das Wegerecht eines Dritten mache den Vertrag nicht ungültig.

Auch das Hofgericht entschied zugunsten des jüdischen Klägers. Es folgte der Argumentation des Amts Brake und verwarf den Recurs als unbegründet: Die Einrede des Beklagten, dass das Land nicht die vom Kläger vor Vertragsabschluss angegebene Größe habe und dass ein Dritter ein Wegeservitut an demselben in Anspruch nehme, deren Nichtbestehen der Kläger zuvor versichert habe, könne nicht als eine Einrede, insbesondere nicht als eine zur Verweigerung der Vertragserfüllung berechtigende *exceptio non adimpleti contractuo* angesehen werden. Aus dem Beklagtenvorbringen ergebe sich nicht, dass der Kläger eine bestimmte Grundstücksgröße zugesichert habe. Ein bestehendes Wegerecht entbinde den Beklagten nicht von seinen vertraglichen Verpflichtungen. Die fehlende obrigkeitliche Genehmigung lasse die Wirksamkeit des Grundstückskaufvertrags unberührt.

(2) In dem Rechtsstreit *L 84 II L 121 (1856) (Lenzberg ./. Meyer)* erhob die Klägerin gegen den Juden Lenzberg in Lemgo Klage auf Kaufpreiszahlung aus dem Verkauf des Meyerschen Kleinkötter Colonats Nr. 12 in Hagen. Dieses hatte Lenzberg zu einem Kaufpreis von 5500 Rtl. von dem Ehemann der Klägerin erworben. Der Vertrag war durch Rescript der Hochfürstlichen Regierung vom 16.10.1855 genehmigt worden, die Kaufpreissumme wurde dem Vertragstext entsprechend 14 Tage später fällig.

Der Beklagte machte einredeweise zunächst die Aufrechnung mit einer Gegenforderung in Höhe von 500 Rtl. geltend, die ihm aus der Erfüllung einer Wechselverpflichtung des Ehemanns zustehe, sowie ein Zurückbehaltungsrecht aus einem Mietvertrag und teilweise Nichterfüllung.

In seinem Beweisinterlokut lehnte das Amt Lage die Aufrechnung bzgl. des Wechsels ab, da dieser keinen Zahlungstag enthalte und der Beklagte zur Einlösung der Wechselverpflichtung deshalb nicht verpflichtet gewesen sei. Gegen dieses Beweisinterlokut richtete sich die Appellation des Beklagten. Nach Ansicht des Hofgerichts hatte das Fehlen des Zahlungstages hingegen keinen Einfluss auf das Entstehen der Wechselverpflichtung des verstorbenen Ehemanns der Klägerin. Das Hofgericht hob den Amtsbescheid auf, erlegte dem Beklagten den Beweis für die Zahlung der 500 Rtl. auf und folgte insofern dem Klägervorbringen, dass dieser hierfür die Beweislast trage.

12. Eigentum

Es war den lippischen Juden uneingeschränkt möglich, Eigentum an beweglichen Sachen zu erwerben und mit ihrem Privateigentum nach ihrem Belieben umzugehen. Der Eigentumsinhalt wurde für Juden nicht anders definiert als für

Christen. Die gefundenen Akten liefern keine Anhaltspunkte dafür, dass die tatsächliche Reichweite dieses Schutze hinter dem Schutz für Eigentum von Christen zurückblieb.

13. Beweisrecht (Judeneid)

Dem Eid kam in dem gerichtlichen Verfahren eine zentrale Bedeutung zu, er war das mit Abstand wichtigste Beweismittel. Den Eid erbrachten die Juden nach eigenem Ritus.[628]

In dem Rechtsstreit *L 83 B J 386 (1844/45) (Ahrensberg ./. Dr. Kirchner)* hatte der jüdische Kläger Ahrensberg gegen Dr. Kirchner aus Hohenhausen auf Zahlung von Provision aus Kreditvermittlung geklagt. In seiner Klageerwiderung behauptete der Beklagte, der Darlehensvertrag sei nicht in der vereinbarten kompletten Höhe von 2000 bis 2500 Rtl. abgewickelt worden. Auch sei Vertragspartner nicht der Kläger, sondern dessen Schwager Katzenstein gewesen. Diesen Vortrag wiederum bestritt der Kläger. Zwar sei über ein zweites Darlehen über 1000 bis 1500 Rtl. gesprochen, ein solches jedoch nicht endgültig vereinbart worden. Dass er der Vertragspartner sei, ergebe sich schon daraus, dass der Beklagte ja auch die Abschlagszahlung an ihn geleistet habe. Die Justizkanzlei erlegte dem Kläger auf, darzulegen, dass der Beklagte ihm die Provisionssumme von 20 Rtl. versprochen habe. Dem Beklagten wurde der Beweis dahin nachgelassen, dass er bei der fraglichen Gelegenheit nicht mit dem Kläger, sondern nur mit dessen Schwager, dem Färber Katzenstein zu Hohenhausen, im eigenem Namen kontrahiert habe, oder auch, dass das fragliche Versprechen nur für den Fall geleistet worden sei, dass der Kläger ihm ein Darlehn von mindestens 2000 Rtl. verschaffe. In seinem Beweisantritt reichte der Kläger einen von dem Beklagten an ihn gerichteten eigenhändigen Brief ein, in dem stand, dass das Kapital *durch ihn* (= den Kläger) leihbar gemacht werden sollte. Daraufhin beraumte die Justizkanzlei Termin zur Abnahme des vom Beklagten angenommenen Eides an und lud dazu die Parteien unter dem Präjudiz der Eidesverweigerung. Der Beklagte schwor daraufhin einen Reinigungseid, dass es nicht wahr sei, dass er dem Kläger durch dessen Schwager, den Färber Katzenstein im Jahre 1843 die Summe von 20 Rtl. habe versprechen lassen, wenn er, der Kläger, ihm oder seiner Schwiegermutter ein Darlehen von 1000 Rtl. verschaffe. Die Justizkanzlei wies daraufhin die Klage ab.

Wann einer Partei ein Ergänzungs- oder Reinigungseid aufzuerlegen war, richtete sich danach, ob ein Beweis als ganz, halb oder weniger als halb erbracht anzusehen war. Hatte der Beweisführer weniger als den halben Beweis erbracht, legte

[628] Vgl. oben B.V.2.o.; vgl. auch Bader/Dilcher, Deutsche Rechtsgeschichte, S. 472.

das Gericht in Abhängigkeit vom Beweisergebnis von Amts wegen der Gegenpartei zur Vernichtung des Beweises einen Reinigungseid auf.[629] Die briefliche Urkunde gab vorliegend keinen direkten Hinweis auf eine Provisionsverpflichtung.

In dem Rechtsstreit *L 84 II H 326 (1852)(Horn./. Austermann)* wandte sich der jüdische Kläger Horn gegen ein Beweisinterlokut des Stadtgerichts, welches für den Appellaten auf einen Reinigungseid erkannte. Für die Zulässigkeit des Reinigungseids kam es darauf an, ob der Kläger den ihm obliegenden Beweis des Abschlusses eines Darlehensvertrages und der Hingabe der Darlehensvaluta ordnungsgemäß geführt hatte oder nicht. Das Stadtgericht verneinte – einsehbar – die volle Glaubwürdigkeit des vom Kläger benannten Zeugen angesichts einer von diesem früher begangenen Straftat. Ein mindestens die Aussage eines klassischen Zeugen voraussetzender halbgeführter Beweis lag somit nicht vor. Dem folgte das Hofgericht.

In *L 84 II Z6 (1847) (Zurheiden ./. Stamfort)* wiederum wurde aufgrund des Reinigungseids des Schutzjuden Stamfort der Recurs des Schullehrers Zurheiden verworfen. Die Ergebnisse der Rechtsstreitigkeiten entsprachen der Tatsache, dass zwischen den einzelnen Beweismitteln eine strenge Hierarchie bestand und der Eid im Zivilprozess eine herausragende Stellung einnahm. Es ist nicht ersichtlich, dass dem Eid einer jüdischen Partei weniger Gewicht zugemessen wurde als dem Eid einer christlichen Partei.

14. Besondere Verfahrensarten: Wechselklage, Exekutivprozess

Neben dem ordentlichen Verfahren entwickelte sich der summarische Prozess, in dem die Prozesswege kürzer und einfacher waren.[630]

Die regulär-unbestimmt summarischen Prozesse richteten sich nach den Grundsätzen des Ordinalverfahrens, enthielten jedoch kürzere Fristen und waren formloser. Die meisten Bagatellsachen an den Untergerichten wurden in diesem Verfahrenstyp abgewickelt.[631] Zu dem irregulär-bestimmt-summarischen Prozess gehörten der Exekutiv-, der Mandats- und der Arrestprozess. Der Exekutivprozess war dem heutigen Urkundsprozess vergleichbar, der Mandatsprozess entsprach im Wesentlichen dem heutigen Mahnverfahren. Er war detailliert geregelt und stellte einen einfachen und billigen Weg zur Erlangung eines Vollstreckungstitels dar; die Rechte des Beklagten waren drastisch eingeschränkt.

---

[629] Engel, Beweisinterlokut und Beweisbeschluß im Zivilprozeß, S. 49.
[630] Endemann, Die Beweislehre des Zivilprozesses, S. 1024 ff.
[631] Vgl. auch Engel, a.a.O., S. 50.

Wie im heutigen Recht wurde der Vorteil der beschleunigten Rechtsverfolgung dadurch ausgeglichen, dass zunächst eine nur vorläufige Entscheidung erging.

Von den bearbeiteten Entscheidungen wurden vor allem Wechselklagen regelmäßig in Form des Exekutivprozesses durchgeführt. Es lässt sich keine gerichtliche Tendenz entnehmen, die Wahl einer Verfahrensart habe an eine Religionszugehörigkeit angeknüpft bzw. zu einer Ungleichbehandlung der Parteien über die bestehenden prozessualen Unterschiede hinaus geführt.

Die lippischen Gerichte setzten ausnahmslos Wechselklagen durch, obwohl in Lippe zu dieser Zeit kein partikulares und in ganz Deutschland zu dieser Zeit kein allgemeines Wechselrecht existierte. Auch vor Erlaß des lippischen Wechselgesetzes 1849[632] wurden Juden als voll wechselfähig angesehen. Nach Art. 1 der Allgemeinen deutschen Wechselordnung war wechselfähig jeder, der sich durch Verträge verpflichten konnte, und damit auch Juden.[633]

In der Sache *L 84 II R 105 (1848 (Robertson ./. Oppenheimer)* ging es um die Appellation des Gerbers Robertson in Detmold gegen den Kaufmann H.L. Oppenheimer in Leipzig. Im Ausgangsrechtsstreit hatte der Kläger Oppenheimer den Hofgerber vor dem Stadtgericht Horn auf Zahlung aus einem auf den Kaufmann Wist in Detmold gezogenen und von ihm, Robertson, akzeptierten Wechsel in Anspruch genommen. Das Stadtgericht Horn verurteilte den Gerber zur Zahlung der Wechselsumme in Höhe von 59 Rtl. nebst Zinsen von Zeit des Verfalltags des Wechsels an nebst Protest und Prozesskosten zu zahlen.

In seiner Appellation machte Robertson geltend, er sei nicht wechselfähig, da er als Hofgerber kein Kaufmann sei, mit dem schwierigen Wechselgeschäft unbekannt und deshalb nicht als wechselfähig zu betrachten sei. Auch habe der Wist, mit dem er allein kontrahiert habe, seinerseits den Vertrag nicht erfüllt. Das Hofgericht wies die Appellation des Robertson zurück, was der Abstraktion des Wechselgeschäfts entsprach.

---

632 Allgemeine deutsche Wechselordnung, vom 16. November 1848, LVO X, S. 618 ff., aufgenommen in die Landesgesetzsammlung durch Verordnung vom 14. April 1852, LVO X, S. 618, Wechsel-Prozess-Gesetz, vom 5. Juli 1849, LVO X, S. 151 ff. –

633 Die Wechselklage wurde in einem besonderen Gesetz geregelt, Wechsel-Prozess-Gesetz, vom 5. Juli 1849, LVO X, S. 151 ff. Es unterschied nicht nach der Konfession der beteiligten Partei.

15. Konkurrierende Zuständigkeit zwischen deutscher und jüdischer Gerichtsbarkeit, Berücksichtigung jüdischen Rechts

Das römische Recht hatte den Juden eine große Eigenständigkeit in ihrer Gerichtsbarkeit zugestanden. Zu dieser Zeit hatten die Juden für Zivilsachen und Bagatellverbrechen ihre eigene Gerichtsbarkeit durch eigene Richter und hoch geachtete Vorsteher (Ethnarchen) selbständig ausüben dürfen.[634] Kaiser Claudius stellte die Juden mit den alexandrinischen Juden gleich und befahl, dass sie in allen, auch den griechischen Städten, mit den Bürgern völlig gleichgestellt sein sollten. Die Juden konnten über Handel und Gewerbe autonom ohne Einflussnahme des Staates entscheiden.[635] Durch ein Gesetz des Kaiser Arcadius wurden die Juden dann in allen bürgerlichen Streitigkeiten den römischen Gesetzen und Richtern unterworfen und erhielten nur die Erlaubnis, sich dem Ausspruch der Vorsteher als Schiedsrichter zu unterwerfen, dessen Vollstreckung auch den römischen Obrigkeiten aufgegeben wurde.[636]

Im Mittelalter bildeten die Juden eine eigene Gemeinde mit eigenen Rabbinern, Ältestenrat, Judenmeister (Judenbischof) und interner Rechtsprechung. Zu dieser Zeit waren die Juden von den öffentlichen Gerichten eximiert. Sie hatten den Gerichtsstand vor dem Rabbiner, in Blutsachen vor einem christlichen Judenrichter.[637] Die interne jüdische Rechtsprechung erfolgte nach dem in der hebräischen Bibel (Tora) und ihrer Auslegungstradition (Talmud) überlieferten jüdischen Recht. Das jüdische Recht wurde oft von berühmten Rabbinern in schriftlichen Gutachten (sog. Responsen) weiterentwickelt. Oftmals glich sich

---

[634] Unter den römischen Kaisern gehörten geringere Verbrechen und bloße Zivilsachen unter Juden vor die jüdischen Richter; Dohm, Über die bürgerliche Verbesserung der Juden, Bd. I, S. 41, unter Hinweis auf die Passage „*Homicidam Judaeus punire non potest nec adulterium lapidare, haec enim sibi vindicat Romanorum potestas*“ (Origines, L 6.c. I .in Epist. ad.Rom.). Dohm verweist an dieser Stelle auch auf Epist. ad Africanum, p. 243. edit. Wetsteinianae: “*Nunc cum Judaei Romano Imperio subjecti sint atque didrachmum tributi loco pendant, quanta sit, permittente Caesare, Ethnarchae illorum potestas ita ut a Rege parum differat, compertum habemus. Exercet enim clam judicia secundum legem Mosaicam, quibus rei ad mortem damnantur. Quid etiamsi libere aperteque facere non audeat, non tamen plane latet Imperatorem. Hoc autem nobis, qui in ipsa gentis patria diu commemorati sumus, exploratissimum est.*”

[635] L. 10. Cod. Thedo. De Jud.: „*Nemo exteras religionis Judaeorum, Judaeis pretia statuet, cum venalia proponentur. Justum est enim sua cuique committere. Itaque Rectores Provinciae vobis nullum discussorem aut moderatorem esse concedent. Quod si qui sumere sibi curam praeter vos, Proceresque vestros audeat, tum, velut aliena adpetentem; supplicia coerceri festinent*“; zitiert nach Dohm, Über die bürgerliche Verbesserung der Juden, Bd. I., S. 44.

[636] Dohm, a.a.O., Bd. I, S. 46 f.

[637] Planitz, Germanische Rechtsgeschichte, S. 189.

das innere jüdische Recht an das Recht der christlichen Gesellschaft an.[638] Das jüdische Recht wurde durch einen eigenen Bann in seiner Durchsetzung abgesichert (Cherem).[639] Nach strengen rabbinischen Vorschriften stellte das Verklagen einer anderen jüdischen Partei vor einem staatlichen Gericht sogar eine Blasphemie dar.

In Lippe waren im betrachteten Zeitraum für zivilrechtliche Streitigkeiten, auch für rein innerjüdische Streitigkeiten (soweit nicht ausnahmsweise der lippische Rabbiner zuständig war, vgl. oben B.III.4), grundsätzlich die staatlichen lippischen Gerichte zuständig. Die jüdische war weitgehend durch die christliche Gerichtsbarkeit absorbiert. Eine konkurrierende Gerichtsbarkeit jüdischer Gerichte ist soweit ersichtlich weder auf den Landtagen noch in einem Prozess diskutiert worden. Für Lippe wird im 19. Jahrhundert auch von keinem christlichen Judenrichter oder besonderen christlichen Judengerichten berichtet. Vor den staatlichen Gerichten wurden auch Streitigkeiten zwischen der jüdischen Gemeinde und jüdischen Gemeindemitgliedern verhandelt. Die Zuständigkeit der staatlichen Gerichte umfasst dabei auch Familiensachen (vgl. *L 83 B H 1053(1846) (Hirschfeld, Witwe ./. Aschoff* = Vaterschaftsklage).

In dem Rechtsstreit *L 83 B A 292 (1875) (Synagogengemeinde Lage ./. Ahrendt)* verklagte die Synagogengemeinde Lage ein Gemeindemitglied auf Zahlung einer ausstehenden Forderung vor dem Stadtgericht Lage. Der Beklagte sollte ein spezielles Verzeichnis der angeschafften Gegenstände aufstellen, neben jedem einzelnen Gegenstande angeben, wo sich derselbe befinde und das Verzeichnis bei Gericht abliefern. Die Justizkanzlei hob den Bescheid des Stadtgerichts Lage auf, gab dem Stadtgericht auf, vom Beklagten zunächst durch Manifestationseid festzustellen, ob der Beklagte Gegenstände der Gemeinde besitze und erst nach dessen Weigerung gegen den Beklagten mit Strafe vorzugehen.

Auch die Fälle *L 84 II P 80 (1846) (Paradies ./. Goldstein), L 84 II S 278 (1847) (Stahl ./. Hamlet)* oder *L 83 B 833 (1858) Bergmann, Salomon, Israelit, Salzuflen ./. Marcus Schönhaus, daselbst, wg. Gebetbuch)* waren innerjüdische Streitigkeiten, in denen die jüdischen Parteien rügelos vor den staatlichen Gerichten verhandelten. Die Frage einer Unzuständigkeit deutscher Gerichte bzw. einer konkurrierenden Zuständigkeit jüdischer Gerichte wird nirgends gestellt, was auf eine nachhaltige Identifikation mit dem staatlichen Gerichtswesen hindeutet.

---

[638] Z.B. im Eherecht hinsichtlich Monogamie, Trauungsritus, Ehescheidungsrecht und Ehegüterrecht, Bader/Dilcher, Deutsche Rechtsgeschichte, S. 468 Fn. 165.
[639] Planitz, a.a.O., S. 254.

Das jüdische Zivilrecht hat in den Verfahren vor den lippischen Gerichten keine Rolle gespielt. Die jüdischen Religionsgesetze spielen nur im Zusammenhang mit der ordnungsgemäßen Ablegung eines Eides eine Rolle. So macht in dem Rechtsstreit *L 83 B H 1053(1846)* der beklagte Jude Aschoff geltend, die vernommenen (jüdischen) Zeugen hätten zusätzlich von dem örtlichen Rabbiner über die Bedeutung des Eides belehrt werden müssen. Eine Übernahme jüdischen Zivil- oder Verfahrensrechts in das deutsche Recht ist nicht nachweisbar.[640]

Zur Herstellung der vollständigen Gleichheit mit den christlichen Untertanen wäre möglicherweise eine weitergehende Autonomie in der Gerichtsbarkeit erforderlich gewesen. Die schriftlichen Gesetze Moses ebenso wie die Responsen bestimmter Rabbiner wurden von den Juden als ewig gültiges Gesetz angesehen. Man hätte, etwa vergleichbar den für eine Stadt oder Bauernschaft geltenden Sondergesetzen, auch die Beachtung der innerjüdischen Gesetze vorschreiben können. Andererseits wäre dies wohl auf erhebliche praktische Schwierigkeiten gestoßen, da bei den christlichen Richtern i.d.R. keine hebräischen oder rabbinischen Sprachkenntnisse vorgelegen haben.[641]

Denkbar wäre gewesen, für innerjüdische Streitigkeiten erstinstanzliche jüdische Gerichte einzurichten, die ausschließlich nach jüdischem Recht richten würden.[642] Möglich wäre auch gewesen eine konkurrierende Gerichtsbarkeit mit Wahlrecht der Juden.[643] Dieser Vorschlag wurde in Lippe, anders als etwa in Bamberg oder Mecklenburg, nicht umgesetzt.[644] In anderen Ländern wurden jüdischen Richtern Notariatsaufgaben anvertraut und unter staatlicher Aufsicht ihnen die Bestimmungen der Erbschaften nach mosaischem Gesetz, Bestellung

---

640 Soweit ersichtlich beruht das sog. jüdische Lösungsrecht auf talmudischen Quellen. Auch dies wurde jedoch nur in das Judenrecht, die Sondergesetzgebung für Juden, nicht in das Gemeine deutsche Recht, umgesetzt.

641 Eine zeitgenössische Informationsquelle über die jüdischen Gesetze bot R. Hirschel Levin, Ritualgesetze der Juden, betreffend Erbschaften, Vormundschaftssachen, Testamente und Ehesachen, soweit sie das Mein und Dein angehn, Berlin 1778.

642 Dohm, Über die bürgerliche Verbesserung der Juden, Bd. I, S. 125 f. Dohm verwies zur Unterrichtung zweitinstanzlich entscheidender christlicher Richter als Informationsquelle auf Hirschel Levin, Ritualgesetze der Juden, betreffend Erbschaften, Vormundschaftssachen, Testamente und Ehesachen, Berlin 1778.

643 Eine Möglichkeit wäre auch gewesen die Einrichtung jüdischer Gerichte, deren Urteilen jedoch nur schiedsrichterliche Funktion beigemessen worden wäre, wie im späteren römischen Recht L. 8 Cod. De Judaeis).

644 Ein eingeschränktes bzw. sogar uneingeschränktes Recht der ersten Instanz existierte etwa in Mecklenburg-Schwerin, Bamberg bzw. im Elsaß, vgl. Dohm, Über die bürgerliche Verbesserung der Juden, Bd. I, S. 128 f.

der Vormünder etc. überlassen.[645] Eine derartige Autonomie ist den lippischen Juden nicht gestattet worden[646].

Andererseits ist auch zu bedenken, dass die bürgerliche Gleichheit zwischen Christen und Juden „durch nichts so stark gekennzeichnet und letzteren das Bewusstsein der Zusammengehörigkeit mit der deutschen Nation in dem Maße beigebracht wurden, als eben durch das gleiche Recht und die gemeinsame Rechtsprechung".[647] Die gemeinsame Gerichtsbarkeit war letztlich ein starker Integrationsfaktor.

16. Ergebnis

- Nach der Aktenauswertung ist den Juden in Lippe im betreffenden Zeitraum ungehindert rechtliches Gehör und Rechtssicherheit zuteil geworden.

- Rechtsstreitigkeiten zwischen Juden und Christen in Zivilsachen wurden von Justizkanzlei und Hofgericht als Appellationsinstanz sowie Ämtern und Magistrat bzw. Stadtgericht als Unterinstanzen entschieden. Dies galt auch bei innerjüdischen Streitigkeiten.

- Im formellen Recht findet sich eine Ungleichbehandlung im Eid, da die Juden einen Eid nach jüdischem Ritus, den sog. Judeneid, ablegten. Hierdurch sollte eine besondere religiöse Verbindlichkeit gesichert werden. Ferner galten besondere Erfordernisse hinsichtlich der Zeugen. Ansonsten finden sich im formellen Recht keine Ungleichbehandlungen.

---

[645] Dohm, Über die bürgerliche Verbesserung der Juden, S. 126 f. unter Bezug auf Elsass, Ansbach, Bayreuth.

[646] Im Elsass hatten die Juden das unbeschränkte Recht der ersten Instanz, die christlichen Richter mussten nach jüdischen Rechten entscheiden. In Mecklenburg-Schwerin erhielten die Juden 1763 das Recht der ersten Instanz nach ihren Gesetzen. Im Fürstentum Bayreuth war der Landrabbiner seit 1759 in allen Zivilsachen unter Juden (worunter auch Injuriensachen fielen) ausschließlich in erster Instanz zuständig, die Appellation ging an die Regierung. Das Bambergische Domcapitul gestattete bzgl. seines Anteils an dem Ort Fürth (der eine große Anzahl von Juden aufwies) den jüdischen Rabbinern und Vorstehern in allen Streitigkeiten unter Juden (ausgenommen die, die in die vogteiliche und herrschaftliche Zuständigkeit fielen) die ausschließliche erstinstanzliche Zuständigkeit ohne weitere Appellation; vgl. Dohm, Über die bürgerliche Verbesserung der Juden, Bd. I, S. 128 f.

[647] Reuss, a.a.O., S. 34 f.

- Insgesamt bot das Gerichtsverfahren den Juden einen wirksamen Schutz ihrer Rechte. Die Gerichte haben bei der Rechtsfindung der Konfessionszugehörigkeit keine Beachtung geschenkt, sondern haben ohne Ansehung der Person Recht gesprochen. Eine Diskriminierung, etwa durch pauschale Unterstellung bestimmter negativer Eigenschaften bzw. Verhaltensweisen oder Verwendung antijüdischer Klischees, lässt sich nicht feststellen. Parteiische Äußerungen von Gerichtspersonen oder eine tendenziöse, voreingenommene willkürliche Urteilsfindung finden sich nicht. Der Gedanke des Rassismus, oftmals Begründung für die Schlechterstellung von Bevölkerungsgruppen, hat in der lippischen Rechtsprechung des neunzehnten Jahrhunderts keine Rolle gespielt. Soweit ersichtlich erfolgte der Ausgleich widerstreitender Interessen im christlich-jüdischen Verhältnis durch das Gericht gerecht und nicht anders als im rein christlichen Verhältnis.

- Die häufigsten Streitigkeiten finden sich im Bereich des Warenhandels. Dies läßt den Schluss zu, dass im 19. Jahrhundert der Warenhandel in Lippe die Geldleihe als Haupterwerbsquelle überflügelt hatte.

- Angesichts der verbreiteten Sicht vom stets harmonisch zusammenlebenden jüdischen Gemeinwesen, basierend auf der Annahme, die jahrhundertealte innere Solidarität habe ein entsprechendes Bewußtsein geschaffen,[648] wird ferner deutlich, dass es auch in jüdischen Gemeinden realistischerweise durchaus interne Konflikte gegeben hat, die sich so zuspitzten, dass sie vor Gericht ausgetragen wurden.[649]

---

648 Toch, Die Juden im mittelalterlichen Reich, S. 85.
649 Vgl. hierzu auch die Nachweise bei Toch, a.a.O., S. 87.

D. Ergebnis

I. Emanzipationsgesetzgebung der lippischen Regierung

Bis zu ihrer Gleichberechtigung 1869 durch das Gleichstellungsgesetz des Norddeutschen Bundes waren die Juden in Lippe Einwohner minderen Rechts. Aufgrund der von ihnen gekauften Schutzbriefe konnten sie Schutz verlangen, besaßen aber keine angeborenen Rechte. Sie waren in wirtschaftlicher, gesellschaftlicher und staatsbürgerlicher Hinsicht der christlichen Bevölkerung gegenüber erheblich benachteiligt und fristeten überwiegend eine traurige Existenz. Durch umfassende Heiratsverbote, die erst im Laufe des 19. Jahrhunderts allmählich gelockert wurden, unterlagen sie de facto einem bedingten Fortpflanzungsverbot. Diskriminierende Sonderregelungen existierten insbesondere in Gestalt von Sondersteuern, Aufenthaltsabgaben und -beschränkungen, Ausschluss von Berufen und diversen Einschränkungen bei den verbliebenen zulässigen Erwerbstätigkeiten sowie in Form eines Ausschlusses jeglicher politischen Partizipation. Öffentliche Ämter, insbesondere das Richteramt, waren ihnen nicht zugänglich. Diverse Vorschriften bezeugen ferner das Mißtrauen, das die Regierung den Juden entgegenbrachte.

Seit dem Ende des 18. Jahrhunderts, in der Aufklärungsstimmung des 19. Jahrhunderts, bemühte sich die lippische Regierung um eine Integration der Juden in die Gesellschaft; die bis dato ausschließlich fiskalischen Interessen an den Juden traten allmählich in den Hintergrund. Positiv ist zu bemerken, dass es nun nicht mehr um die Frage ging, ob Juden überhaupt zugelassen werden sollten, sondern darum, ob und wie sie als Staatsangehörige akzeptiert werden konnten. Die Integration der Juden wurde dabei eher als ökonomisches, denn als religiöses, soziologisches oder politisches Problem angesehen.[650]

Die Gesetzgebung diente nach der lippischen Regierung als Erziehungsinstrument für die jüdischen Einwohner. In Anlehnung an die intellektuellen Strömungen der Zeit vertrat die lippische Regierung die Ansicht, dass die Juden durch die jahrhundertelange Unterdrückung und die elenden wirtschaftlichen Rahmenbedingungen sittlich minderwertig geworden waren und deshalb einer „Verbesserung“ bedurften, die der Staat in seiner Erziehungsfunktion wahrzunehmen habe. Wie anderswo wurden auch in Lippe in diversen Korrespondenzen und Erlassen verschiedene Angewohnheiten, wie z.B. Neigung zum Schacher, als angeblich grundlegende jüdische Eigenschaften dargestellt, was ein moralisches Überlegenheitsgefühl weckte, das die Verbesserungsbemühungen zusätzlich legitimieren konnte. Die omnipräsente Motivation der Verbesserung

---

[650] Vgl. auch Toch, a.a.O., S. 117.

taucht in diversen Briefen und Erlassen auf, wobei der Begriff auch synonym mit Emanzipation gebraucht wurde.

In ihrer Emanzipationsgesetzgebung bediente sich die Regierung verschiedener Bausteine. Durch Einführung einer Meldepflicht in Registern wie sie auch für Christen bestand wurde die jüdische Bevölkerung erstmals systematisch erfasst. Der jüdischen Bevölkerung wurde der Gebrauch deutscher Namen vorgeschrieben, wodurch die deutsche Sprache nahegelegt wurde. Indem das rechtliche Gehör für in hebräischer Sprache abgefasste Urkunden versagt und die Erteilung der Heiratserlaubnis u.a. von dem Nachweis ausreichender deutscher Sprachkenntnisse abhängig gemacht wurde, wurde ein mittelbarer Zwang zur Verwendung der deutschen Sprache und Schrift ausgeübt, um mittelfristig die deutsche Sprache als „Schlüssel zur Integration“ durchzusetzen. Der von vielen Juden ausgeübte Hausierhandel wurde verboten. Die Verleihung wesentlicher Bürgerrechte wurde an die Ausübung eines „christlichen“ Handwerks geknüpft. Verstärkt griff die Regierung in die innere jüdische Organisation ein: Bildung, Namensgebung und Mitgliedschaft wurden gesetzlich vorgeschrieben und innere Strukturen wie Abstimmungsmodalitäten oder Posten detailliert geregelt, wodurch eine staatliche Kontrolle sicher gestellt wurde.

Der indirekte Druck, den die Regierung auf die Juden damit ausübte, „christliche“ Gewerbe zu ergreifen, entsprach nicht unbedingt der persönlichen und bürgerlichen Freiheit, die die Emanzipationsbefürworter für die Juden forderten. Das eigene Volkstum der jüdischen Bevölkerung wurde dadurch langfristig zwangsläufig zurückgedrängt. Die Maßnahmen zeigen, dass die Regierung die Notwendigkeit der Emanzipation begriff, sich teilweise jedoch schwer damit tat, dass die Juden ihre eigene Kultur und Prägungen mitbrachten. Trotz der vorurteilsbehafteten, für die Zeit typischen Denkart, die an diversen Stellen deutlich wird, ist nirgends eine gehässige oder hetzerische Einstellung der Landesherrschaft gegen die Judenschaft nachweisbar. Allerdings zeigen sich in dem Detmolder Polizeibericht und dem Bericht des Braker Amtes, in denen die Möglichkeiten der jüdischen Emanzipation ausgelotet werden sollen, tradierte Vorurteile und Ressentiments der Verwaltungsbeamten gegen die jüdische Religion, die nur dann für akzeptabel gehalten wird, wenn sie „von dem größten Aberglauben gereinigt“ ist. Die Geisteshaltung eines „deutschen Volkskerns“ war dem lippischen Kleinstaat jedoch fremd.

Aus heutiger Sicht verlief der Emanzipationsprozess in Lippe nicht als planvolle, zielgerichtete und kontinuierlich aufwärts gehende Entwicklung, sondern nach Anstoss von oben, in Schüben und nach immer neuen Diskussionen. Im Ergebnis zog er sich über 80 Jahre hin.

Das Vorgehen, die rechtliche Gleichstellung der lippischen Juden an eine möglichst weitgehende soziale und wirtschaftliche Integration in den „christlichen Staat“ zu koppeln, war unter dem heutigen Gesichtspunkt kollektiver Minderheitenrechte durchaus zweischneidig. Die lippische Regierung suchte nach einer modernen Form des Judentums, mit der man leben konnte, wobei sie aber eine Entfremdung der Juden von ihrem Judentum in Kauf nahm. Die Regierung griff direkt und indirekt in die sprachliche, religiöse und kulturelle Autonomie der Juden ein, soweit sie es für die Integration als erforderlich ansah, wobei sie teilweise, wie etwa bei den neuerlichen Berufsverboten, sehr weit ging. In kollektive Minderheitenrechte wie das Recht auf Bestandsschutz, Recht auf Selbstbestimmung, Recht auf Achtung, Schutz und Förderung der ethnischen Identität[651] wurde durch diesen Gleichstellungsprozess eingegriffen. Auch bei kritischer Sicht ist jedoch nicht zu verkennen, dass die Assimilierung im Zeitalter des Nationalismus den Juden die Möglichkeit bot, nicht von jedem geistigen, kulturellen und sozialen Fortschritt ausgeschlossen zu werden.[652] Zu berücksichtigen ist ferner, dass einige Maßnahmen sich dabei auch mit den Vorschlägen des modernen Reformjudentums deckten, die in bestimmten traditionellen Elementen, etwa der jiddischen Sprache, einen Hauptgrund für die Vorurteile gegen die Juden sahen und deren Beseitigung in gleicher Weise als Bedingung für die Verständigung ansahen. Zumindest für das Gerichtsverfahren dürften derartige Regelungen im Hinblick auf einen reibungslosen einheitlichen Prozessverlauf gerechtfertigt gewesen sein.

Der Begriff „Minderheitenrechte“ ist für die damalige Zeit bis 1869 vermutlich ein problematischer Vergleichsparameter. Das Problem der Sicherung der Rechte von Minderheiten wurde erst mit dem Aufkommen des Nationalstaatsgedankens und der Herausbildung des Selbstbestimmungsrecht der Völker öffentlich diskutiert und wahrgenommen. Die Benachteiligung von Minoritäten wie Juden oder Katholiken war damals in einem deutschen Kleinstaat ein völlig übliches und legitimes Mittel der Politik.

In Bezug auf die Emanzipationsgesetzgebung selbst ist interessant, wie viele Schwachpunkte sie in der Praxis aufwies: In ihren Regelungen zum Handwerk und zum Schulwesen berücksichtigte die Regierung die hellsichtigen Warnungen der Judenschaft kaum und mißachtete die ökonomischen und sozialen Realitäten. Die lippische Regierung glaubte auch, die Juden würden den Handel aufgeben und die bisherige Konzentration auf den Handel sei durch geschichtliche Tatsachen bedingt, was durch die spätere Entwicklung widerlegt wurde und was von der Judenschaft auch so vorhergesagt worden war. Die Emanzipationspolitik war

651 Niewerth, Der kollektive und der positive Schutz von Minderheiten, S. 130.
652 Herzig, Judentum und Emanzipation in Westfalen, S. 54.

auch teilweise nicht mehr zeitgemäß und hinkte den tatsächlichen Realitäten hinterher. So bildeten die Juden in Lippe insgesamt 1858 bereits eine relativ ausgeglichene und homogene Gruppe im bürgerlichen Mittelstand und hatten eine gewisse soziale Stellung erlangt, der die Judengesetzgebung zu diesem Zeitpunkt, Bürger zweiter Klasse ohne politische Rechte, nicht mehr entsprach.

Die lippische Regierung betrieb die Idee, die Juden in die Gesellschaft aufzunehmen, ohne ihre spätere Bekehrung zu forcieren. Sie übte zwar durch die indirekten Assimilationsanreize eine gewisse Lenkungswirkung auf die jüdische Bevölkerung aus, beließ es aber hierbei. Sie war insofern toleranter als viele zeitgenössische theoretische Reformer. Insgesamt bietet die lippische Emanzipationsgesetzgebung im 19. Jahrhundert ein klares Zeugnis für eine bewußte Auswahl und Reform der Minderheitskultur in einer relativ ruhigen Phase deutsch-jüdischer Beziehungen.

II. Rechtsprechung der lippischen Obergerichte

Im formellen Recht existierte im 19. Jahrhundert Sonderrecht für die Juden bzgl. des Eides und der Zeugnisfähigkeit jüdischer Zeugen vor Gericht.

Die Hofgerichts- und Justizkanzleiordnungen, die lippischen Gerichtsordnungen von 1816 und 1859 sowie das Wechselprozessgesetz von 1849 enthielten keine Differenzierung nach der Konfessionszugehörigkeit. Es bestanden keine Sonderregelungen für Juden bzgl. deren Partei- und Prozessfähigkeit, Prozessführungsbefugnis, Klagebefugnis, prozessualer Einreden, Beweisantragsrecht, Rechtsmittelberechtigung oder Zugang zu Gericht. Diese prozessuale Gleichheit funktionierte – soweit ersichtlich – in der gerichtlichen Praxis auch.

Mit Ausnahme der teilweisen Bezeichnung als „Schutzjude" oder „Israelit" im Rubrum ist in den Akten eine Ungleichbehandlung durch das Gericht nicht erkennbar. Aufgrund des hiermit auch verbundenen Schutzaspekts[653] kann hieraus nicht zwingend auf eine diskriminierende Intention geschlossen werden. Die Benennung der Religionszugehörigkeit im Rubrum war 1870 nicht mehr üblich.[654]

---

[653] Die Bezeichnung als Jude sicherte, dass bei den Juden religiöse Sondervorschriften, wie z.B. Ablegung des Eides nach eigenem Ritus, beachtet wurden.

[654] So ergibt sich in den Fällen *L 83 B A 240 (1870) (Arensberg ./. Heldman)* und *L 83 B A 247 (1870) (Arensberg ./. Klingenberg)* nur aus dem Wortlaut des Eides, dass es sich bei Arensberg um einen Israeliten handelt.

In den durchgesehenen Akten von Hofgericht, Justizkanzlei und Ämtern findet sich abgesehen hiervon kein Hinweis auf eine weitere unterschiedliche Behandlung jüdischer und christlicher Prozessparteien vor Gericht.

Schuldscheine, die jüdische Händler ihre christlichen Kunden unterschreiben ließen, wurden von den Gerichten durchgesetzt. Es konnten keine Fälle gefunden werden, in denen ein Schuldschein wegen Sittenwidrigkeit oder Wucher von dem Gericht für ungültig erklärt wurde. Offensichtlich unbegründetes Verteidigungsvorbringen und augenscheinliche Schutzbehauptungen christlicher Schuldner wurden vom erstinstanzlichen Gericht und Hofgericht nicht akzeptiert. Die Juden nahmen gerichtliche Hilfe in Anspruch, um Rechtsschutz zu erlangen, was ihnen auch gelang. So bezieht sich z.B. *in L 83 B J 449 (1851) (Arensberg ./. Hagemann)* der jüdische Kläger auf einen von ihm bereits erstrittenen Titel mit den Worten *„so gab ich seinen Lohn als Executions- sowohl auch als Arrestobjekt an, wobei mir auch das Amt Hohenhausen allen möglichen rechtlichen Schutz verlieh.“*[655]

In keinem gemischt jüdisch-christlichen Rechtsstreit wurde von der jüdischen Partei der Vorwurf der Voreingenommenheit des Gerichts aufgrund Religionszugehörigkeit oder Verstöße gegen den Grundsatz der Waffengleichheit erhoben. Die Beweisinterlokute der erstinstanzlichen Gerichte und der Obergerichte wurden nach den formellen Beweisregeln erlassen. Soweit die Gerichte Ermessensentscheidungen trafen, ihnen ein Beurteilungsspielraum zukam, sie Auslegungsfragen klärten oder Entscheidungen nach dem Grundsatz von Treu und Glauben fällten, wirkte sich die Interessenabwägung oftmals zugunsten der jüdischen Partei aus. Beispiele für eine willkürliche Rechtsprechung, etwa durch fehlerhafte Ermessensentscheidungen oder Beweisurteile o.ä., sind nicht gefunden worden.

Dass die Juden in der öffentlichen Meinung teilweise nur geringes Ansehen genossen, spiegelt sich in der Rechtsprechung nicht wider und spielte für die Rechtsfindung keine Rolle. Die Urteile sind knapp und beschränken sich auf die entscheidungserheblichen Rechtsfragen. Weder Handhabung, Art der Abwicklung, Ton der Akten, Behandlung der jüdischen Parteien noch die Entscheidungsgründe zeigen Aufnahme jüdischer Stereotype. Auf die Religionszugehörigkeit wird von den Gerichten nur Bezug genommen, wenn die Frage auftaucht, ob sich hierdurch rechtliche Abweichungen ergeben. Bestehende rechtliche Abweichungen wurden von den Gerichten beachtet.

---

[655] L 83 B J 449 (1851) Bl. 2 d. A.

Belege für eine zusätzliche Diskriminierung durch die Verwaltungs- oder Rechtsprechungspraxis konnten somit nicht gefunden werden. Die Juden hatten zu den Gerichten rechtlich und tatsächlich gleichen Zugang, und ihnen wurde zu jeder Zeit rechtliches Gehör gewährt. Die Gerichte funktionierten damit in den durchgesehenen Akten als zuverlässige Instrumente der Rechtswahrung. In den Prozessen wurde letztlich ohne Ansehung der Person Recht gesprochen. In den untersuchten Entscheidungen boten die Gerichte damit für die Juden wirksamen Rechtsschutz.

Anders jedoch einige Äußerungen in den Schriftsätzen christlicher Prozessbeteiligter, die durchaus auf diverse Vorurteile, Unbeliebtheit und die gesellschaftliche Ablehnung der Juden hinweisen, die vom Gericht jedoch nicht kommentiert werden. Die hohe Anzahl von Zahlungsklagen jüdischer Händler gegen ihre christlichen Geschäftspartner offenbart eine schlechte Zahlungsmoral, was wiederum Rückschlüsse auf die allgemeine Einschätzung der Bevölkerung hinsichtlich des Gebots zur Vertragstreue gegenüber Juden zulässt. Insgesamt deuten die durchgesehenen Akten doch gerade im wirtschaftlichen Bereich auf eine relativ enge Verflechtung mit der christlichen Mehrheit.

Die vorliegende Arbeit belegt mithin eine judikative Diskriminierung im Rahmen einer rechtsanwendenden oder rechtsbildenden Tätigkeit der Gerichte nicht. Bestehende Gesetzesregelungen haben die Gerichte ohne weiteres durchgesetzt, ohne dabei eigene, über das Gesetz hinausgehende Überlegungen zu Gerechtigkeit oder Berechtigung bestimmter Regeln anzustellen. Außernormative ethisch-philosophische Vorstellungen und soziale Überlegungen wurden weder angestellt noch flossen sie in die Rechtsentscheidung ein. Die Gerichte haben mit ihrer völlig wertfreien positivistischen Rechtsprechung insofern also nicht als Korrektiv für bestehende ungerechte Regelungen gewirkt.

Wurden, wie vereinzelt dargelegt, von einer christlichen Partei antijüdische Aussagen und Vorurteile in den Rechtsstreit eingeführt, sind diese in den Akten nicht gerügt worden. Es ist fraglich, inwieweit im Rahmen einer ordnungsgemäßen Prozessleitung im Hinblick auf einen gesetz- und zweckmäßigen Verlauf des Verfahrens eine Zurechtweisung unsachlicher Äußerungen im Rahmen der Verhandlungsführung geboten war. Dies ist abhängig von den Anforderungen, die man an eine ordnungsgemäße formelle und sachliche Prozessleitung im Gemeinen deutschen Prozess stellt. Andererseits darf man aber auch nicht verkennen, dass Bezeichnungen wie „übler Spitzbub“ und „schlechter Mensch“ zwar rundum abzulehnende und nicht tolerierbare Beleidigungen darstellen, wohl aber im großen und ganzen doch als noch relativ harmlos anzusehen sind.

Die Landesherrn[656] haben somit das in den Schutzbriefen gegebene Versprechen „*Befehlen demnegst Unseren Drosten, Beambten, wie auch Magistraten in den Städten, und sämptlichen Unser Grafschaft Eingesessenen und Unterthanen gnädig und ernstlich, obgemeldeten Juden, sambt Weib, Kindern und Hausgesinde, aller Ohrten und besonders in Unser Stadt Detmold gleidlich zu halten, keinerlei Weise wider diese Unsere Concession zu molestiren, sondern vielmehr sie zu beschützen und gegen jedermänniglich, auf Begehren, unpartheiliche Justiz ohne Weitläufigkeit zu administriren*“[657] durchaus ernst genommen. Dem Recht und dem Rechtsschutz auch für die Juden wurde hohe Achtung und Bedeutung entgegengebracht. Zumindest in dem hier untersuchten Zeitraum bedeutete die Erteilung der Schutzurkunden einen effektiven Rechtsschutz und körperliche und vermögensrechtliche Sicherheit.

E. Schlussbetrachtung

Die Ungleichbehandlung der Juden in Lippe wurde erst unter dem Eindruck der Aufklärung im Laufe des 19. Jahrhunderts allmählich gemildert, bis 1869 die vollständige Gleichstellung erzielt wurde.

Wie die gesamte Reformdiskussion deutlich macht, gab es in weiten Teilen Deutschlands tief verwurzelte Vorurteile gegen Religion und Charakter der Juden. Die Juden galten als ein kulturell, sozial, religiös, ethisch und politisch minderwertiges Volk, wobei diese Annahme entweder traditionell christlichen Vorstellungen oder der häufig einseitig beruflichen Ausrichtung auf Handel oder Finanzen (im Gegensatz zu harter körperlicher Arbeit bei Landwirtschaft und Handwerk) entstammte.

Den Juden standen vor Gericht jedoch die regulären Verfahren offen, und so war es ihnen uneingeschränkt möglich, Rechtsverletzungen zu rügen und ihr Recht mit Hilfe der Ämter, Stadtgerichte, Hofgericht und Justizkanzlei durchzusetzen. Die Anzahl der gefundenen Rechtsstreitigkeiten und die Erfolgsquote bei diesen Rechtsstreitigkeiten zeigen, dass die Juden von dieser Möglichkeit genauso wie die Christen und ebenso erfolgreich Gebrauch gemacht haben. Die

---

[656] Katz, Vom Vorurteil zur Vernichtung, S. 156, weist auf eine soziologische Ursache dieses Phänomens hin: Weil die Juden auf eine Rückkehr in ihr eigenes Land hofften, wollten sie sich nicht den ortsgebundenen landwirtschaftlichen Berufen verpflichten, die vom mosaischen Gesetz für ihr Land durchaus vorgesehen waren.

[657] StA Dt, L 37 XIX Sect. III Nr. 1 1, Geleitbrief Graf Friedrich Adolfs für Levin Meyer in Detmold, v. 14.1.1698; abgedruckt bei: Pohlmann, Quellensammlung, Nr. 16, S. 21 f.

Tatsache, dass die Prozessparteien Juden waren, hatte für die Gerichte in den hier untersuchten Akten keine Bedeutung.

Die in Lippe stattgefundene Entwicklung bestätigt die Einschätzung, dass die Judenemanzipation kein geschlossener historischer Vorgang war. Betrachtet man den von der lippischen Regierung zu Beginn des 19. Jahrhunderts eingeleiteten Emanzipationsprozess der Juden, so enthüllt das später aufgegebene Ziel der sittlichen Verbesserung der Juden die moralische Bewertung, dass Juden und Christen unterschiedlich viel wert seien. Im Lauf des sich anschließenden rechtlichen Gleichstellungsprozesses wurden den Juden stufenweise immer mehr bürgerliche Rechte und Pflichten bis zur endgültigen Gleichstellung 1869 zugestanden.

Quasi konträr hierzu schritt die Entwicklung des Antisemitismus und des Antijudaismus in der deutschen Gesellschaft im neunzehnten Jahrhundert voran. Die antisemitische Bewegung nahm ihren Aufstieg am Ende der siebziger Jahre des neunzehnten Jahrhunderts ungerührt von deren kurz zuvor erlangter neuer Identität als deutsche Bürger. Dies lässt den Schluss zu, dass die Herstellung einer abstrakten rechtlichen Gleichheit gesellschaftlich-soziale Unterschiede zwischen Juden und Christen nicht verwischt hat. Weder Gesetzgebung noch Rechtsprechung haben insoweit als Lenkungsinstrument für eine Änderung des gesellschaftlichen Bewußtseins funktioniert.

Eine Auswertung der lippischen Judengesetzgebung und Judenrechtsprechung im 19. Jahrhundert ergibt damit nicht, dass darin das spätere Reichsjudenrecht und die Judikatur im Dritten Reich als Staatsdoktrin bereits angelegt waren. Die Gründe für die spätere Entwicklung im 20. Jahrhundert dürften vielmehr, wie vielfach untersucht, vermutlich in Ängsten, Emotionen nach Weltkrieg und Weltwirtschaftskrise, Neid, Fortschritts- und Demokratiefeindlichkeit gelegen haben, die es Ideologen leicht machten, längst begrabene Vorurteile für ihre Zwecke auszunutzen und damit auch das Rechtssystem zu beeinflussen.[658]

---

[658] Der in der 2. Hälfte des 19. Jahrhunderts aufkommende Rassenantisemitismus lässt sich danach mit der zu dieser Zeit nachwirkenden traditionellen, aus dem Hochmittelalter stammenden Judenfeindschaft nicht vergleichen. Ursächlich für diese waren oftmals neben finanziell motivierter gewaltsamer Schulden- und Zinsentilgung insbesondere religiös motivierte Vorgehen gegen die ‚Feinde der Christenheit', um die Zweifel am eigenen Glauben und dessen Heilssicherheit zu externalisieren und aufzulösen; vgl. Toch, Die Juden im mittelalterlichen Reich, S. 63.

F. Anhang: Verzeichnis der zitierten Entscheidungen

L 84 II Hofgericht – Prozessakten 1801 - 1879

- S 284 (1848) Braun, Isaak, Brake
- E 80 (1847) Arensberg, Jacob, Alverdissen
- R 144 (1856) Silberbach, Simon, Arnsberg
- G 123 (1844) Goldstein, Salomon, Lohgerber, Salzuflen
- G 149 (1852) Braun, Isaak, Brake
- P 80 (1846) Paradies, Salomon, Schutzjude, Lage
- S 349 (1853) Stahl, Abraham, Alverdissen
- S 466 (1875) Herzberg, David, Commerziant, Kleinenmarne
- N 108 (1871) Herzberg, Salomon, Israelit, Handelsmann, Kleinenmarne
- G 141 (1848) Goldmann, L., Bösnigfeld
- H 326 (1852) Horn, Abraham, Detmold
- O 59 (1859) Horn, Abraham, Israelit, Detmold, wegen Mäklerlohn
- S 314 (1849) Kahn, Rußmann, Brake
- L 113 (1854) Lenzberg, Joseph
- L 121 (1856) Lenzberg, Joseph
- K 294 (1858) Lenzberg, Joseph
- L 95 (1850) Lieblich, Pferdehändler
- S 231 (1840) Marx, Gastwirt, Barntrup
- R 105 (1848) Oppenheimer, G.L., Leipzig
- N 33 (1836) Rosenbaum, Stemmen
- S 447 (1868) Silberbach, Salomon, Schötmar
- S 278 (1847) Stahl, Abraham, Alverdissen
- Z 6 (1847) Stamfort, Jude in Stammen
- S 405 (1858) Steinberg, Aron, Hohenhausen
- V 55 (1853) Katz, Lehmann, Brake

L 83 B Justizkanzlei - Prozessakten 1801 - 1879

Der Bestand L 83 B erfasst die Prozessakten von 1801 1879.

- N 151 (1857) Abt, Moses, Handelsmann, Schwalenberg
- A 240 (1870) (Dr. Heldmann ./. G. Arensberg)
- A 302 (1877) Adler, Kaufmann, Schötmar
- K 719 (1858) Adler, Salomo, Makler Schötmar
- A 292 (1875) Ahrendt, W., Commis, Lage
- J 386 (1844/45) Ahrensberg, Jacob, Schutzjude, Alverdissen
- S 816 (1854) Altendorf, Stadtschreiber , Detmold
- J 425 (1848) Altendorf, B., Israelit, Stadtschreiber, Detmold
- J 466 (1853) Arensberg, G., Kaufmann, Alverdissen
- N 127 (1853) Arensberg, G., Schutzjude, Alverdissen

- K 651 (1855) Arensberg, G., Kaufmann, Alverdissen
- A 240 (1870) Arensberg, G., Kaufmann, Alverdissen
- A 247 (1870) Arensberg, G., Kaufmann, Alverdissen
- A 281 (1874) Arensberg, H., Kaufmann, Hohenhausen
- J 432 (1849) Arensberg, Hirsch, Israelit, Talle
- J 449 (1851) Arensberg, Hirsch, Kaufmann, Talle
- G 294 (1857) Arensberg, Hirsch, Talle
- G 296 (1857) Arensberg, H., Kaufmann, Talle
- H 652 (1857) Arensberg, H., Kaufmann, Talle
- A 186 (1858) Arensberg, H., Kaufmann, Talle
- A 209 (1864) Arensberg, H., Kaufmann, Talle
- A 230 (1867) Arensberg, H., Kaufmann, Talle
- K 1061 b (1870) Arensberg, J., Kaufmann, Alverdissen
- A 275 (1869) Aschoff, Abraham, Horn
- H 1053 (1871) Aschoff, Abraham, Horn
- H 1032 (1872) Aschoff, Abraham, Horn
- J 413 (1847) Badt-Michaelis, Kornhändler, Detmold ./. Frankenstein, Bonefang, Israelit, Barntrup
- J 415 (1847) Badt-Michaelis, Kornhändler, Detmold ./. Frankenstein, Bonefang, Barntrup – Weizenhandel
- B 942 (1862) Berghausen, Handelsmann, Lüdenhausen
- J 437 (1850) Berghausen, Israelit, Lüdenhausen
- T 171 (1847) Berghausen, Schutzjude, Lüdenhausen
- L 255 (1856) Bergmann, Salomon, Handelsmann, Salzuflen
- B 833 (1858) Bergmann, Salomo, Israelit, Salzuflen .
- B 962 (1862) Bergmann, Salomo, Salzuflen
- J 481 (1854) Blumenthal, S., Israelit, Bösingfeld
- J 437 (1850) Brinkmann, Kaufmann und Käufer, Witwe, Lüdenhausen
- D 261 (1854) Steinfeld, Herz, Israelit, Hohenhausen
- J 441 (1850 f. J.) Spanjer-Herford, N., Detmold
- E 161 (1842) Ellermann, David, Schutzjude, Brake, Schulden
- F 297 (1846) Obermeier, J., Schutzjude, Salzuflen, Forderung
- F 403 (1844) Frenkel, Schutzjude, Varenholz, Schulden
- F 294 (1846) Schutzjude Heyne, Detmold, Forderung
- F 398 (1839) Friede, Israelit, Bega 26, Schulden
- J 434 (1849) Gans, S., Israelit, Lemgo

L 83 B Justizkanzlei – Prozessakten 1801 - 1879

Band 2 Prozessakten Justizkanzlei (ab Geller H.W.)

- J 257 (1828) Gutheim, Samuel, Jude, Schlangen, Testament
- H 942 (1867) Silberbach, Simon, Handelsmann, Salzuflen, Beleidigung

- J 465 (1852 f. J.) Handwerkerverein, Jüdischer, Vorstand, Detmold
- A 240 (1870) Kaufmann Arensberg, G., Alverdissen
- F 294 (1846) Heyne, Schutzjude, Detmold
- J 388 (1844/46) Sternfeld, J., Schutzjude, Lemgo
- J 390 (1845/46) Sternfeld, J., Schutzjude, Lemgo
- H 1053 (1871) Hirschfeld, Witwe, Horn
- A 275 (1869) Hirschfeld, Witwe, Horn
- H 1032 (1872) Hirschfeld, A., Witwe, Kaufmann, Horn
- H 675 (1858) Steinberg, M., Witwe, Israelit, daselbst, Forderung
- H 676 (1858) dies. , Forderung
- J 424 (1848) Lebach, S., Schutzjude, daselbst
- J 437 (1850) Berghausen, Israelit, Lüdenhausen
- J 466 (1853) Arensberg, G., Kaufmann, Alverdissen
- K 741 (1859) Katz, Drechsler, Brake
- K 759 (1860) Katz, Solomo, Drechsler bei Brake
- J 386 (1844/45) Ahrensberg, Jacob, Schutzjude, Alverdissen
- K 719 (1858) Adler, Salomo, Makler, Schötmar, Maklergebühr
- J 432 (1849) Arensberg, Hirsch, Israelit, Talle
- A 292 (1875) Lage, Synagogengemeinde

G. Literaturverzeichnis

UNGEDRUCKTE QUELLEN

Nordrhein-Westfälisches Staatsarchiv Detmold

L 83 B Justizkanzlei
L 84 I, II Hofgericht
L 77 A Akten der Regierung

GEDRUCKTE QUELLEN

Lippische Regesten aus gedruckten und ungedruckten Quellen. Bearbeitet von O. Preuss und A. Falkmann, 4 Bände, 1860 - 1868

Landesverordnungen (LVO) der Grafschaft Lippe, Bd. 1 - 4, Lemgo 1781 - 1801

Landesverordnungen (LVO) des Fürstenthums Lippe,
Bd. 5 – 8, Lemgo und Detmold 1810 – 1844
Bd. 9 - 18, Detmold 1857 – 1882 [auch unter dem Titel Gesetzessammlung für das Fürstenthum Lippe, Bd 1 – 10]

Regesten zur Geschichte der Juden im Fränkischen und Deutschen Reiche bis zum Jahre 1273. Bearbeitet von Julius Aronius u. Mitw. v. Albert Dresdner und Ludwig Lewinski, Repr. Berlin 1902, Hildesheim 1970 **[zitiert: Aronius, Regesten]**

Regesten zu den Judenurkunden in lippischen Archiven 1350 – 1600. Bearbeitet von Hans-Peter Wehlt, Detmold 1977 **[zitiert: Wehlt, Regesten]**

Vom Schutzjuden zum Staatsbürger jüdischen Glaubens. Quellensammlung zur Geschichte der Juden in einem deutschen Kleinstaat (1650 – 1900). Bearbeitet von Klaus Pohlmann, Lemgo 1990 **[zitiert: Pohlmann, Quellensammlung]**

MONOGRAFIEN/AUFSÄTZE

Arndt, Johannes, Das Fürstentum Lippe im Zeitalter der Französischen Revolution 1770 – 1820, Münster 1992

Arndt, Johannes/Nitschke, Peter (Hg.), Kontinuität und Umbruch in Lippe, Sozialpolitische Verhältnisse zwischen Aufklärung und Restauration 1750-1820, hg. Johannes Arndt, Peter Nitschke, Lippische Studien Bd. 13, Detmold 1994

Bader, Karl S. /Dilcher, Gerhard, Deutsche Rechtsgeschichte, Land und Stadt – Bürger und Bauer im Alten Europa, Heidelbert 1999

Battenberg, Friedrich, Das europäische Zeitalter der Juden. Bd. 1: Von den Anfängen bis 1650. Bd. 2: Von 1650 bis 1945. 2. A., Darmstadt 2000

ders., Zur Rechtsstellung der Juden am Mittelrhein in Spätmittelalter und früher Neuzeit, Zeitschrift für historische Forschung, S. 129ff.

Battisti, Siegfried, Freiheit und Bindung. Wilhelm von Humboldts „Ideen zu einem Versuch, die Grenzen der Wirksamkeit des Staates zu bestimmen" und das Subsidiaritätsprinzip, Berlin 1987

Bauer, Bruno, Die Judenfrage, Braunschweig 1843

ders., Das Judenthum in der Fremde, Berlin 1863

Below, Georg von, Territorium und Stadt, Neudruck der 2. wesentlich veränderten Auflage München 1923, Osnabrück 1965

Blumenkranz, Bernhard, Juden und Judentum in der mittelalterlichen Kunst, Stuttgart 1965

Blumenwitz, Dieter, Minderheiten- und Volksgruppenrecht, Bonn 1992

Breitenborn, Anke, Randgruppen im Allgemeinen Landrecht für die Preußischen Staaten von 1794, Berlin 1994

Brumlik, Micha, Deutscher Geist und Judenhass, München 2000

Buchda, G., Beweisinterlokut, in: Handwörterbuch zur deutschen Rechtsgeschichte, Band 1, Berlin 1971, Sp. 408 - 411

Coing, Helmut, Handbuch der Quellen und Literatur der Neueren Europäischen Privatrechtsgeschichte. Herausgegeben von Helmut Coing. Bd. I, Bd. II, 1, Bd II, 2, München 1973, 1977, 1976

Cölln, Friedrich Wilhelm von, Historisch-geographisches Handbuch des Fürstenthums Lippe, Leipzig 1829

Conrad, Hermann, Deutsche Rechtsgeschichte, Bd. II, Neuzeit bis 1806, Karlsruhe 1966

Dambacher, Ilsegret, Christian Wilhelm von Dohm, Bern 1974

Dohm, Christian Conrad Wilhelm von, Über die bürgerliche Verbesserung der Juden, Bd. I (1781), II (1783), Nachdruck der Ausgaben Berlin und Stettin 1781 – 1783 und Kaiserslautern 1891, Hildesheim 1973

Ebert, B., Kurzer Abriß einer lippischen Rechtsgeschichte, in: Lippische Mitteilungen Bd.. 25, 1956, S. 12ff.

Eckstein, Adolf, Der Kampf der Juden um ihre Emanzipation in Bayern, Fürth 1905

Eichhorn, Karl Friedrich, Deutsche Staats- und Rechtsgeschichte, Bd. IV, Göttingen 1844

Eisenmenger, Johann Andreas, Entdecktes Judenthum, überarb. und hrsg. von Franz Xaver Schieferl, Dresden 1893

Elbogen, Ismar/Sterling, Eleonore, Die Geschichte der Juden in Deutschland. Eine Einführung, Mannheim 1966

Endemann, Wilhelm, Die Beweislehre des Zivilprozesses, Heidelberg 1860

Engel, Hans-Ulrich, Beweisinterlokut und Beweisbeschluß im Zivilprozeß, Köln, München 1992

Ermacora, Felix, Der Minderheitenschutz im Rahmen der Vereinten Nationen, Wien 1988

Estor, J. G., Anweisung zu dem im Reich üblichen summarischen processe, Leipzig 1746

Falkmann, August, Graf Simon VI. zur Lippe und seine Zeit, Detmold 1869

Fassel, Hirsch B., Das mosaisch-rabbinische Gerichtsverfahren, Neudruck der Ausgabe Gross Kanischa 1859, Aalen 1981

ders., Das mosaisch-rabbinische Zivilrecht, Band I, II, Neudruck der Ausgabe Gross Kanischa 1859, Aalen 1981

Falkmann, A., Beiträge zur Geschichte des Fürstentums Lippe aus archivalischen Quellen, Band 1 - 6, 1857 - 1902

Feuerbach, Ludwig Andreas, Das Wesen des Christentums, Nachdruck der 3. Auflage, Leipzig 1849, Stuttgart 1971

Fichte, Johann Gottlieb, Beitrag zur Berichtigung der Urteile des Publikums über die französische Revolution, hrsg. von Schottky, Richard, Gentz, Friedrich von, Hamburg 1973

Fränkel, Wolfgang Bernhard, Die Unmöglichkeit der Emancipation der Juden im christlichen Staate: Als Engegnung historisch nachgewiesen, Elberfeld 1842

Frantz, Constantin, Ashaverus oder die Judenfrage, Neudruck der Ausgabe Berlin 1844 mit fünf Briefen des Verfassers an Arnold Ruge 1840 – 1842, hrsg. von Hans Elmar Onnau, Siegburg 1994

Freund, Ismar, Die Emanzipation der Juden in Preußen, Berlin 1912

Frey, Sabine, Rechtsschutz der Juden gegen Ausweisungen im 16. Jahrhundert, Frankfurt 1983

Fuhrmann, Manfred, Die Zurückweisung schuldhaft verspäteter und verzögernder Angriffs- und Verteidigungsmittel im Zivilprozeß, Bielefeld 1987

Furtner, Das Urteil im Zivilprozeß, 4. A., München 1978, S. 441

Funkenstein, Amos, The Political Theory of Jewish Emancipation from Mendelssohn to Herzl, in: Deutsche Aufklärung und Judenemanzipation, hrsg. von Walter Grab, Tel-Aviv 1980

Gensler, Johann Kaspar, Anleitung zur gerichtlichen Praxis in bürgerlichen Rechtsstreitigkeiten, verbunden mit theoretischen Darstellungen und Bemerkungen, Heidelberg 1821

Germania Judaica, Bd. 3 Teilbd. III, hrsg. von Arye Maimon, Mordechai Breuer, Yacov Guggenheim, Tübingen 2003

Geyger, E., Die soziale Elite der Hansestadt Lemgo und die Entstehung eines Exportgewerbes auf dem Lande in der Zeit von 1450 - 1650, Lemgo 1976

Gidal, Nachum T., Die Juden in Deutschland von der Römerzeit bis zur Weimarer Republik, Köln 1997

Gimbel, R., Femgericht, in: Handwörterbuch zur deutschen Rechtsgeschichte, Band 1, Berlin 1971, Sp. 1099 - 1103

Glanz, Rudolf, Geschichte des niederen jüdischen Volkes in Deutschland, New York 1968

Glikson, Yvonne, Wandering Jew, in: Anti-Semitism, Israel Pocket Library, Jerusalem 1974

Goldschmidt, James, Der Prozeß als Rechtslage, Berlin 1925

Grab, Walter, Deutscher Jakobinismus und jüdische Emanzipation, in: Deutsche Aufklärung und Judenemanzipation, hrsg. von Walter Grab, Tel-Aviv 1980, S. 265ff

ders., Der deutsche Weg der Judenemanzipation 1789 – 1938, München 1991

Graetz, Heinrich, Geschichte der Juden von den ältesten Zeiten bis auf die Gegenwart, Reprint der Ausgabe letzter Hand, Leipzig 1900, Berlin 1996

Grattenauer, Carl Wilhelm Friedrich, Wider die Juden. Ein Wort der Warnung an alle unsere christlichen Mitbürger, 5. A., Berlin 1803

Gregorius, A., Lemgo, Forschungen zur Frühzeit, in: Lippische Mitteilungen Bd.. 17, 1939, S. 5 - 72.

Grolman, Karl von, Theorie des gerichtlichen Verfahrens in bürgerlichen Rechtsstreitigkeiten, 5. A., Gießen 1826

Grübel, Monika, Judentum, 3. A., Köln 2000

Grün, Karl, Die Judenfrage, Darmstadt 1844

Güde, Wilhelm, Zur rechtlichen Stellung der Juden von den ältesten Zeiten bis auf die Gegenwart. In: Festgabe zum Schweizerischen Juristentag 1973. Basel 1973, S. 1ff

ders., Die rechtliche Stellung der Juden in den Schriften deutscher Juristen des 16. und 17. Jahrhunderts, Sigmaringen 1981

Guenter, Michael, Die Juden in Lippe von 1648 bis zur Emanzipation 1858, Diss. Würzburg 1971, Detmold 1973

Hartung, F., Deutsche Verfassungsgeschichte vom 15. Jahrhundert bis zur Gegenwart, Köln, Berlin 1969

Heffter, August Wilhelm, System des römischen und deutschen Civil-Proceßrechts, Bonn 1843

Hegel, Georg Wilhelm Friedrich von, Hegels theologische Jugendschriften. Unveränd. Nachdr. d. Ausg. Tübingen 1907, Frankfurt/Main 1966

Heidemann, Joachim, Die Grafschaft Lippe unter der Regierung der Grafen Hermann Adolph und Simon Henrich 1652 - 1697, 1957

ders., Die Grafschaft Lippe zur Zeit des beginnenden Absolutismus, in: Lippische Mitteilungen Bd. 30, 1961, S. 15 ff.

ders., Das lippische Gerichtswesen am Ausgang des 17. Jahrhunderts, in: Lippische Mitteilungen Bd.. 31, 1962, S. 130 ff.

Heider, Hedwig, Die Rechtsgeschichte des deutschen Judentums bis zum Ausgang des Absolutismus und die Judenordnungen in den Rheinischen Territorialstaaten, Jur. Diss. Bielefeld 1973

Heinemann, Yizhak, Anti-Semitism, in: Anti-Semitism, Tel-Aviv 1974

Heldman, Johann Albert, Gedanken über die bürgerliche Verfassung der Juden, Lippische Intelligenzblätter 1783, S. 189 ff.

Herchenhahn, C., Geschichte der Entstehung, Bildung und gegenwärtigen Verfassung des kaiserlichen Reichshofrates, Bd. 2, 1792

Herford, Spanjer, Emancipations-Gesuch der Israeliten des Fürstenthums Lippe, Lemgo 1840

Herzig, Arno, Die Geschichte der Juden in Westfalen und Lippe, in: Juden in Lemgo – Vergessene Bürger ?, in: Lemgoer Hefte, November 1987, S. 16 ff.

ders., Judentum und Emanzipation in Westfalen, Münster 1973

ders., Das Problem der jüdischen Identität in der bürgerlichen Gesellschaft, in: Deutsche Aufklärung und Judenemanzipation, hrsg. von Walter Grab, Tel-Aviv 1979, S. 243 ff.

Heusinger, B., Vom Reichskammergericht, seinen Nachwirkungen und seinem Verhältnis zu den heutigen Zentralgerichten, Juristische Studiengesellschaft Karlsruhe, Schriftenreihe Heft 109, 1972

Hirschel, Levin R., Ritualgesetze der Juden, betreffend Erbschaften, Vormundschaftssachen, Testamente und Ehesachen, soweit sie das Mein und Dein angehn, Berlin 1778

Holst, Johann Ludolf, Judenthum in allen dessen Theilen aus einem staatswissenschaftlichen Standpuncte betrachtet, Mainz 1821

ders., Über das Verhältnis der Juden zu den Christen in den deutschen Handelsstädten, Leipzig 1818

Hömberg, A. K., Die Veme in ihrer zeitlichen und räumlichen Entwicklung, in: Der Raum Westfalen, II, 1, 1955, S. 141ff.

ders., Die Entstehung der Herrschaft Lippe, in: Lippische Mitteilungen Band 29, 1960, S. 5ff.

Hoppe, H., Ursprung der Stadt Lemgo, in: Lippische Mitteilungen Band 52, 1983, S. 19ff.

Humboldt, Wilhelm von, Ideen zu einem Versuch, die Grenzen der Wirksamkeit des Staates zu bestimmen, Leipzig 1885

Jahr, Günther, Litis contestatio, Streitbezeugung und Prozeßbegründung in Legisaktionen und im Formularverfahren, Köln 1960

Jost, J. M., Neuere Geschichte der Israeliten von 1815 – 1845, Berlin 1846

Kant, Immanuel, Die Religion innerhalb der Grenzen der bloßen Vernunft, hg. von K. Vorländer, Leizig 1922

Kaser, Max, Das Römische Zivilprozeßrecht, München 1966

Katz, Jacob, Emancipation and Assimilation, Studies in modern Jewish history, Westmead, England 1972

ders., Aus dem Ghetto in die bürgerliche Gesellschaft, Frankfurt/Main 1986

ders., Out of the Ghetto, The social background of Jewish Emancipation, 1770 – 1870, Cambridge, Massachusetts, 1973

ders., Vom Vorurteil bis zur Vernichtung: der Antisemitismus 1700 – 1933, München 1989

ders., Die Entstehung der Judenassimilation in Deutschland und deren Ideologie, Diss. Frankfurt 1935

Kiewning, Hans, Das lippische Hagenrecht, Lippische Mitteilungen 16, 1938, S. 67ff.

ders., Fürstin Pauline zur Lippe 1769 – 1820, Detmold 1930

Kisch, Guido, Forschungen zur Rechts- und Sozialgeschichte der Juden in Deutschland während des Mittelalters, 2. A., Sigmaringen 1978

ders., Forschungen zur Rechts-, Wirtschafts- und Sozialgeschichte der Juden, Sigmaringen 1979

ders., The Jews in Medieval Germany. A Study of Their Legal and Social Status. Second Edition. New York 1970

ders., The yellow badge in history. Nachdruck aus Historia Judaica, Vol. XIX October, 1957 Part 2, New York 1979

Kittel, Erich, Geschichte des Landes Lippe, Heimatchronik der Kreise Detmold und Lemgo, 2.A., Köln 1978

Kleinheyer, Gerd, Deutsche Juristen aus fünf Jahrhunderten. Eine biographische Einführung in die Rechtswissenschaft. Karlsruhe, Heidelberg 1976

Knigge, Adolph Freiherr von, Über den Umgang mit Menschen. In drey Theilen, Neuauflage des 1796 erschienenen Werkes, Stuttgart 1996

Kortum, Ernst Traugott von, Über Judenthum und Juden hauptsächlich in Rücksicht ihres Einflusses auf bürgerlichen Wohlstand, Nürnberg 1795

Krawinkel, August, Die Grundherrschaft in Lippe, Lippische Mitteilungen 15, 1935, S. 82ff.

Leo, Heinrich, Vorlesungen über die Geschichte des jüdischen Staates: gehalten an der Universitaet zu Berlin, Berlin 1828

Leonhardt, G. Adolph, Zur Reform des Zivilprozesses in Deutschland. 2 Beiträge, Hannover 1865

Linde, J.T.B. v., Beiträge zu der Lehre über die Bedeutung und den Umfang der sog. Eventualmaxime im gemeinen deutschen bürgerlichen Processe, in: AcP 12 (1829), S. 1 ff; AcP 14 (1831), S. 421 ff

ders., Lehrbuch des gemeinen deutschen Zivilprozesses, 6.A., Bonn 1843

Lips, Alexander, Über die künftige Stellung der Juden in den deutschen Bundesstaaten, Erlangen 1819

Lotter, Friedrich, Talmudisches Recht in den Judenprivilegien Heinrichs IV.?, in AKG 72 (1990) S. 23ff.

ders., Die Juden in ihrer mittelalterlichen Umwelt, Aschkenas 1994, S. 175 ff.

ders., Die Juden im Kirchenrecht des Mittelalters, Aschkenas 1991, S. 161 ff.

Magin, Christine, „Wie es umb der iuden recht stet“. Der Status der Juden in spätmittelalterlichen deutschen Rechtsbüchern, Münster 1999

Marburger, Peter, Wissenschaftlich-Technischer Sachverstand und richterliche Entscheidung im Zivilprozeß, Heidelberg 1986

Marcard, H. E., Über die Möglichkeit der Juden-Emancipation im christlich-germanischen Staat, Minden 1843

Marwedel, Geschichte der Juden in Hamburg, Altona und Wandsbek, Hamburg 1982

Mayer-Homberg, Edwin, Beweis und Wahrscheinlichkeit nach älterem deutschen Recht, Marburg 1921

Mendelssohn, Moses, Jerusalem oder über religiöse Macht und Judentum, Berlin 1783, in: Gesammelte Schriften III, hg. G.B. Mendelssohn, Leipzig 1843 – 45

Menger, Anton, Über die Abschaffung des Beweis-Interlocuts und eine neue Anordnung des Civilverfahrens, Wien 1879

Michaelis, Alfred: Die Rechtsverhältnisse der Juden in Preußen. Seit dem Beginne des 19. Jahrhunderts. Gesetze, Erlasse, Verordnungen, Entscheidungen, Berlin 1910

Miele, Jürgen, Das lippische Hofgericht, Diss. Göttingen 1974

Mitteis, Heinrich; Lieberich, Heinz, Deutsche Rechtsgeschichte, 18.A., München 1988

Mittermaier, C. J. A., Der gemeine deutsche bürgerliche Prozeß, 1. Beitrag, 2.A., Bonn 1822, 3. Beitrag, 2., Bonn 1823

ders., Beiträge zur Lehre vom Gegenbeweise, in: AcP 6 (1831), S. 342ff.

ders., Die neueste Prozeßgesetzgebung mit beurtheilender Darstellung der neuen Entwürfe für Baiern und die Niederlande und der Prozeßordnung für die Untergerichte des Königreichs Hannover, in: AcP 11 (1828), S. 144ff.

Mosse, George L., Rassismus, Königsstein/Ts., 1978

Mühl, Otto, Beweisinterlokut und Beweisbeschluß im hannoverschen Prozeßrecht und der geltenden Reichszivilprozeßordnung, in ZZP 66 (1953), S. 165 ff.

Musielak Hans-Joachim, Die Grundlagen der Beweislast im Zivilprozeß, Berlin, New York 1975

Musielak, Hans-Joachim; Stadler, Max, Grundfragen des Beweisrechts, München 1984

Mynsinger, Joachim Singularium Observationum Iudicii Imperialis Camerae Centuriae quinque, Basel 1580

Niewerth, Johannes, Der kollektive und der positive Schutz von Minderheiten und ihre Durchsetzung im Völkerrecht, Berlin 1996

Nordmann, H., Die Juden und der deutsche Staat, 10.A., Leipzig 1879

Paalzov, Christian Ludwig, Über das Bürgerrecht der Juden übersetzt von einem Juden, Berlin 1803 (Originaltitel Tractatus historico-politicus de civitate Judaeorum)

Partington, Gustav, Betteljuden in Lippe, in: Kontinuität und Umbruch in Lippe, Sozialpolitische Verhältnisse zwischen Aufklärung und Restauration 1750-1820, hg. Johannes Arndt, Peter Nitschke, Lippische Studien Bd. 13, Detmold 1994

Patermann, Christian, Die Entwicklung des Prinzips der freien Beweiswürdigung im ordentlichen deutschen Zivilprozess in Gesetzgebung und Lehre, jur. Diss. Bonn 1970

Pfaff, Über das Verhältnis christlicher Regierungen und Staaten gegen die Juden in dem gegenwärtigen Zeitpuncte, in: Kieler Blätter 1 (1819), S. 124 ff.

Planck, Julius Wilhelm, Die Lehre vom Beweisurtheil, Göttingen 1848

ders., Zur Erörterung und Kritik der hannoverschen bürgerlichen Prozeßordnung, in: DGZ 1861, S. 169 ff, S. 177 ff.

Planitz, Hans, Germanische Rechtsgeschichte, 2.A., Berlin 1941

Pohlmann, Klaus, Die bürgerliche Verbesserung der Juden, in: Kontinuität und Umbruch in Lippe, Sozialpolitische Verhältnisse zwischen Aufklärung und Restauration 1750-1820, hg. Johannes Arndt, Peter Nitschke, Lippische Studien Bd. 13, Detmold 1994

ders., Juden in Lippe in Mittelalter und Früher Neuzeit. Zwischen Pogrom und Vertreibung 1350 – 1614, Detmold 1995

ders., Die Verbreitung der Handwerke unter den Juden. Zur Geschichte der jüdischen Handwerker in Lippe im 18. und 19. Jahrhundert, Detmold 1993

Puchta, Georg Friedrich, Vorlesungen über das heutige römische Recht, 2. Band, Leipzig 1855

ders., Lehrbuch der Pandekten, 7.A., Leizpig 1853

Pufendorf, Friderici Esaiae a, Observationes iuris universi quibus praecipue res iudicatae summi tribunalis regii et electoralis continentur, Band I, Hannover 1780

Rapp, Gertrud, Die Stellung der Juden in der nationalsozialistischen Staatsrechtslehre, Bayreuth 1990

Reineke, Augustinus, Katholische Kirche in Lippe 783 – 1983, Paderborn 1983

Renaud, Achilles, Lehrbuch des Gemeinen deutschen Civilprozeßrechts, Leipzig; Heidelberg 1867

Reuss, Franz, Christian Wilhelm Dohms Schrift „Über die bürgerliche Verbesserung der Juden" und deren Einwirkung auf die gebildeten Stände Deutschlands, Inaugural-Dissertation zur Erlangung der philosophischen Doctorwürde an der k. Universität Leipzig, Kaiserslautern 1891

Richarz, Monika (Hrsg.), Jüdisches Leben in Deutschland. Selbstzeugnisse zur Sozialgeschichte Bd. 1, 1780 – 1871, Stuttgart 1976

Riesser, Gabriel, Über die Stellung der Bekenner des mosaischen Glaubens in Deutschland. An die Deutschen aller Confessionen, Altona 1831

Rühs, Jakob Friedrich, Über die Ansprüche der Juden an das deutsche Bürgerrecht, Heidelberg 1816

Rülf, Moritz, Die Geschichte der Juden in Lippe, in: Juden in Lemgo und Lippe. Kleinstadtleben zwischen Emanzipation und Deportation, Forum Lemgo Heft 3, Bielefeld 1988

Salecker, Hans-Joachim, Der Liberalismus und die Erfahrung der Differenz, Hamburg 1998

Scharlowski, Werner, Die zivilprozeßrechtliche Stellung der Juden während der Neuzeit, Jur. Diss. Tübingen 1964

Scurla, Herbert, Wilhelm von Humboldt: Werden und Wirken, Düsseldorf 1976

Schmidt, Richard, Lehrbuch des deutschen Zivilprozeßrechts, 2.A., Leipzig 1910

Schmidt-Phiseldeck, Konrad Friedrich von, Über das jetzige Verhältniß der jüdischen Nation zu dem christlichen Bürgerverein und dessen künftige Umgestaltung: Zwey Abhandlungen, Kopenhagen 1817

Schneider, Ernst, Vollständige Lehre vom rechtlichen Beweise in bürgerlichen Rechtssachen, Gießen 1842

Scholl, Rochus, Juden und Judenrecht im Herzogthum Pfalz-Zweibrücken, Frankfurt am Main 1996

Schröder, Richard; Künßberg, Eberhard von, Lehrbuch der deutschen Rechtsgeschichte, 7.A., Berlin, Leipzig 1932

Schulz, Johann Heinrich, Philosophische Betrachtung über Theologie und Religion überhaupt und über die jüdische insonderheit, Frankfurt, Leipzig 1784

Schulte, Josef, Die Entwicklung der Eventualmaxime: ein Beitrag zur Geschichte des deutschen Zivilprozesses, Köln 1980

Schwartz, Johann Christoph, Vierhundert Jahre deutscher Civilprocess-Gesetzgebung, Berlin 1898

Stahl, Friedrich Julius, Der christliche Staat und sein Verhältniss zu Deismus und Judenthum. Eine durch die Verhandlungen des Vereinigten Landtags hervorgerufene Abhandlung, Berlin 1847

Stein, Friedrich, Kommentar zur Zivilprozeßordnung/Stein/Jonas. Bearb. von Reinhard Bork, Bd. 3 §§ 253-299a, 21 A., Tübingen 1997

Steinbach, Peter, Der Eintritt Lippes in das Industriezeitalter: Sozialstruktur und Industrialisierung des Fürstentums Lippe im 19. Jahrhundert, Lemgo 1976

Sterling, Eleonore, Er ist wie du. Aus der Frühgeschichte des Antisemitismus in Deutschland 1815 – 1850, München 1956

dies., Judenhaß. Die Anfänge des politischen Antisemitismus in Deutschland (1815 – 1850), Frankfurt am Main 1969

Stobbe, Otto, Die Juden in Deutschland während des Mittelalters, Braunschweig 1866

Streckfuß, Karl, Über das Verhältniss der Juden in den christlichen Staaten, Halle 1833

Toch, Michael, Die Juden im mittelalterlichen Reich, Enzyklopädie deutscher Geschichte Band 44, hrsg. von Lothar Gall i.V.m. Peter Blickle, Elisabeth Fehrenbach, Johannes Fried, Klaus Hildebrand, Karl Heinrich Kaufhold, Horst Möller, Otto Gerhard Oexle, Klaus Tenfelde, München 1998

ders., Selbstdarstellung von mittelalterlichen Juden, in: Bild und Abbild der Menschen im Mittelalter, Klagenfurt 1999

ders., Die politischen Orientierungen der Juden in Deutschland, Tübingen 1966

ders., Die Revolution von 1848 als innerjüdischer Wendepunkt, in: Das Judentum in der deutschen Umwelt 1800 – 1850, S. 363

ders., Der Eintritt der Juden ins deutsche Bürgertum (1780-1850), Tel Aviv 1972

Trepp, Leo, Geschichte der deutschen Juden, Berlin, Köln 1996

Strippelmann, Friedrich Georg Lebrecht, Der christliche Eid, Cassel 1855

Verdenhalven, Fritz, Alte Maße, Münzen und Gewichte aus dem deutschen Sprachgebiet, Neustadt/Aich 1968

Volkhausen, Carl, Zur Geschichte eines kleinen Staates. Die Revolution von 1848 in Lippe. Herausgegeben und mit einem Nachwort versehen von Michael Vogt, Bielefeld 1999

Wagener, Heinrich, Das Judenthum und der Staat. Eine historisch-politische Skizze zur Orientierung über die Judenfrage, Berlin 1857

Weber, Adolph Dietrich, Über die Verbindlichkeit zur Beweisführung im Civilprozeß, 3.A., Leipzig 1845

Wetzell, Georg Wilhelm, System des ordentlichen Civilprocesses, 3.A., Leipzig 1878

Wesener, G., Prozeßmaximen, in: Handbuch zur deutschen Rechtsgeschichte, Band 4, Berlin 1985 Sp. 55 ff

Wessely, Naphtali, Worte der Wahrheit und des Friedens an die gesammte jüdische Nation, Berlin 1782

Wieacker, Franz, Privatrechtsgeschichte der Neuzeit, 2.A., Göttingen 1967

Wiener, Max, Jüdische Religion im Zeitalter der Emanzipation, Berlin 1933

Willoweit, Dietmar, Deutsche Verfassungsgeschichte. Vom Frankenreich bis zur Teilung Deutschlands. 2. A., München 1992

Wolfrum, Rüdiger, Minderheitenschutz in Europa, Heidelberg 1997

Zunz, Leopold; Hellwitz, Lazar, Die Organisation der Israeliten in Deutschland, 3. A., Arnsberg und Soest 1837

Peter Lang · Europäischer Verlag der Wissenschaften

Annelore Engel-Braunschmidt / Eckhard Hübner (Hrsg.)

Jüdische Welten in Osteuropa

Frankfurt am Main, Berlin, Bern, Bruxelles, New York, Oxford, Wien, 2005.
251 S., 4 Abb.
Kieler Werkstücke. Reihe F: Beiträge zur osteuropäischen Geschichte.
Herausgegeben von Rudolf Jaworski und Ludwig Steindorff. Bd. 8
ISBN 3-631-52378-5 · br. € 39.80*

In den Aufsätzen werden zahlreiche Facetten des osteuropäischen Judentums skizziert und Gründe für den Antisemitismus in dieser Region benannt. Länderbezogene Längsschnitte lassen Spezifika des jüdischen Lebens hervortreten, Fallstudien ergänzen und vertiefen die historischen Abrisse. Literarische Verarbeitungen des Judeseins aus der Feder jüdischer Autoren bieten eine andere Sichtweise auf das osteuropäische Judentum.

Aus dem Inhalt: Judentum · Gentiles Volk · Antisemitismus · Aspekte jüdischen Lebens in osteuropäischen Regionen · Literarische Verarbeitungen ostjüdischer Existenz